윤석열 정부의 국민통합 플랜

발행일 2022년 7월 11일
글 강찬수·신성식 외 발행처 중앙일보
펴낸곳 (주)늘품플러스 펴낸이 전미정 책임편집 최효준 디자인 고은미 정진영
출판등록 2008년 1월 18일 제2-4350호 주소 서울 중구 퇴계로 243 평광빌딩 10층
전화 02-2275-5326 팩스 02-2275-5327 이메일 go5326@naver.com 홈페이지 www.npplus.co.kr

ISBN 979-11-88024-79-7 03300   정가 20,000원

ⓒ 중앙일보, 2022

윤석열 정부의
국민통합 플랜

리셋코리아의
차기 정부
정책 어젠다

발간사

한국은 지금 퍼펙트 스톰의 한가운데에 서 있습니다. 대외적으로는 미·중 전략경쟁에 따른 글로벌 공급망 차질과 우크라이나 전쟁에 따른 에너지· 식량 위기 등으로 세계적 인플레이션 공포가 현실화되고 있습니다. 미국 중앙은행인 연방준비제도(Fed)는 인플레이션을 잡기 위해 금리를 0.75% 포인트 이상 올리는 빅스텝을 밟기 시작했습니다.

세계 경제는 물가 상승과 경기 침체라는 스태그플레이션에 빠질 가능성이 커졌습니다. 이는 대외 의존도가 높은 한국 경제에 악재로 작용하고 있습니다. 원화가치가 떨어지고 주가도 크게 하락하고 있습니다. 이런 가운데 북한은 핵·미사일 위협 수위를 높이며 한국의 생존을 위협하고 있습니다. 한 치 앞을 내다볼 수 없는 초유의 복합위기 상황입니다.

대내적으로는 코로나19 위기로 가게 문을 닫는 자영업자들이 속출하고, 부동산 정책 실패로 집 없는 서민과 청년들은 내 집 마련이 불가능할 지경에 이르렀습니다. 저출산·고령화가 한국 경제의 활력을 떨어뜨리고 있습니다.

젊은 사람들은 일자리를 찾지 못하고, 비정규직과 저소득층은 중산층

진입이 어렵게 됐습니다. 세계 최고 수준의 자살률과 세계 최저 수준의 출생률은 한국 사회의 우울한 자화상이라고 할 수 있습니다. 진영, 세대, 성별 갈등도 심각한 수준으로 치닫고 있습니다.

한국 사회에 던져진 난제는 윤석열 정부가 해결해야 할 과제입니다. 여기서 지체한다면 한국의 미래를 장담하지 못할 것입니다. 문제는 어느 한 사람이나 특정 집단의 힘만으로는 풀 수 없다는 사실입니다. 그래서 한국 사회 집단지성의 역할이 필요한 것입니다.

중앙일보의 국가 개혁 프로젝트 리셋코리아는 각 분야 전문가들이 한국 사회가 맞닥뜨린 난제를 해결하기 위한 어젠다를 제시하기 위해 2017년 1월 출범했습니다. 국내 언론사 유일의 정책 제안 싱크탱크인 리셋코리아는 현재 38개 분과에 500여 명의 전문가가 참여하고 있습니다. 리셋코리아는 지금까지 300여 차례의 논의를 통해 한국 사회가 나아갈 방향을 제시해왔습니다.

그 연장선에서 리셋코리아는 지난해 5월 대선 정책제안팀을 발족시켰습니다. 차기 정부가 대한민국의 성패 여부와 미래를 결정할 것이라고 판단했기 때문입니다.

　연금 개혁, 부동산 안정, 감염병 대응, 혁신 창업, 인구, 기후변화 대응, 교육 개혁, 불평등 해소, 노동 개혁, 개헌 등 10개 분과를 구성했고, 분과별로 3~5회 전문가 논의를 거쳐 한국 사회가 도약하기 위해 필요한 어젠다를 도출했습니다. 분과 전문가들이 제시한 어젠다는 지난해 10월 중앙일보에 보도됐습니다.

　중앙일보에 게재된 어젠다와 분과 위원들의 논의 결과를 정리해 『윤석열 정부의 국민통합플랜』을 발행합니다. 이 책은 한국 사회의 나아갈 방향을 찾기 위한 진지한 노력의 흔적입니다. 우리 사회가 나아갈 길을 찾으려면 대통령이나 정치가뿐 아니라 전문가, 국민이 함께 논의하고 실천해야 합니다.

　이 책은 개인의 잠재력을 꽃피우게 하는 나라, 끊어진 계층 사다리를 다시 연결하고, 무너진 중산층을 복원하며, 경제 성과가 국민 행복으로 연결되는 나라를 만드는 방안을 제시합니다. 또 한국 사회 지도자들에게 우리 사회의 나아갈 방향을 고민하게 하고 우리의 문제를 스스로 해결할 수 있는 방안을 제시하고 있습니다.

　제시된 어젠다는 한국의 바람직한 미래상이라고 할 수 있습니다. 이 책이 한국의 내일을 고민하는 모든 분들에게 길잡이가 되기를 소망합니다.

홍석현 중앙홀딩스 회장

윤석열 정부의
국민통합 플랜

**리셋코리아의
차기 정부
정책 어젠다**

1
연금개혁분과

0%대 수익 퇴직연금,
독립 운용기구 둬 제대로 굴리자

❸ 연금분과 제언-연금개혁

연금분과 위원들의 제언

윤석명 한국연금학회장, 연금분과 위원장
"2023년 5차 재정재계산 개선안을 바탕으로 다음 대통령 임기(2027년) 안에 반드시 연금개혁 완수하고 공적연금 통합의 큰 그림을 그려야"

양재진 연세대 행정학과 교수
"퇴직연금을 진짜 연금으로 만들고, 국민연금 보험료를 13.9%로 올리고 지급연령을 조금 늦추자. 기초연금·기초생보제를 합쳐 기초보장연금으로 바꿔야"

오건호 내가만드는복지국가 정책위원장
"보험료를 12%로 올리고, 기초연금을 40만원으로 인상하자. 국민연금은 수지균형 위해 구조개혁을 논의하자. 퇴직연금공단 만들어야"

이근면 전 인사혁신처장
"연금개혁과 함께 정년을 폐지하고 연금지급연령을 늦춰야 한다. 퇴직연금을 운용할 제3의 공적기구를 설립해 수익률 높여야"

김태일 고려대 행정학과 교수
"재산 조건 완화해 기초수급자 늘리고 빈곤 노인 보장을 확대하자. 4대 공적연금, 기초연금, 기초생보제를 고려해 소득보장 체계 짜야"

박종원 서울시립대 경영학부 교수
"퇴직연금을 의무화하고 자산배분과 장기복리효과를 제고할 수 있도록 독립적 운용 의사결정체계를 갖춰야"

남재우 자본시장연구원 연금·펀드실장
"제도개혁 못지 않게 기금 운용수익률이 중요하다. 국민연금 기금운용본부를 독립시키고 퇴직연금 디폴트옵션이 도입돼야"

출산율에 따른 보험료 단위: %
※매년 연금지급액만큼 보험료를 걷는다고 가정

	기본안 1.32	저출산 1.07	1.05로 하락
2030년	9.0	9.0	9.0
2040년	14.9	15.0	15.0
2050년	20.8	21.3	21.5
2060년	26.8	28.6	29.3
2070년	29.7	33.3	34.7
2080년	29.5	35.2	37.7
2088년	28.8	34.9	37.7

2007년 이후 멈춘 국민연금 개혁

	1차 개혁 1998년	2차 개혁 2007년
보험료	9%	9%
수급연령	60세 → 65세(2033)	60세 → 65세(2033)
소득대체율	70 → 60%	60 → 40%(2028)
기금 고갈	2003년 추계: 2047년	2008, 2013년 추계: 2060년 2018년 추계: 2057년

저출산·고령화 때문에 연금의 시름이 깊어지고 있다. 충격을 줄이려고 5년마다 재정을 재계산해서 개혁하게 돼 있다. 하지만 국민·공무원·사학·군인 등 4대 공적연금이 개혁의 문을 걸어 잠갔다. 준(準) 공적연금으로 불리는 퇴직연금도 말이 연금이지 연금 성격을 잃고 있다. 리셋코리아는 세 번째 과제로 연금개혁을 선정했다. 연금분과 위원들은 기초연금-국민연금-퇴직연금으로 이어지는 다층노후소득보장 체계 구축을 권고하고, 장단기 대안을 제시했다.

우선 문재인 정부가 연금개혁에 손대지 않은 점을 비판했다. 오건호 '내가만드는복지국가' 정책위원장은 "개혁을 방치한 데 대한 심각한 문제의식을 갖고 있다"고 말했다. 이근면 전 인사혁신처장은 "2050년대에 국민연금 기금이 고갈된다면 30세 청년은 연금을 1원도 못 받는다. 그건 일종의 사기다. 앞으로 국민연금에 재정(세금)이 투입되면 정말 심각해진다. 부담이 그대로 MZ세대(80~95년생 밀레니얼 세대와 96~2010년생 Z세대를 합친 용어)에게 넘어간다"고 지적했다. 이 전 처장은 "이 정부는 뭘 했느냐. 다음 정부에서 반드시 국민연금을 개혁하고, 나머지 공적연금도 개혁 방향을 제시해야 한다"고 말했다.

연금개혁 빈자리 퇴직연금이 보완

양재진 연세대 행정학과 교수가 주제 발표에 나섰다. 양 교수는 "저출산·고령화가 심각하다. 성장률이 오르지 않으면 2060년에는 보험료를 소득의 30%(현재 9%)를 내야 한다"고 말했다. 양 교수는 "보험료를 13.5%(현재 9%)까지 단계적으로 인상하고 연금 지급 개

시 연령(현재 62세, 2033년 65세)을 조금 뒤로 늦추자"며 "그러면 노후소득이 약화하니 퇴직연금을 정상화해 빈자리를 채워야 한다"고 말했다. 양 교수는 "국민·퇴직연금이 적은 노인을 위해 기초연금 대상(소득 하위 70% 이하)을 줄이고 기초생활보장제와 합쳐 두툼한 기초보장연금으로 바꾸자. 1인 가구 최저생계비에 준한 60만원을 보장할 수 있다"고 말했다.

김태일 고려대 행정학과 교수도 "보험료를 13.5%로 단계적으로 인상하고 인구와 경제여건 변화 등에 따라 자동으로 연금재정을 조정하는 장치를 부

**퇴직연금, 국민연금이 운용할 수도
국민연금 개혁, 보험료 점차 올려야
계속 방치하면 MZ세대에 큰 피해
국민·공무원·사학·군인 통합을**

착하자"고 제안했다. 김 교수는 "기초연금 액수를 올리지 말고 기초생활보장제 재산 기준을 완화해 대상자를 늘리면 사실상 기초보장연금 효과를 낸다"고 말했다. 그는 특히 "재정재계산 결과를 국회에 보고하면 뭐하나. 국회나 국민연금심의위원회 심의·승인을 거치게 해 실행력을 높여야 한다"고 제안했다.

오건호 위원은 "보험료를 13.5%까지 올릴 수 있을지 의문이다. 불꽃을 트는 게 중요하기 때문에 단기적으로 12%로 올리는 게 어떨까 한다"며 "중장기적으로 기초연금은 저소득층을 두텁게 지원하는 최저보장연금으로 전환하고 국민연금은 수지균형을 위해 소득대체율

국민연금 재정

최대적립기금: 1778조원

- 2000조 / 100%
- 1800조
- 1600조 / 80
- 1400조
- 1200조 / 60
- 1000조
- 800조 / 40
- 600조 GDP대비 적립기금 비율 48.2%
- 400조 / 20
- 200조 총수입

2018년 2041 2057 2088
총수입(녹색)−총지출(청색 막대)= −783조원
자료: 보건복지부

과 급여체계를 전면 개편하는 구조개혁을 논의하자"고 말했다.

정년 폐지하고 연금수령 늦춰야

이근면 전 처장은 "소득 하위 10%는 국가 복지가 책임져야 한다. 왜 전 국민에게 25만원의 재난지원금을 주는지 모르겠다. 소득 상위 10%에게 국민연금을 좀 덜 주면 어떠냐. 기금 고갈만 걱정할 게 아니라 환경을 바꾸자. 정년을 폐지해 더 일하고, 연금을 더 늦은 나이에 받게 유도해야지 단순히 보험료를 올리는 것은 고민해 봐야 한다"고 지적했다.

윤석명 리셋코리아 연금분과 위원장(한국연금학회 회장)은 "문재인 정부가 공적연금 강화라는 명목으로 보험료를 1, 2%포인트 올리고 소득대체율을 45, 50%(현재 40%)로 올리는 안을 얘기했는데, 이게 재정 불안을 심화하는데도 눈속임하려 한다"고 비판했다. 윤 위원장은 "소득대체율은 40%를 유지하되 국민연금은 낸 만큼 받는 소득비례제도로 전환하고, 기초연금을 차등화해서 하위계층에 더 지급하자"며 "보험료를 매기는 소득상한선(524만원)을 공무원연금(856만원)만큼 올리면 중간 계층의 연금액이 많아져 보완할 수 있다"고 말했다.

윤 위원장은 "일하는 기간과 연금 가입 기간을 연장해 연금급여 적절성을 확보할 필요가 있다"며 "핀란드처럼 기대수명·경제성장률 변동에 맞춰 자동으로 연금을 줄이거나 수급개시 연령을 늦추는 장치를 도입하는 방안을 중장기적으로 검토하자"고 제안했다.

납부예외자 연금 사각지대 심각

박종원 서울시립대 경영학부 교수는 "기초연금이 소득대체율 20%, 국민연금이 40%를 담당하는 게 공적연금의 최소한 역할이다. 나머지는 퇴직·개인연금이 담당하게 설계할 필요가 있다"고 말했다. 박 교수는 "소득 파악이 잘 안 되는 점, 납부 예외자가 너무 많은 점도 심각하게 고민해야 한다"고 주장했다.

남재우 자본시장연구원 펀드·연금실장은 "제도 개혁 못지않게 연금수익률이 중요한데 이를 간과하는 것 같다. 국민연금 기금이 운용 방향성을 설정하지 못하고 있다. 기금운용 지배구조 개편도 중요하다"고 지적했다. 남 실장은 "국민연금 개혁 논의는 퇴직연금을 포함한 다층연금체계를 염두에 두고 논의해야 한다"고 했다.

공적연금 통합하되 조건 같게 해야

위원들은 4대 공적연금 통합도 중장기 과제로 제시했다. 김태일 교수는 "공무원·교원연금을 국민연금과 별도로 운영할 명분이 이제 없다"며 "신규 공무원과 교원은 국민연금을 적용받게 하되 사적연금 가입 인센티브를 제공하면 된다"고 말했다. 오건호 위원장은 "군인연금을 공무원연금 수준으로 개혁한 뒤 공적연금을 통합하되 당분간 재정을 분리해 회계 처리하자"고 요구했다. 박종원 교수는 "통합으로 가되 충분히 시간을 갖고 갈등을 줄여나가야 한다"고 주문했다.

위원들은 "퇴직연금을 연금답게 바꾸자"고 한목소리를 냈다. 주제 발표를 맡은 박종원 교수는 "2005년 도입 이후 제대로 확산하지 못했다. 2019년 기준 사업장의 27.5%, 종사자의 51.5%만 가입했다"며 "최근 6년 연평균 수익률이 1.89%인데 소비자 물가상승률과 수수료를 제하면 0.43%에 불과하다"고 지적했다. 선진국 수익률은 7~10%, 한국의 공적연기금은 5~6%이다.

박 교수는 "퇴직연금이 소득보장의 한 축을 담당하도록 개혁이 절실하다"고 강조했다. 그는 "퇴직연금 가입을 의무화하고, 중도에 인출하거나 일시금으로 수령하려면 엄격한 조건을 달아서 연금화를 유도하자"며 "납입액 소득공제 한도를 높이거나 DB(확정급여형 운용 이익에 비과세해야 한다"고 제안했다. 이어 "주식·대체자산 등의 위험자산과 장기투자, DC(확정기여)형 상품 비

중을 늘리고 독립적인 운용 의사 결정 체계를 구축하자"고 제안했다.

퇴직연금 운용 독립성 대폭 높여야

남재우 실장은 "DC형 퇴직연금 가입자가 운용방법을 직접 선택하지 않으면 노사와 운용기관이 미리 설정한 방법으로 투자하는 디폴트 옵션을 도입하고, 중소기업이 퇴직연금기금에 가입하면 사업주 부담금 10%와 운용 수수료 50%를 3년간 지원하자"고 말했다.

윤석명 위원장은 "디폴트 옵션에 원리금 보장상품을 포함하면 도입하나 마나"라면서 "퇴직연금 상품이 3000개나 넘는데 가입자가 어떻게 알겠느냐. 100개 이하로 줄여야 한다"고 말했다. 양재진 교수와 김태일 교수는 "국민연금공단이 퇴직연금을 운용할 수 있게 열어주면 수수료가 내리고 수익률이 오를 것이라서 많은 가입자가 선택할 것"이라고 예상했다. 김태일 교수는 "주택연금의 조건을 완화해야 한다"고 했다.

이근면 전 처장은 "퇴직연금 수익률이 임금인상률보다 낮다. 이럴 거면 차라리 없애는 게 낫다. 제대로 수익을 보장하려면 제3의 중간적 공적 기구가 필요하다. 큰 틀의 전환이 필요하다"고 말했다.

오건호 위원장은 "퇴직연금은 법정제도라서 준 공적제도이다. 보편적 적용을 위해 1년 미만 피고용자도 퇴직연금에서 배제하면 안 된다. 중도 인출을 제한하고 연금 형태로 수령하도록 인센티브를 제공하는 게 중요하다"고 말했다. 그는 "국민연금공단을 운용자로 넣거나 퇴직연금공단을 만들어 메기 효과를 내야 한다"며 "대신 이런 기구가 운용을 민간에 위탁하면 시장 충격을 줄일 수 있다"고 설명했다.

반면 박종원 교수와 남재우 실장은 "국민연금이 참여하면 국민연금이 비대해지고 민간이 위축된다. 수익률도 국민연금만큼 올라갈 수 없을 것"이라고 말했다. 윤석명 위원장은 "퇴직연금은 고용노동부가 주무부처이긴 하지만 아무런 영향력이 없다. 기획재정부·금융위원회·금융감독원에서 관여하는데, 이들이 퇴직 이후 자리를 생각해서 그런지 국민이 아니라 금융기관 입장에서 정책을 펼치는 것 같다"고 지적했다.

정리=신성식 복지전문기자, 배정원 인턴기자
ssshin@joongang.co.kr

연금개혁 시한 못박고 집권초기 시동 걸어야

윤석열 당선인, 연금개혁 의지 확고
후보 때 "안할 수 없다, 선택 아니다"

"국민연금 논의 1년 안에 끝내고
공무원연금 등과 통합 나서야"

윤석열 당선인이 13일 새 정부 준비에 시동을 걸었다. 중앙일보는 국가 미래를 위해 당선인이 반드시 돌파해야 할 어젠다를 선정해 리셋코리아 전문가에게 공약 분석과 평가를 의뢰했다. 첫 번째 어젠다는 연금개혁이다.

윤 당선인은 10대 공약 중 셋째 과제 '공정과 상식의 회복, 대한민국 정상화'의 핵심 분야로 연금개혁을 내세웠다. 당초 연금개혁 공약을 내지 않는다는 비판을 받았지만 세부 공약집에 담은 것으로 나타났다. 윤 당선인은 대통령 직속 공적연금개혁위원회(가칭)를 설치해 재정 안정과 노후소득 보장이라는 두 마리 토끼를 잡을 방안을 이끌어내겠다고 공약했다.

국민·기초·퇴직·주택·농지 연금을 포함한 총괄적 다층 연금개혁을 추진하고 국민연금과 공무원·사학·군인연금의 형평성 확보도 약속했다. 노인 빈곤율(43.2%)을 완화하기 위해 기초연금을 40만원으로 올리겠다고 공약했다. 다만 개혁의 세부안을 공개하지 않고 방향을 제시했다.

윤 당선인의 연금개혁 의지는 확고해 보인다. 지난달 3일 TV토론에서 안철수 후보가 "내일 국민연금 개혁은 누가 대통령이 돼도 하겠다, 공동선언하는 건 어떤가"라고 묻자 "이 자리에서 (바로) 약속하자, 그건(연금개혁이) 안 할 수 없으니까, 선택이 아니니까"라고 강조했다. 지난달 11일 2차 TV토론에서는 "연금개혁은 노후소득 보장을 확실히 하면서 세대 간 공정을 기해야 하는 것"이라고 설명했다. 이와 관련해 윤 당선인의 복지공약을 총괄한 안상훈 서울대 사회복지학과 교수는 "인수위원회에서 위원회의 명칭, 논의 범위 등을

확정해 공개한 뒤 새 정부가 출범하자마자 위원회를 구성해 논의에 착수할 것"이라고 말했다.

리셋코리아 연금분과 위원들은 윤 당선인의 강한 의지, 사회적 합의기구 설치, 출범 직후 집행 착수 등을 긍정적으로 평가했다. 윤석명(리셋코리아 연금분과위원장) 한국보건사회연구원 연구위원은 "세부 방안이 담기지 않아 아쉽지만 임기 시작부터 논의를 시작하려는 것은 높게 평가할 만하다"고 말했다. 이근면 전 인사혁신처장은 "새 정부에서 반드시 하겠다는 의지가 보인다"고 말했다.

박종원 서울시립대 경영학부 교수는 "공적연금 개혁은 집권 초기에 사명감을 갖고 밀어붙여야 성과를 낼 수 있다"고 말했다. 김태일 고려대 행정학과 교수는 "협의기구를 국민연금으로 한정하지 말고 국민노후소득보장위원회로 확대해 퇴직연금 등을 함께 논의해야 한다"며 "임기 내에 꼭 하겠다는 식으로 기한을 정하는 게 중요하다"고 말했다. 양재진 연세대 행정학과 교수는 "기초·국민·퇴직 연금을 어떻게 조합할지 먼저 논의해 1년 안에 끝내고 다음 단계로 국민연금·공무원연금 통합으로 넘어가야 한다"고 말했다.

위원 대부분은 '기초연금 우선 인상'의 문제점을 지적했다. 남재우 자본시장연구원 펀드연금실장은 "기초연금 액수나 범위, 국민연금 보험료나 소득대체율 조정 등은 다층연금체계 틀에서 함께 논의할 문제인데 이것만 먼저 올리면 굉장히 이상한 결과가 나올 것"이라고 지적했다. 박종원 교수도 "정말 필요한 연금개혁은 안 하고 손쉬운 기초연금부터 올리는 것으로 비쳐 개혁의 동력을 상실할 우려가 있다"고 말했다. 양재진 교수는 "중위소득의 40%나 50% 아래의 빈곤선 이하 노인에게만 한정적으로 올리되 그래도 최저생계비에 미달하면 5만~10만원을 더 지급하자"고 제안했다.

위원 대부분은 "후세대 부담을 줄이고 국민연금 재정 안정화를 위해 보험료

를 시급히 올려야 한다"고 강조했다. 현행 9%를 12~13.5%로 올리되 퇴직연금을 활성화해 보완하자고 제안했다. 윤 당선인은 국민연금과 특수직역연금(공무원·사학·군인연금)의 통합을 공약했는데, 리셋 위원들은 "국민 갈등 해소를 위해 절실하다"고 평가했다.

당선인 연금공약 입안 안상훈 교수
"윤, 논의 과정 관리 중재자 역할
사회적 대타협 이루는 일 맡을 것"

안상훈 서울대 사회복지학과 교수는 국민의힘 선거대책본부에서 지속가능한 복지국가 정책본부장을 맡았다. 그 아래에 분과위원회 5개를 뒀다. 윤석열 당선인의 연금개혁과 복지공약 마련에 핵심적 역할을 했다. 안 교수에게 윤 당선인의 연금개혁 진정성을 따져 물었다.

－당선인은 2월 초 연금개혁을 공약하면 선거에서 진다고 했는데.

"세부적인 개혁안이 공약감이 아니라고 한 거다. 연금제도의 문제의식을 잘 인식하고 있다. 개혁 의지에 진정성이 있다. 당선인은 문재인 정부가 연금개혁에 손대지 않은 유일한 정부고, 이게 중대 과실이라는 교훈을 갖고 있다. 우리는 그러면 안 되고, 잘못된 건 바로잡아야 한다는 인식이 확고하다."

－개혁의 방향이 뭔가.

"제도의 지속가능성도 중요하고 근본적으로 노후소득 보장체계 재구조화도 중요하다. 국민연금과 특수직역연금(공무원·사학·군인) 통합을 넘어서는 문제다. 여기에 기초연금과 기초생활보장제도를 포함해야 한다. 퇴직금의 퇴직연금화도 중요하다."

－왜 사회적 합의 방식으로 가나.

"연금개혁은 다수결로 결정할 사안이 아니다. 전 국민 학습과정을 거쳐야 한다. 서둘러서 될 일이 아니다. 50년 가는 개혁을 해야 하고 그러려면 시간이

"50년 내다보는 연금개혁, 다수결로 정할 일 아니다"

공약정리

윤석열 당선인

연금개혁
- ▶대통령 직속 공적연금개혁위원회 설치
- ▶방향 -세대 간 공평한 연금 부담과 국민연금 수급·부담 구조 균형
  - -국민연금 가입자의 노후소득 보장
  - -지속성 보장을 위한 장기적 재정안정화
- -1인 1국민연금 의무화
- -국민·기초·퇴직·주택·농지 연금 포함한 총체적 다층 연금개혁
- -공무원·사학·군인연금 개혁해 형평성 및 지속가능한 건전성 확보

기초연금
- ▶30만원에서 40만원으로 인상, 기초수급자 10만원 추가
- ▶국민·기초연금 연계 감액제도 미세조정

기초수급자
- ▶생계비 기준 중위소득의 30%→35%
- ▶재산기준 컷오프 도입해 기준 완화

안철수 위원장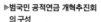

- ▶범국민 공적연금 개혁추진회의 구성
- ▶일반인·공무원 평등한 동일연금제 추진
- ▶지속가능한 통합국민연금법 제정해 국민연금 중심의 단일체제로 개편
- ▶개혁 후 동일한 제도 적용
- ▶최저 소득대체율 보장, 최고보험료 제한
- ▶기초수급자 생계비 기준 중위소득의 30%→40%
- ▶기초생보제 부양의무자 기준 완전 폐지

자료: 각 후보 공약집

당선인 연금개혁 관련 발언

2021년

12월 14일 관훈클럽 토론회
"선거공약으로 들고나오면 무조건 선거에 진다"

"집권 후 공적연금개혁위원회 만들 것"

2022년

2월 3일 1차 TV토론
다른 후보와 연금개혁 합의
"정권 초기에 해야 한다"

"이 자리에서 약속하죠. 그건 안 할 수가 없으니까, 선택이 아니니까"

2월 11일 2차 TV토론
"불가피하겠지" (국민연금 보험료 인상 관련)

"재원이 한정돼 있으면 수급개시연령도 뒤로 갈 수밖에 없지 않나 싶다"

"빈부격차 해소에 큰 도움은 안 된다고 생각"

2월 16일 보도자료
"기초연금 최대 40만원으로 인상"

당선인 측 "인수위, 연금개혁 논의 범위 밝힐 것"

많이 걸릴 수 있다."
-당선인이 세부 안을 지시한 게 있나.
"당선인은 후보 시절 논의 과정에서 큰 틀을 이해하는 데 집중하고 이해가 되면 고개를 끄덕였다. 중간에 아니다 싶으면 '이렇게 바꾸자'고 한다. 세세한 것은 전문가에게 맡기는 스타일이다."
-앞으로도 세부 안을 안 낼 건가.
"그렇다. 당선인이 노후소득 보장 방안을 못 박으면 찬반 의견이 쏟아질 거다. 새 정부가 명확한 안을 내면 적대적 정치가 횡행하는 한국적 상황에서 (개혁이) 쉽지 않을 수 있다."
-당선인은 어떤 역할을 하나.

"퍼실리테이터(facilitator·촉진자) 역할을 할 거다. 논의 과정을 관리하는 중재자가 된다고 보면 된다. 당선인은 (연금개혁을) 혼자 할 수 있는 게 아니라고 알고 있고, 물길을 여는 역할을 해야 한다고 생각한다. 연금개혁위원회(가칭)에서 여러 가지 안을 두고 숙의한 뒤 사회적 대타협을 이끌어내는 게 지도자의 피할 수 없는 역할이라고 여긴다."
-왜 중재자 역할을 하려는가.
"당선인은 10일 당선 인사에서 '참모 뒤에 숨지 않겠다'고 했다. 그 말과 관련이 있다. 독일의 메르켈·슈뢰더 총리가 노조 만나고 밤에 맥주 한잔하면서 사회적 합의를 중재했다. 유럽의 이런 문화처럼 갈등 조정을 잘하는 게 대통령의 역할이라고 당선인이 생각한다. 연금개혁 같은 건 밀어붙이면 안 된다고 여긴다."
-기초연금부터 올리면 다른 논의의 장애물이 되지 않을까.
"빈곤에 가까운 사람의 급한 불부터 끄려 한다. 내년에 소득 하위 70% 노인에게 일괄적으로 올린다. 이 정도(약 8조8000억원 소요)는 재정 여력이 있다. 소득 수준에 따라 기초연금을 차등화하는 안을 생각해 봤는데, 그러면 빈곤율을 2~3%포인트밖에 줄이지 못한다. 그리고 기초수급자에게 기초연금을 10만원 추가 지급하는 것을 눈여겨봐 달라." **신성식 복지전문기자**
ssshin@joongang.co.kr

내 돈 10배 받은 80대도, 갓 입사한

80대 "이대로 두면 손자들 연금 못타"
20대 "세대간 합의 가능 수준 찾아야"
청년유니온 "보험료 3%P라도 올리자"

연금개혁이 새 정부의 이슈로 떠오르면서 청년부터 노인까지 한목소리로 연금개혁을 강조한다. 특히 청년들은 윤석열 당선인의 연금개혁 공약이 알맹이가 없다며 아쉬움을 토로한다. 서울대 행정대학원생인 서효림(29)씨는 "(당선인이) 공적연금개혁위원회를 설치하겠다고 공약했지만 '대화를 하자' '위원회를 만들자'는 주장은 그동안 무수히 나온 것이라 더 공허하게 들린다"고 비판했다. 서씨는 "어차피 돌려받지 못할 거라면 보험료를 내는 게 무슨 도움이 되겠느냐는 인식이 청년세대에 퍼지고 있는 점을 정치권이 주의 깊게 봐야 한다"고 말했다.

나현우(30) 청년유니온 비상대책위원회 위원장은 "(당선인이) 구체적인 방향성을 제시하지 않고 개혁위 설치만 언급하는 건 결국 자기 손에 피를 묻히고 싶지 않다는 뜻"이라며 "세부 방향성을 제시하며 국민을 설득하는 데 앞장서야 한다"고 말했다.

지난해 10월 첫 직장을 얻은 이지호(29)씨는 매달 17만원 정도의 보험료를 낸다. 이씨는 "기성세대는 보험료는 적게 내고 연금은 많이 타지만 90년대생부터 그 반대가 됐다"며 "연금을 아예 못 받을 수 있다고 하니 상대적 박탈감이 든다"고 말했다. 그는 "세대 간에 합의할 만한 적정 수준을 찾아 연금개혁을 해야 한다"고 강조했다.

청년유니온은 보험료 인상을 강조한다. 나현우 위원장은 "당장 필요한 건 모수개혁(보험료율·지급률 등을 조정)이다. 보험료율(현재 9%)을 18~19%로 올려야 한다지만 한꺼번에 올리기 어려우니 일단 3%포인트라도 올려야 한다"고 말했다. 그는 "당장 개혁하지 않으면 나중에 보험료율이 30%로 오를 수 있다"며 "지금의 청년세대와 기성세대가 고통을 분담해야 한다"고 주장했다. 그는 "청년들은 대화할 준비가 돼 있다"며 "기성세대가 지금보다 적극적으로 나서줬으면 좋겠다"고 강조한다.

송영신(43) 복지국가소사이어티 청년위원장은 윤 당선인이 청년 세대에 신뢰를 심어줘야 한다고 강조한다. 송 위원장은 "2030의 경우 노후에 연금을 받지 못할 수 있다는 불안감이 큰데, 장기적인 로드맵을 통해 '100%는 아니더라도 내가 일한 만큼 향후 보상을 받을 수 있다'는 신뢰를 심어주는 게 중요하다"고 말했다.

연금 수령자도 연금개혁을 강조한다. 서울 서대문구 조행운(81)씨는 20여 년간 국민연금을 받고 있다. 조씨는 이미 보험료(700만~800만원)의 10배에 달하는 연금을 받았다. 조씨는 "연금 덕분에 노후를 버틸 수 있다"면서도 "이대로 두면 미래 세대가 연금을 못 탈 수 있으니 큰일이다. 모두 조금씩 손해 보더라도 빨리 개편해야 한다"고 말했다. 조씨는 "지금 연금을 받곤 있지만 손자들에게 못할 짓을 하는 것 같아서 마음이 편하지 않다"며 "주변에서 나 같은 노인들의 걱정이 크다"고 말했다. 이우림 기자
yi.woolim@joongang.co.kr

중앙일보 리셋코리아 연금분과 위원 명단

윤석명 한국보건사회연구원 연구위원(리셋코리아 연금분과 위원장), 김태일 고려대 행정학과 교수, 남재우 자본시장연구원 펀드연금실장, 박종원 서울시립대 경영학부 교수, 양재진 연세대 행정학과 교수, 오건호 내가만드는복지국가 정책위원장, 이근면 전 인사혁신처장

20대도 "연금 개혁하자"

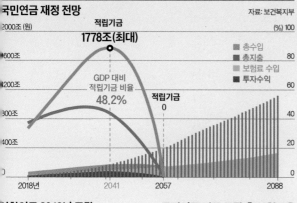

국민연금 재정 전망
자료: 보건복지부

적립기금
1778조(최대)

GDP 대비
적립기금 비율
48.2%

적립기금
0

- 총수입
- 총지출
- 보험료 수입
- 투자수익

2018년   2041   2057   2088

사학연금 2049년 고갈 단위: 원

25조1248억(정점)

22조2293억

−2조9808억
(고갈)

2021년 2028   2049년~

자료: 사학연금공단

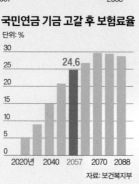

국민연금 기금 고갈 후 보험료율
단위: %

24.6

2020년 2040 2057 2070 2088

자료: 보건복지부

안철수 개혁안은 국민·공무원연금 격차 해소에 초점

당선인 공약과 큰 틀에선 차이 없어

대선 과정에서 연금개혁 이슈는 안철수 후보가 주도했다. 안 후보가 인수위원장이 됐으니 연금개혁이 새 정부의 우선적인 국정과제가 되고, 그의 공약이 반영될 가능성이 크다. 윤 당선인의 공약은 재정 안정과 노후소득 보장에 방점이 찍혀 있고 안 후보는 국민연금과 공무원연금의 격차 해소에 집중돼 있다. 안 후보는 연금 격차가 사회 갈등의 원인으로 작용한다고 본다. 그래서 연금을 통합해 평등한 동일연금제를 달성하자는 게 공약의 핵심이다. 이를 위해 지속 가능한 통합국민연금법을 제정한다.

안 후보의 공약에도 '범국민 공적연금 개혁추진회의' 구성이 담겨 있다. 윤 당선인의 대통령 직속 연금개혁위원회와 유사하다. 안 후보는 1차 TV토론에서 일본식 연금 통합을 소개했다. 윤 당선인은 1, 2차 TV토론에서 안 후보의 방안에 거의 다 동의를 표했다. 윤 당선인도 그 후 공개된 공약집에서 특수직 역연금(공무원·사학·군인 연금)의 개혁을 통한 (국민연금과의) 형평성과 지속 가능성 확보를 공약했다. 큰 틀에서는 공약에 차이가 없다.

리셋코리아 연금분과 윤석명 위원장은 "일반인과 공무원의 연금·퇴직금 등을 같게 맞추고 공무원이 좀 더 부담하는 초과 보험료(4.5%)에 맞춰 추가적인 연금 급여를 지급하는 방식으로 가면 된다. 일본이 그리했다"고 말했다. 오건호 위원(내가만드는복지국가 정책위원장)은 "2015년 공무원·사학 연금을 개혁할 때 군인연금은 손대지 않았다. 이번에 이것부터 개혁하고 국민연금과 특수직 역연금을 통합해야 한다"고 말했다.

신성식 복지전문기자

저출산·고령화 때문에 연금의 시름이 깊어지고 있다. 충격을 줄이려고 5년마다 재정을 재계산해서 개혁하게 돼 있다. 하지만 국민·공무원·사학·군인 등 4대 공적연금이 개혁의 문을 걸어잠궜다. 준(準)공적연금으로 불리는 퇴직연금도 말이 연금이지 연금 성격을 잃고 있다. 리셋코리아는 연금개혁을 과제로 선정했고, 연금분과 위원들은 기초연금-국민연금-퇴직연금으로 이어지는 다층노후소득보장 체계 구축을 권고하고, 장단기 대안을 제시했다. 위원들은 문재인 정부가 연금개혁에 손대지 않은 점을 비판했다. 오건호 '내가만드는복지국가' 정책위원장은 "개혁을 방치한 데 대한 심각한 문제의식을 갖고 있다"고 말했다. 이근면 전 인사혁신처장은 "2050년대에 국민연금 기금이 고갈된다면 30세 청년은 연금을 1원도 못 받는다. 그건 일종의 '사기'다. 앞으로 국민연금에 재정(세금)이 투입되면 정말 심각해진다. 부담이 그대로 MZ세대(80~95년 태어난 밀레니얼 세대와 96~2010년 Z세대를 합친 용어)에게 넘어간다"고 지적했다. 이 전 처장은 "이 정부는 뭘 했느냐. 다음 정부에서 반드시 국민연금을 개혁하고, 나머지 공적연금도 개혁 방향을 제시해야 한다"고 말했다. 토론회의 사회는 윤석명 분과 위원장(한국보건사회연구원 연구위원)이 맡았다.

공적연금 편 ①

양재진 교수의 진단과 대안 | 주제 발표에서는 국민연금, 기초연금, 퇴직연금의 개혁, 이후 공무원연금과 통합의 큰 그림을 제시했다. 양 교수의 발표가 리셋코리아 연금분과의 의견을 집약했다고 해도 과언이 아니다. 다음은 양 교수 발표의 요지이다.

연금에 영향을 주는, 특히 연금 재정에 큰 영향을 주는 것은 인구구조일 것이다. 그리고 두 번째는 경제성장이다. 저출산·고령화가 심각하다. 성장률이 오르지 않으면 2060년에는 보험료를 소득의 30%(현재 9%)를 내야 한다. 이것도 출산율이 1.05명일 때 가정한 것이다. 출산율이 2020년 0.84명, 2021년 0.81명으로 떨어졌으니 더 안 좋아질 것이다.

생산가능인구 100명당 20명 정도이던 노인이 2060년대가 되면 100명당 100명 정도로 늘어나게 된다. 다섯 명이 한 명의 노인을 부양하던 게 한 명이 한 명의 노인을 부양하는 구조가 된다. 다른 나라에 비해서 그 속도가 굉장히 빠르다. 생산가능인구가 적고 부양할 사람이 많다고 하더라도 생산가능인구의 생산력이 엄청나다면 아무래도 감당할 여력이 있을 텐데 그러기는 힘들다. 왜냐하면 현재 우리나라는 저성장 국면으로 들어가 있고, 잠재성장률도 채우고 있지 못하는 상황이기 때문에 획기적으로 총요소 생산성 같은 것이 올라가서 잠재성

출산율에 따른 보험료 단위: %
※매년 연금지급액만큼 보험료를 걷는다고 가정

	기본안 1.32	저출산 1.07	1.05로 하락
2030년	9.0	9.0	9.0
2040년	14.9	15.0	15.0
2050년	20.8	21.3	21.5
2060년	26.8	28.6	29.3
2070년	29.7	33.3	34.7
2080년	29.5	35.2	37.7
2088년	28.8	34.9	37.7

2007년 이후 멈춘 국민연금 개혁

	1차 개혁 1998년	2차 개혁 2007년
보험료	9%	9%
수급연령	60세 → 65세(2033)	60세 → 65세(2033)
소득대체율	70 → 60%	60 → 40%(2028)
기금 고갈	2003년 추계: 2047년 2008, 2013년 추계: 2060년 2018년 추계: 2057년	

국민연금 재정

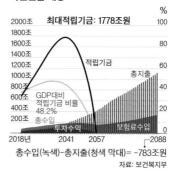

총수입(녹색)-총지출(청색 막대)= -783조원

자료: 보건복지부

장률을 끌어올리고 성장률을 높이지 않으면 이런 인구구조에서 연금재정을 감당하기가 굉장히 어렵다.

연금 노후소득보장 체계라고 하면 국민연금만 생각할 수도 있겠지만 사실은 굉장히 다양한 역할을 하고 있다. 국민연금이 중추이고, 그 밑에 기초연금이 있고, 또 노인에게 기초보장 역할을 하는 것이 기초생활보장제도이기 때문에 이것들을 다 같이 논의해야 한다. 그다음에 퇴직금과 퇴직연금 부분도 함께 연금개혁에서 다루어야 한다고 생각한다. 전체를 아우르는 다층체계 관점에서 연금개혁 혹은 노후소득보장 체계를 어떻게 할 것인지 논의를 해야 한다.

중추가 되는 국민연금부터 살펴보면, 국민연금은 노년부양비(생산가능인구 대비 노인인구)보다 조금 더 사정이 안 좋은 것 같다. 제도 부양비(국민연금의 부양비)를 보면 돈(보험료) 내는 사람하고 연금을 받는 사람의 비율이 노년 부양비보다 크다. 그래서 더 상황이 안 좋다. 그러다 보니 적자가 나오는 건 당연한 것이다. 기금이 다 없어진 다음에 약속한 연금을 어떻게 줄 것인가. 이럴 때 따지는 게 부과방식 비용률이다. 2060년이 되면 30% 정도 보험료를 납부해야 약속된 연금을 지급할 수 있다는 것인데, 이것도 출산율이 1.05일 때를 가정해서 나온 비용률이다. 지금은 출산율이 0.81인 시대니까 사정은 더 안 좋아졌다. 30%를 보험료를 낼 수 있느냐고 하면 사실은 낼 수 없다는 게 답일 것 같다.

독일은 21% 정도, 스웨덴은 18.5% 정도를 보험료의 상한으로 정해서 그 이상 필요한 부분은 보험료를 올려서 메꾸는 것이 아니라 연금 급여를 자동으로 깎는 것으로 법을 만들었다. 소위 자동안정화 장치이다. 두 나라의 사례를 보면 우리나라도 보험료를 20% 이상 낼 수 있을까라는 고민이 된다. 또한 퇴직금과 퇴직연금 파트가 소득의 8.33%를 차지하기 때문에 국민연금 보험료가 20% 넘는 것은 사실상 어렵다고 생각한다.

그러면 보험료를 20% 정도로 묶어 놓은 다음에 어떻게 할 것이냐? 서구에서 하는 것처럼 평균수명이 늘어나면 자동안정화 장치에 넣어서 자동으로 연금 급여를 삭감되게 해야 할 것이다. 물론 그 전에 따져봐야 할 게 보험료를 9%에서 20%까지 올릴 수 있겠느냐이다. 그것도 쉽지 않을 것이라고 생각한다. 20%까지는 못 올릴 것이고 13.5%까지 인상하는 방안을 추진했으면 좋겠다. 그다음에 급여(연금액) 삭감 내지 수령개시연령 상향을 고려해보자. 독일만 해도 68세로 연령을 올렸다. 우리도 65세(2033년 기준)를 조금 뒤로 미뤄야하지 않을까 생각한다.

수급연령을 늦추고, 연금을 삭감하면 연금 액수가 많이 떨어질 것이다. 부족해질 것이다. 아무리 재정안정화가 중요하다 해도 어느 정도 노후소득이 보장되어야 할 텐데 그 부분은 어떻게 하느냐? 그 빈자리를 퇴직연금이 역할을 해야 한다고 본다. 한 해 퇴직연금에 34조 원이 보험료로 들어간다. 퇴직금 말고 퇴직연금만 1년에 그렇게 들어간다. 국민연금 보험료가 한 해 47조 원이니 매년 굉장히 큰 금액이 퇴직연금에 들어가고 있음을 알 수 있다. 그런데 퇴직연금은 연금 역할을 못하고 있다. 그냥 사회적립식 퇴직금 같은 역할로 활용되고 있어서 이걸 연금화하자는 것이다. 그러니까 의무적으로 퇴직연금으로 전환하고 일시금으로 받는 것

21

을 점차적으로 막는 것이다. 그래서 연금으로 받게끔 해야 한다. 그렇게 되면 국민연금에서 모자란 부분을 퇴직연금이 충분히 메워줄 수 있다. 퇴직연금으로 활용된다고 해서 국가적으로 기업이나 근로자가 돈을 더 내는 것은 없다. 어차피 기업이, 고용주가 부담하도록 되어 있는 것이고, 그래서 비용이 더 들어가는 것 없이 연금을 확보할 수 있는 방법은 퇴직금이라고 생각한다. 사실 퇴직금이나 퇴직연금을 유럽의 많은 나라들이 국민연금을 대신해서 가지고 있다. 네덜란드가 기초연금과 기업연금을 가지고 있고, 그 기업연금은 사실상 준공적연금이다. 덴마크도 그렇고 스위스도 그렇다. 그래서 꽤 많은 나라들에서 이미 퇴직연금이 우리나라의 국민연금과 같은 역할을 하고 있다. 그래서 '국민연금 + 퇴직연금'이라는 준공적연금을 만드는 것이 필요하다.

이제 기초보장인데, 국민연금과 퇴직연금에 가입하지 못하는 사람들이 있을 수 있고, 가입해도 액수가 얼마 안 되는 사람들이 있다. 그런 사람들에게는 기초연금이 국민연금과 같은 역할을 하고 있다. 기초생활보장제도를 통해 노인들이 생계비를 받기도 한다. 기초연금과 기초생활보장제도를 합해 스웨덴식으로 기초보장연금으로 전환해야 한다. 다시 말하면 65세 이상 노인들을 위한 기초보장제도를 따로 만드는 것이다. 국민연금과 퇴직연금의 액수가 얼마 안 되는 사람에게는 기초보장선이 있어야 한다. 국민연금과 퇴직연금으로 생활이 안 되는 사람들에 대해서 보충급여 식으로 연금을 주는 것이다. 물론 자산을 따져서 줘야 할 것이다. 지금 전환해도 된다고 생각하는데 재정부담을 우려하는 목소리도 크다. 지금 도입하면 기초보장선을 월 60만 원으로 잡는 게 좋다. 기초생활보장제의 생계급여가 1인당 월 55만 원 정도이고, 주거급여라는 것이 있어서 둘을 더하면 월 80만 원 좀 넘는다. 그 정도까지는 보장하지 못하고, 생계급여 수준까지 보장했으면 한다.

퇴직연금이 어느 정도 기능을 하려면 앞으로 20년 정도 걸린다. 그때 퇴직연금과 국민연금을 합해 60만 원이 안 되면 부족분을 채워주면 되는데, 지금 당장 기초보장연금을 도입하게 되면 재정적 충격이 클 것이라는 지적이 나온다. 그러면 기초연금 대상자를 줄이고 기초생활보장제도가 모자란 것을 좀 채워주고, 장기적으로는 '국민연금+퇴직연금'이 성숙하면서 기초보장연금으로 전환하자. 국민연금의 재정안정화도 꾀하고 기초보장연금으로 혜택을 못 받는 사람들도 다 채워줄 수 있게 가자.

그다음에 특수직역연금 개혁이다. 국민들은 퇴직연금이 제자리를 잡고, 국민연금이 어느 정도 보험료가 인상되고, 기초보장연금이 들어가는 형태가 된다. 공무원연금은 '기초연금 + 국민연금 + 퇴직연금'을 더한 개념이다. 물론 이보다 조금 더 많은 측면이 있다. 사학연금도 마찬가지이다. 국민들이 공무원연금 안에 있는 퇴직연금이나 기초보장연금 같은 성격이 들어 있는 점은 고려하지 않고 국민연금하고만 비교하니 이 참에 공무원연금을 자르는 게 나을 것 같다. 일반 국민처럼 국민연금, 퇴직연금으로 바꾸고, 직연연금을 신설하는 게 좋다. 기초보장연금도 적용하되 실제로는 여기에 들어가는 공무원은 거의 없을 것으로 본다. 일반 국민과 똑같이 하자는 것이다. 직역연금을 신설하는 이유는 공무원은 인사상의 불이익이 있다. 뭘 좀 잘못하면 연금액을 깎아버리고, 직위해제 당하면 연금을 못받는다. 재취업 금지 같은 불리한 점들이 있어서 이것은 직역연금으로 보상해주자는 것이다. 다른 부분은 일반 국민과 다 똑같고, 공무원의 특수성에 따라 직역연금만 달라지는 것으로 개혁하면 뒷말이 없지 않을까 생각한다.

오건호 위원장 진단과 대안 | 양 교수에 이어 '내가만드는복지국가' 오건호 정책위원장이 주제 발표를 했다. 큰 틀에서는 양재진 교수와 차이가 없다. 다음은 발표 요지이다.

양 교수님 발표 잘 들었다. 워낙 그전부터 갖고 계시는 여러 구상을 들어와서 잘 이해하고 있다. 지금 현재 연금 체계에 대한 진단은 양교수님 의견과 거의 같다. 양교수님은 그동안 죽 모수개혁(구조개혁이 아니라 보험료·소득대체율 같은 숫자 개혁)을 강조해 왔다. 뒷부분에 말씀하신 최저보장연금(기초보장연금)이나 국민연금의 소득비례연금 전환 같은 구조개혁을 제안했다.

저도 모수개혁 방식으로는 해법이 안 보이다 보니까 논의가 막혀 있다고 생각한다. 그래서 불가피하게 단기적으로는 모수개혁 논의를 시작하겠지만, 구조개혁 논의도 동시에 시작하자는 입장을 갖고 있다. 그래서 1단계는 모수개혁, 2단계는 구조개혁으로 나누어 봤는데 양교수님과 의견이 같다. 그런데 양교수님의 1단계 개혁을 보면 국민연금의 소득대체율은 40%로 놔두고, 보험료율을 13.5%로 지금보다 인상하는 방안을 제시했다. 제 생각은 조금 차이가 있다. 소득대체율의 변동이 없는데 보험료율은 13.5%까지 단기적으로는 인상하자는 건데 실제로 가능할까? 저는 노무현 정부 이후 모수개혁이 막혀 있고, 모수개혁의 핵심은 보험료율 인상이라고 보기 때문에 여기에 물꼬를 트는 게 연금개혁 논의에서 중요하다고 생각한다. 그래서 우리가 만약 1단계를 설정한다면 보험료를

13.5%까지 가면 더 좋겠지만 12% 정도로 올리는 방안을 제시하고 논의하는 것이 어떨까.

그리고 양 교수님은 기초연금의 커버리지(소득하위 70% 이하)를 줄이자고 제안했다. 어디까지 줄이자는 말은 안 했다. 저는 1단계 기초연금 인상, 2단계는 최저보장연금으로 갔으면 한다. 그런데 1단계에서 국민연금 가입자에게 보험료 인상을 제안하면서 중간계층에게 기초연금을 박탈할 경우에 과연 이게 사회적 논의가 계속될 수 있을까. 1단계 모수개혁에서 기초연금 지급 범위를 줄이자는 말을 꺼내기 어렵다고 본다. 그래서 70% 대상을 유지하면서 기초연금을 40만 원까지 인상하는 모수개혁안을 제시해 논의의 물꼬를 트자는 것이다. 물론 기초연금 40만 원이면 지금 기준으로는 한 5조 원 정도 든다. 그 정도는 감당할 수 있다고 생각한다.

2단계로 기초연금을 최저보장연금으로 전환하는 구조개혁을 하자. 퇴직연금을 연금화시키는 것도 양 교수님의 의견과 동일하다. 스웨덴식 최저보장연금 도입은 따져야 할 게 있다. 스웨덴은 다른 소득은 보지 않고 연금소득만 따진다. 그런데 한국은 국민연금 액수가 충분하지 않다. 기존의 소득인정액 방식에 따라 기타 다른 소득이나 심지어 재산까지 따지기 때문에 과연 스웨덴식이 어느 정도 적절할지 의문이다. 그래서 최저보장연금액 설계의 기준은 소득과 재산 상황을 따져야 한다고 생각한다. 그래서 재산까지 보는 소득인정액 방식으로 최저노후보장제도를 도입하자는 것이다. 이건 의미가 있다. 양 교수님이 최저보장연금을 선호하는데, 그게 어려운 가장 큰 이유 중 하나가 재정 부담이다. 지금 국민연금 수입만 가지고 최저보장연금액을 부여할 경우에는 국민연금 무연금자가 많기 때문에 대다수에게 50만 원이나 60만 원을 지급해야 한다. 소득인정액 방식으로 하게 되면 소득인정액에 연동해 슬라이딩 방식의 미끄럼틀이 된다. 최저보장연금 소요 재정을 좀 줄이는 효과를 낼 수 있다고 본다.

문제는 국민연금이다. 기초연금에도 소득재분배 요소가 있고 국민연금의 균등급여도 그 역할을 한다. 연금학자들은 기초연금의 역할이 계속 커지고 있으니까 중복을 교통정리를 하자고 한다. 즉 국민연금을 소득비례연금으로 전환하고, 지속가능성과 재정 안정화를 꾀하자는 것이다. 저도 취지에 공감한다. 얼마 전까지 저도 이런 식의 구조개혁 안을 갖고 있었는데 계속 토론해 보니 과연 이 방안이 사회적으로 논의가 가능할지 의문이 들더라. 하나는 우선 가입자들이 여전히 국민연금을 논의의 중심축으로 두고 있다. 그런 면에서 소득대체율이 40% 이하로 내려가는 걸 용납할까. 참 어려울 것 같다.

그리고 기초연금이 커가니까 국민연금 안의 균등급여를 빼서 기초연금과 합하고 국민연금은 소득비례연금으로 바꾸자고 얘기하는데 이게 학술적 의미가 있을지라도 가입자 입장에서 본다면 소득재분배 요소가 한 군데 있건, 두 군데 있건 결과적으로 연금체계 안에서 재분배가 이루어지는 것으로 볼 것이다. 제가 요즘 고민이 되는 게 학술적으로는 두 개의 중복적인 재분배 요소가 불편할지 모르지만 가입자 입장에서는 이게 그냥 상관없는 것이다. 사실은 소득비례로 전환시키는 것이 국민연금에서 재분배 요소를 떼어내는 것이기 때문에 굉장히 사회적 저항이 클 수 있다.

두 가지 방안을 생각해본다. A안은 국민연금 중심의 가입자 정서를 감안하여 현행 국민연금 체계를 유지하고 보험료율을 15%까지 부분적으로 인상하는 방식이다. 그리고 부족분은 일반회계(예산)에서 지원하는 식이다. B안은 다층연금체계에 맞게 국민연금을 소득비례연금으로 전환하고 보험료율을 소득대체율 30%에 맞게 가자는 안이다. 우리가 구조개혁 논의의 장을 열 때 너무 급진적인 구조개혁안을 놓으면 아예 논의를 막아버릴 수도 있다.

연금제도 단일화가 필요하다고 생각한다. 그래서 신규 공무원부터 국민연금의 소득대체율과 보험료율을 적용하면 될 것으로 본다. 재직 공무원들도 가능하다면 이 방식으로 들어오면 좋겠다. 다만 제도를 단일화하되 재정은 구분하는 것이 불가피하다고 본다. 그래서 호주머니를 따로 차야 되는데 그렇게 되면 제도 단일화의 효과가 많이 반감된다. 왜냐하면 지금 국민연금 내의 재분배 효과가 공무원연금끼리 국민연금끼리 매겨지는 것이어서 그렇다. 저는 그런 면에서 제도를 단일화하고 재정은 구분해서 회계를 하되 A급여(소득재분배)만 통합하는 방식으로 진행하는 것이 바람직하다고 생각한다. 그렇게 되면 A값(최근 3년치 가입자 평균소득)이 같아지기 때문에 공무원연금의 제도 단일화뿐만 아니라 사회연대적인 급여 재분배까지 이룰 수 있다. 공무원은 매우 반대하겠지만 연금의 연대 취지에서 그리 가자고 제안한다.

윤석명 분과 위원장 │ 양재진 교수님은 4차 재정계산(2018년) '나'안을 중심으로 제안했다. 소득대체율은 40%로 원래대로 가고, 보험료율을 13.5%로 올리고, 자동안정화 장치를 도입하자는 안이다. 오건호 박사님은 전체적인 입장이 저와 비슷한데, 보험료 인상의 물꼬를 트기 위해서 4차 재정계산에서 나왔던 '나'안 보다 보험료를 12%로 적게 올리시는 방법을 제시했다. 그다음에 기초연금 커버리지를 줄이는 건 여러 가지 면에서 좀 어렵지 않느냐는 의견을 제시했다. 그리고 반갑게 들리는 건 최저보장연금을 소득뿐만이 아닌 재산을 합친 소득인정액 기준으로 하자는 것이었다. 이 부분은 좀 고민해 볼 필요가 있을 것 같다. 그리고 소득대체율이 40%로 낮아지는 것이 가능하겠느냐, 소득재분배가 국민연금에 있든 기초연금에 있든 그건 전문가의 영역이지 일반 국민들의 입장에서 볼 때는 똑같은 것 아니냐 이런 문제제기를 했다. 가입자 단체에서는 소득재분배는 그대로 두되 보험료를 15%까지 올리자는 제안도 했다.

연금통합과 관련해서 양 교수님은 공무원들은 인사상의 불이익도 있고 그러니까 그걸 직역연금으로 '플러스 알파'를 신설하자고 제안했다. 오 박사님은 신규 공무원부터 또는 재직자까지 포함한 제도단일화가 필요하다고 제안했다. 두 사람이 비슷하면서도 약간의 차이가 있고, 어떻게 보면 굉장히 큰 차이가 있을 수도 있다. 그런데 문재인 정부는 공적연금 강화라는 이름으로 보험료 1, 2%포인트를 올리는 대신에 소득대체율을 40%에서 45%로, 또 50%로 올리는 방안을 얘기했다. 장기적으로는 굉장히 재정불안정이 심화하는 것임에도 불구하고 그런 안을 추진했다. 많은 전문가들이 장기적인 면에서 이번 정부의 안이 오히려 더 재정불안정을 야기하는 눈가림이 아니냐고 비판했다.

일단 국민연금이 제대로 작동하고 중장기적으로 공무원연금하고 통합하되 방향성이 있어야 할 것이다. 이건 공무원연금, 사학연금, 국민연금뿐만이 아니라 모든 제도가 마찬가지이다. 그런 측면에서 제가 강조하는 것은 공적연금의 강화, 특히 국민연금의 강화이다. 국민연금은 실제 소득과 연금 소득의 괴리가 굉장히 크다. 둘이 어느 정도 근접하면 중간 이상의 소득계층의 연금액이 많아진다. 소득비례연금으로 100% 전환하는 경우 소득대체율이 떨어질 수 있는데, 이 경우 경영소득(보험료 부과 대상 소득) 상한선을 특수직역연금처럼 올리면 중간 이상의 소득계층은 지금보다 연금액이 훨씬 많아질 것이다. 이 점을 생각해 볼 필요가 있다.

그리고 또 중요한 게 4차 재정계산을 할 때 제가 제안한 핀란드의 자동안정화 장치이다. 핀란드는 투 트랙을 쓴다. 재정안정화를 위한 자동안정화 장치를 도입하면서 평균수명이 늘어나는 만큼 일을 더 할 수 있게 한다. 그러면 가입기간이 그만큼 더 늘어난다. 그래서 연금 급여 적절성을 보충한다. 재정안정화에다 일하는 기간 연장, 즉 가입기간 연장을 통한 급여 적절성을 확보하는 것이다.

우리나라 연금제도는 독일 제도가 일본을 통해 들어온 것이다. 일본 연금제도와 뗄래야 뗄 수 없다. 일본의 공무원 연금 제도는 1959년 이전까지 공무원이 보험료를 한 푼도 안 냈는데, 1959년부터 공무원이 보험료 50%를 부담하고 국가가 50%를 부담했다. 우리나라 공무원 연금제도나 일본 공무원 연금제도는 역사가 똑같다. 그런데 발전과정에서 보면 일본 공무원 연금제도는 후생연금하고 격차를 줄이는 방향으로 갔고, 우리는 격차가 벌어지는 방향으로 갔다. 앞으로 공무원연금과 통합에서 일본식 통합을 참고할 필요가 있다.

국민연금은 소득대체율 40%을 유지하면서 보험료를 올리고 거기에다 자동안정장치(built-in stabilizer) 개념을 적용하는 방안이 있다. 그렇게 할 경우에는 소득대체율이 너무 떨어지니까 오히려 보험료를 조금 더 인상할 수도 있다. 또 오건호 박사님이 최저보장연금을 따질 때 소득인정액 방식으로 하자는데, 이게 굉장히 중요한 이슈가 될 것 같다.

2013년 박근혜 정부가 기초연금 대상을 65세 이상 노인들의 소득하위 70%로 정했는데, 한국처럼 고령화가 빨리 진행되는 상황에서 이런 식의 기준을 유지하는 것은 굉장히 문제가 많다. 노인의 70%라는 기준보다 소득 기준을 적용하자는 것이다. 중위소득의 50% 이하 같은 식으로 소득기준으로 점진적으로 바꿔나가는 것이 더 설득력 있고 합리적이라고 본다.

김태일 고려대 행정학과 교수 | 두 분의 주제 발표에 거의 다 동의한다. 보험료 13.5%로 단계적 인상에다 인구와 경제여건 변화 등에 따라 자동적으로 연금재정을 조정하는 장치를 부착하자. 기초연금을 올리지 않는 대신 기초생활보장제의 재산 기준을 완화해 기초생활보장제의 대상인 빈곤 노인 보장 범위를 확대하면 사실상 기초보장연금 효과를 낸다. 5년마다 재정재계산 결과를 국회에 보고하고 끝내지 말고 국회나 국민연금심의위원회 심의와 승인을 거치게 해 개선방안의 실행력을 높여야 한다.

공무원·교원연금을 국민연금과 별도로 운영할 명분이 이제 없다. 신규 공무원과 교원은 국민과 같은 연금을 적용받게 해야 하되 사적연금 가입 인센티브를 제공하면 된다.

이근면 전 인사혁신처 처장 | 소득하위 10%는 국가 복지가 책임져야 한다. 왜 전 국민에게 25만 원의 재난지원금을 주는지 모르겠다. 소득상위 10%에게 국민연금을 좀 덜 주면 어떻냐. 30년 후 기금고갈만 걱정할 게 아니라 환경을 바꾸자. 정년을 폐지해 더 일하고, 연금을 더 늦은 나이에 받게 유도해야지 단순히 보험료를 올리는 것은 고민해 봐야 한다. 연금 논의가 연금을 받는 사람들 입장에서만 생각할 것이 아니라 보험료를 내는 사람들 입장에서도 생각해 볼 필요가 있다. 우리나라 연금제도가 세대 착취라

는 얘기를 듣는다. 월급에서 공제되는 것이 굉장히 많다. 국민연금 보험료를 다시 올리기 시작하면 가처분소득이 형편없이 줄어든다. 그래서 이런 점까지 고려해야 한다.

박종원 서울시립대 경영학부 교수 ㅣ 양 교수님과 오 박사님 발제에 기본적으로 동의한다. 그리고 현재 구조상 이미 다층연금체계는 정착돼 가는 것 같고, 되돌리는 것은 불가능하다고 생각한다. 그러한 다층체계의 틀 안에서 연금을 강화하고, 퇴직연금을 연금화하고 그런 것을 기반으로 해서 국민연금의 재정불균형 문제를 해소할 수 있는 방안을 찾아보자는 이런 틀에 동의한다. 다만 기초연금하고 국민연금으로 대표되는 공적연금 부분하고, 퇴직연금이나 개인연금으로 대표되는 사적연금 체제 중 어떤 쪽에 좀 더 주안점을 둬야 할지 생각할 필요가 있다. 제 생각은 공적연금 부분이 담당해야 할 기본적인 커버리지가 명확하게 설정될 필요가 있다고 생각한다. 최저한도의 노후소득을 일정 범위 내에서 커버해주는 수준으로 공적연금의 역할을 설정하고, 절대 금액 증가는 사적연금이 담당할 필요가 있지 않나 생각한다. 그래서 기초연금이 소득대체율 20%, 국민연금이 40% 이내를 담당할 수 있으면 이게 공적연금의 최소한의 역할이 아닐까 생각한다.

국민연금의 부분적립식 구조가 장기적으로 언제까지 지속가능할 것인가. 불가능하다는 것을 우리 모두 잘 알고 있다. 궁극적으로 국민연금이 부과식으로 소프트 랜딩하는 문제를 생각해봐야 하지 않나 싶다. 국민연금의 재정불균형이 하루아침에 해소될 수는 없다. 그래서 장기적인 목표와 단기적으로 5년, 10년 정도 준수해야 할 균형지표를 설정하는 것이 필요하다. 그리고 그러한 장단기 균형지표하에서 자동안정화 장치 등등을 반영해서 지출 조정을 하고 보험료율을 조정하는 게 필요하다.

남재우 자본시장연구원 펀드·연금실장 | 퇴직연금 제도가 연금화라는 이름으로 어느 정도의 소득대체율을 보장한다면 국민연금은 모수개혁을 할 수 있지 않겠느냐고 하는 것 같다. 그런데 그게 그렇게 논의를 해서는 답이 안 나오지 않을까 생각한다. 마치 주어진 상황에 맞추어서 퇴직연금을 연금화하고 제도로 전환하게 되면, 예를 들어 15% 정도 소득대체율이 나올 테니까, 그러면 이제 국민연금은 소득대체율을 어떻게 맞춰갈까 뭐 이런 식의 논의를 하게 되면 생산적인 논의의 결론이 나오는 게 어렵지 않을까. 다층연금체계의 전체를 아울러서 정리하고 방향성을 잡는 작업이 먼저 필요하다고 생각한다.

예를 들면 우리나라가 앞으로 지향해 갈 복지 정책의 방향, 복지국가로 지향해 나갈 것인지, 아니면 예전의 영국처럼 사적연금을 강화할 것인지를 다져봐야 한다. 그러니까 크게 보면 고령화 내지는 초고령화 사회의 도래에 대비해서 사회 충격을 정책적인 제도적 장치로 어떻게 완화해 나갈 것이냐는 것이다. 그게 어떤 복지국가를 지향해 가면서, 공적연금을 강화해 가면서 그런 사회 충격을 막아내겠다는 것인지 아니면 그것을 사회보장으로 깔고 그 위에 사적연금의 효율성을 더 강화하는 방안으로 고령화를 대비하겠다는 것인지 그런 방향의 설정이 이루어지지 않으면 답이 나오지 않을 것 같다.

보험료율과 소득대체율 그 사이에 어떤 연결고리 중 하나인 운용수익률을 외생변수로 보고 우리가 할 수 있는 최대 수익률이 어느 정도인지 가정하고 그냥 넘어가는 것 같다. 실제로 장기 투자 자산인 연금에서 보험료율과 급여율, 소득대체율 그 사이에 운용수익률에 미치는 영향이 굉장히 클 것이다. 그런데 많은 사회복지 하시는 분들이 실제 제도개혁, 모수개혁이 되었건 구조개혁이 되었건 그 과정에서 연금수익률의 민감도나 영향은 크지 않다고 보는 것 같다. 흔히 말하는 기금 고갈을 해소하는 방향으로 운용수익률을 얘기하는 것은 적절치 않다고 깔고 가는 것 같은데 과연 그럴까. 그래서 기금 운용 지배구조를 개편을 연금제도 개혁과 같이 논의하는 것이 바람직하다.

　지금 국민연금은 기금 운용의 방향성을 설정하지 못하고 운용하고 있다는 것이 큰 문제이다. 그나마 최근 몇 년간 괜찮은 수익률을 내 긍정적으로 보일 뿐이지, 그 거대 기금을 어떻게 운용하는 게 맞다는 방향을 설정하지 못하고 있다. 앞으로도 계속해서 그렇게 운용될 것이라는 위험을 안고 있다.

박종원 교수 퇴직연금 개혁 방안 ︱ 다음은 박 교수의 주제 발표이다.

국내 퇴직연금제도는 기존의 법정퇴직금 제도의 보완책으로 2005년 근로자 퇴직급여보장법의 제정으로 도입했다. 제도 확산 속도가 느리다. 2019년 말 기준으로 볼 때 퇴직연금제도 도입률은 사업장 수로는 27.5%, 종사자 수로는 51.5%에 그치고 있다. 퇴직급여 자산이 충분하게 적립돼야 하는데, OECD 통계를 보면 GDP 대비 비율이 2019년 말 기준으로 28% 수준이다. 연금 선진국 덴마크는 220%이고 미국은 150%, 호주는 138%이다. OECD 평균은 55%이다.

퇴직연금 적립자산 규모는 2020년 말 현재 255.5조 원에 이르고 있다. 근데 문제는 약 90%가 원리금보장상품에 쏠려 있고, 그러다 보니 최근 5년 연평균 수익률이 1.8%로 해외 주요 국가의 7~10%에 비해 매우 낮다. 국민연금이나 공무원연금, 사학연금 같은 국내 공적기금의 연평균 수익률도 5~6%이다.

퇴직연금제도의 유형을 크게 보면 DB형, DC형, 개인 IRP 이렇게 3가지로 구분할 수 있는데 DB형이 한 60% 정도이고, DC형이 26% 정도이다. DB형이 DC형에 비해 원리금보장상품 비중이 높고 운용수익률이 안 좋다. DB형이 높은 점이 수익률 저하의 원인이다. 연금개혁에서 적정한 노후소득 보장을 이루기 위해서는 퇴직연금의 확충이 중요하다.

퇴직연금제도가 미래 노후소득 보장의 한 축을 담당할 수 있도록, 퇴직급여 적립자산을 축적할 수 있도록 제도가 운영될 필요가 있다. 퇴직연금 가입을 의무화하거나 미래의 급여 수급을 연금화하는 방안을 의무화하거나 최소한 연금화를 선택할 수 있는 제도적인 장치가 필요하다. 1인당 연금자산의 규모가 미국은 한 10만 달러 정도 되는데 한국은 1만 달러 수준에 불과하다. 향후 30년 정도가 연금자산의 축적을 위한 가장 중요한 기간이 될 것이다.

자산 축적을 위해서는 가입자를 확대하고, 장기가입을 유도하고, 기여액을 제고하는 것이 선행될 필요가 있는데 그 방법으로 퇴직연금제도 가입을 의무화하고, 중도인출이나 일시금 수령 등을 제한하고 엄격하게 허용함으로써 가능한 연금화할 수 있도록 도와야 한다. 불입액의 소득공제한도를 올리거나, DB형 연금자산의 운용이익을 비과세해 기여액을 제고시키고, 취약계층을 지원해 가입을 유도하는 방안을 검토할 필요가 있다고 생각한다.

국내 퇴직연금의 아주 고질적인 문제인 낮은 운용성과를 개선하고 이를 제고하는 것이 필요하다. 운용성과 제고에서 가장 중요한 것은 결국 자산 배분효과를 얻는 것이고, 위험자산과 성장형 자산의 연금 자산을 투자하는 비중을 높여 그 과실을 획득하는 것이고, 그다음에 장기투자를 통해서 복리효과를 극대화하는 것이다. 국내 퇴직연금의 운용성과는 2015~2020년 1.89% 정도이다. 그런데 명목임금 상승률은 연평균 3.32% 정도이다. 퇴직연금 가입자가 법정 퇴직금 제도를 이용하는 근로자에 비해서 훨씬 열등한 성과를 얻었다는 의미이다. 퇴직연금 수익률이 연평균 1.89% 정도이지만 소비자물가 상승률이 연평균 1%, 퇴직연금 수수료율이 0.46%이다. 실질 수익률은 연평균 0.43%에 불과하다. 연금의 실질 가치가 증가하지 못한다. DB형 수익률이 DC형에 비해서 좋지 않다. 당연히 원리금보장형이 실적배당상품에 비해 수익률이 안 좋다.

퇴직연금 적립자산의 운용은 자산 배분과 리스크 풀링(risk pooling)

효과를 얻을 수 있도록 포트폴리오가 구성되어야 하고 수익률을 제고할 수 있도록 운용해야 한다. 지금처럼 원리금보장상품에 치우치는 것이 아니라 다양한 운용자산과 안전자산의 분산 투자를 통해 자산 배분 효과를 얻어야 하고 위험수용 능력을 제고시키고 수익률을 올릴 수 있어야 한다.

그러나 국내 퇴직연금 시장에서 위험자산 운용 비중은 10% 미만이다. 해외 주요 국가나 OECD 국가 평균도 50% 수준이고, 국내 공적연금 운용비중이 60%인 것에 비해 굉장히 낮다. 운용성과의 제고를 위해서 필요한 것은 복리효과를 제고할 수 있도록 장기 투자 포트폴리오가 개발되고 대안으로 제시될 수 있어야 한다. 복리효과를 생각하면 투자기간이 길수록 미래에 얻을 수 있는 격차가 벌어질 것이고, 연금 사업자 입장에서는 장기투자 포트폴리오를 잘 구축을 하고 이걸 운용의 대안으로 제시할 필요가 있다.

국내기업들이 연금 사업자를 선정할 때 전문성보다 대출 등 금융기관과의 기존 거래관계를 기준으로 삼는다. 무슨 얘기냐 하면 기존의 거래관계에 따라 비합리적으로 결정하고, 결국 원리금 보장상품에 집중하도록 만들고, DB형 비중이 높아지는 문제점을 야기한 것이다. 중요한 것은 연금자산 운용의 의사결정을 기업의 이해관계에서 벗어나 독립적으로 수행할 수 있는 장치를 구축하는 게 절실하다. 의사결정을 독립적으로 할 수 있는 시스템을 갖추는 게 필요하다.

다른 이슈는 기금형 퇴직연금제도이다. 우리가 지금 채택하고 있는 퇴직연금제도는 기본적으로 계약형이다. 계약형 퇴직연금제도는 여러 문제점이 계속 제기되고 있다. 가입자의 선택가능성이 제약된다든지, 운용 과정에 가입자가 적극적으로 참여하기 어려운 구조라든지, 퇴직연금 사업자에게 과도하게 의존한다든지, 기금의 세분화에 따라서 풀링효과의 제약이 발생한다는 등의 문제점을 안고 있다. 이로인해 운용이 비효율적으로 이뤄진다.

또 국내 퇴직연금 시장에서 대부분의 연금 사업자가 계열 은행이나 보험회사에 'Captive market'을 구성해서 운용한다. 공정한 경쟁이 이루어지지 않는다. 그래서 이를 해결하기 위해서 기금형 퇴직연금제도를 도입할 필요가 있다. 기금형 제도에서는 외부 전문가를 포함해서 사용자, 가입자, 그리고 자산운용사 등으로 구성되는 기금운용위원회를 구성하고 여기서 독립적으로 연금자산의 운용을 담당해 전문성과 효율성을 높인다. 장기적으로 유연한 적립금 자산운용이 가능해진다. 네덜란드나 영국, 일본 등 기금형 제도를 허용한다. 이들은 퇴직연금기금을 외부신탁으로 설정해서 분리하고 독립적인 형태로 운영한다.

기금형 제도는 독립성이 가장 중요한 요소이고, 참여하는 이해관계자들이 많다 보니까 이해관계를 조율할 수 있는 시스템을 구축하는 것이 굉장히 중요하다. 계약형 제도의 여러가지 문제점을 완화하는데 보다 도움이 될 수 있다고 생각한다. 기금형 제도가 도입되면 전문적인 통합자산관리 역량을 높이고, 투자정책을 개발하고, 장기투자 포트폴리오를 개발할 수 있다. 통합적인 자산관리역량을 갖춘 수탁법인을 선정해서 자산관리 서비스를 보다 쉽게 이용할 수 있다. 그리고 규모의 경제를 통해서 수익률을 올리고 사업자 간 경쟁을 유도해서 차별화된 서비스를 받을 수 있다.

현행 계약형 구조에서 DB형보다는 DC형이 확대될 필요가 있다. DC형 제도에서 장기투자 포트폴리오를 구성하고 전문적으로 운용할 수 있도록 디폴트 옵션(default option)을 도입하는 방안이 논의되고 있다. 국내 퇴직연금 시장에서 운용성과를 높일 수 있는 방안이라 볼 수 있다. DC형의 운용성과는 연금적립자산의 운용수익률에 따라서 미래 수령액이 변동한다. 이때 연금적립자산의 운용수익률이 임금상승률보다 높다면 당연히 DC형이 더 유리하다. 이러한 차이는 연금 가입기간이 길어질수록 더 커진다. 그래서 장기적인 퇴직연금의 가입, 장기적인 자산운용을 생각하면 운용성과를 높이는 데 DC형이 유리하다는 것을 알 수 있다.

한국의 DB제도는 미국과 차이점이 많다. 미국은 DB제도에 가입한 근로자가 나중에 퇴직시점에 일시금으로 수령할 수도 있지만 이걸 사망시점까지 계속해서 연금형태로 받을 수 있는 종신연금의 선택권이 있다. 또 회사가 파산하거나 상황이 좋지 않을 때를 대비해 지급보증 제도가 있다. 또 연금자산의 운용이익이 신탁계정으로 분리되어 운영되면 과세하지 않는다. 한국에는 지급보증 제도가 없고, 운용이익 비과세도 없다. 또한 사용자의 퇴직급여 지급 책임은 근로자의 재직기간에 한정된다. 이러한 상황에서는 사용자는 위험자산에 투자할 이유가 없다. 가입자인 근로자 역시 위험자산에 투자해서 나중에 손해를 봤을 경우에 퇴직급여를 못받을 리스크가 있기 때문에 사업자가 안전하게 운용하는 것을 선호한다.

이러한 점을 고려할 때 DC형을 확대하기 위해서는 사용자와 가입자에게 자산배분과 위험자산 투자를 높일 수 있는 인센티브를 제공할 필요가 있다. 장기의 퇴직연금가입, 세제혜택의 확대, 잘 분산된 투자 포트폴리오와 적정한 자산배분 유도 등이다.

디폴트 옵션은 DC형이나 개인연금 가입자들이 자신의 적립금 운용에 대해서 명시적인 의사표시를 하지 않는 경우 미리 설정해 놓은 상품에 자동적으로 투자해 적립금을 운용하는 제도이다. 이건 해외 주요 선진국에서 대부분 도입하고 있다. 미국이나 호주의 경우 연금자산 성장에 중요한 영향을 미친 것이 디폴트 옵션 제도이다. 디폴트 옵션 도입과 관련해서 원리금 보장상품 포함 여부, 리스크 관리와 손실발생 책임 문제, 적격투자상품의 구성, 사용자와 가입자에 대한 교육 등이 쟁점이다.

기본적으로는 디폴트 옵션의 목적이라는 게 침체된 퇴직연금시장의
운용성과를 높이기 위한 것이기 때문에 원리금보장형을 포함시키는 것은
실익이 없다고 본다. 국제연금감독기구나 OECD에서 권고하는 것과 같
이 지나치게 복잡한 상품 구성은 오히려 불완전 판매와 같은 여러 문제를
야기할 수 있다. 이런 점에서 적격 투자상품은 중장기 투자기간과 분산투
자에 적합하도록 설계된 TDF를 포함하는 Life Cycle Fund와 자산배분
형 펀드 등의 단순한 상품 구성이 필요하지 않나 생각한다.

DB형에서 퇴직연금사업자를 선정하는 데 전문성보다는 기존의 거래
관계에 따라서 사업자를 선정하는 비효율적인 의사결정이 이루어지고 있
다. 이러한 문제를 보완하기 위해서 퇴직연금 적립자산에 대한 독립적인
의사결정을 할 수 있는 운용위원회를 도입하는 것을 적극적으로 강구할
필요가 있다. 영국의 금융감독청은 2015년 4월 계약형 퇴직연금을 운영
하는 사업자에게 독립지배구조위원회를 설치하는 내용을 담은 법안을 시
행했다. 독립지배구조위원회는 제도 가입자에 대한 연금 모니터링을 하
고 이것이 비용 대비 합리적인 가치를 제공하고 있는지를 계속 보고해야
한다.

그래서 DB형 제도의 한계 극복을 위해서 퇴직연금적립자산 운용위원
회를 의무적으로 설립하는 방안을 고려할 필요가 있다. 그리고 DB형 제
도에서 또 하나 고민해 봐야 할 것이 일시금 수령을 제한하고 수급을 연
금화하는 방안이다. 그래서 기본적으로 종신연금을 퇴직 이후에도 사망
할 때까지 연금의 형태로 수급할 수 있어야 한다. 만약 회사가 파산하거
나 지급불능 상황에 빠지더라도 종신연금 가입을 선택한 가입자에게 지
급을 보증해줄 수 있는 장치를 도입하도록 고민해야 한다.

남재우 실장 | DC형 퇴직연금 가입자가 운용방법을 직접 선택하지 않으면 노사와 운용기관이 미리 설정한 방법으로 투자하는 디폴트 옵션을 도입하고, 중소기업이 퇴직연금기금에 가입하면 사업주 부담금 10%와 운용 수수료 50%를 3년간 지원하는 유인책을 도입하자.

윤석명 위원장 | 디폴트 옵션에 원리금 보장상품을 포함하면 도입하나 마나이다. 퇴직연금 상품이 3,000개 넘는데 가입자가 어떻게 알겠느냐. 100개 이하로 줄여야 한다.

양재진 교수 | 국민연금공단이 퇴직연금을 운용할 수 있게 하면 수수료가 저렴해지고 수익률이 올라갈 것이고, 많은 가입자가 선택할 것이다.

김태일 교수 | 국민연금이 퇴직연금 운용사업자로 참여해 민간과 경쟁하고, 주택연금의 조건을 완화해야 한다.

이근면 전 처장 | 퇴직연금 수익률이 임금인상률보다 낮다. 이럴 거면 없애는 게 낫지 왜 필요하냐. 제대로 수익을 보장하려면 합리적으로 운용할 수 있는 제3의 중간적 공적기구가 필요하다. 가입자의 수탁을 받아 수익률을 보장하는 큰 틀의 전환이 필요하다.

오건호 위원장 | 퇴직연금은 법정제도라서 준(準)공적연금이다. 보편적 적용을 위해 1년 미만 피고용자도 퇴직연금에서 배제하면 안 된다. 중도인출을 제한하고 연금형태로 수령하도록 인센티브를 제공하는 게 중요하다. 국민연금공단을 운용자로 넣거나 퇴직연금공단을 만들어 메기효과를 내야 한다. 대신 이런 기구가 운용을 민간에 위탁하면 시장 충격을 줄일

수 있다.

박종원 교수 │ 국민연금이 참여하면 국민연금이 비대해지고 민간이 위축될 수 있다.

남재우 실장 │ 국민연금이 퇴직연금사업자로 들어와도 퇴직연금 수익률이 국민연금만큼 올라갈 수 없다. 자산배분 권한이 퇴직연금사업자(국민연금)에 있지 않기 때문이다. 잘 해야 현행 퇴직연금 수익률에서 수수료 일부를 절감하는 정도일 것이다.

윤석명 위원장 │ 퇴직연금은 고용노동부가 주무부처이긴 하지만 아무런 영향력이 없다. 기획재정부·금융위원회·금융감독원에서 관여하는데, 이들이 퇴직 이후 자리를 생각해서 그런지 국민이 아니라 금융기관 입장에서 정책을 펼치는 것 같다.

2
인구분과

서울 인근 하남·과천·의왕도 산부인과 분만실 '0'

청년 주거복지 지원, 고령 친화경제로

조영태 서울대 보건대학원 교수·분과장
'인구 정책(Population Policy)'이 아닌, 인구 감소가 만들어 낼 사회를 예측하고 이에 따른 충격을 최소화하는 시스템을 정비하는 식의 '인구 전략(Demographic Strategy)'으로 가야 한다. 고용유연화를 전제로 한 정년연장이 현실적인 대안임을 인정하고 공론화에 들어가자.

김영선 경희대 동서의학대학원 노인학과 교수
이른바 '젊은 노인'들의 생산력과 소비력을 끌어올리고, 이들에 맞춘 비즈니스를 창출하는 게 새로운 성장 엔진이 될 수 있다. 초고령 사회에 필요한 R&D도 필요하다. 수혜자는 고령자지만 이를 개발하는 사람은 청년이기 때문에 연령 통합적인 일자리 창출이 가능하다.

이상림 한국보건사회연구원 연구위원
인구 전략을 이끌 컨트롤 타워로서의 '인구사회 부총리'를 신설하고 5년짜리 단기 계획과, 국회와 함께 장기 전략을 병행하는 '투 트랙' 전략이 필요하다. 아이를 출산할 때, 아이가 늘어날 때마다 더 많은 혜택의 주거·금융 지원을 주는 식으로 주거 복지 패러다임을 전환하자.

이성용 강남대 교양학부 교수
아이는 부모가 감당할 수 없는 비용이 되다 보니, 출산은 선택이 아니라 특권이 됐다. 경제적으로 넉넉하지 않더라도 사교육에 의존하지 않고, 자녀를 잘 교육할 수 있는 인간관계의 공교육 환경을 조성할 필요가 있다. 이제 인구의 '양'이 아닌 '질'에 초점을 맞추자.

차승은 수원대 아동가족복지학과 교수
65세 이후에도 여전히 35년이나 더 살아가야 하는 등 '생애 시간표'의 변화가 시작됐다. 이를 고려한 인구 정책의 재구성이 필요하다. 결혼·출산하기 좋은, 아이를 편하게 키울, 청년들의 압박이 적은 환경·시스템을 만드는 데 초점을 맞춰야 한다.

리셋 코리아

**젊은층 많은데 출산율은 1명 미만
올 전국 출생아 3만명 준 24만 전망**

경기도 하남시는 전국에서 인구 유입이 가장 활발한 도시 중 한 곳이다. 올해만 8월까지 1만6775명이 유입되며 인구(8월 기준 31만365명)는 30만 명을 넘었다. 하남시는 서울 강남 3구와 인접한 데다 쇼핑·교육 인프라가 잘 구축돼 젊은층으로부터 인기가 높다. 인구의 절반(46.7%)가량이 20~40대. 하지만 합계출산율은 지난해 0.89로 1을 밑돈다. 하남시에 사는 여성은 평균적으로 한 명 미만의 아이를 낳는다는 얘기다. 하남시는 지난해 과천·의왕시와 함께 경기도에서 분만실이 있는 산부인과가 한 곳도 없는 지자체로 분류됐다. 역시 젊은층에 인기가 많은 베드타운인 과천·의왕시도 지난해 출산율이 각각 0.99·0.89에 불과했다. 혼인·출산 기피 현상이 심화하면서 저출산 쇼크는 고령화가 심각한 지방의 시군을 넘어 수도권의 젊은 도시로 확산하고 있다.

5일 서울대 인구학연구실의 인구 추계에 따르면 올해 출생아 수는 24만 명대로 지난해(27만2410명)보다 2만 5000~3만 명가량 줄어들 것으로 예측됐다. 2012년 48만5000명에서 9년 만에 반 토막으로 줄어드는 것이다.

합계출산율은 올해 0.78~0.8로 역대 최저였던 지난해(0.84명) 기록을 다시 한번 고쳐 쓸 전망이다. 이런 추세는 2024년까지 이어질 수 있다. 보통 인구 유지에 필요한 합계출산율을 2.1명으로 본다.

인구 부총리 신설하고, 정년연장 공론화하자

장래 인구 전망 ※0.98 출산율, 중위 기대수명, 중위 국제순이동을 기준으로 한 추계

자료: 통계청

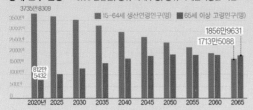

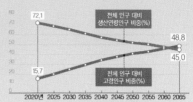

정부는 2006년 저출산 고령사회 기본계획을 세웠다. 이후 200조원이 넘는 예산을 쏟아부었지만, 출산율 하락세는 멈추지 않는다. 덜 태어나고 더 늙어가는 인구 구조는 한국 사회의 지속 가능성을 위협한다. 경제활동 인구가 줄면 생산력이 떨어지고, 전체 소비가 감소한다. 산업 구조는 완전히 바뀌고, 복지 비용 증가로 인한 세금 부담도 급증한다. 5일 국회예산정책처에 따르면 2040년 만 15~64세 생산가능인구 100명당 부양해야 하는 65세 이상 인구는 64.9명에 달한다. 2020년(22.3명)과 비교하면 부담이 3배로 늘어난다. 이런 추세가 굳어지면 새로운 인구 균형점을 찾을 때까지의 과도기를 우리 사회가 견디지 못한다.

리셋코리아 자문위원들은 인구 문제는 누적된 인과관계의 결과물이며, 원인부터 제대로 찾아야 한다고 진단했다. 우선 저출산은 단기적으로 해결할 수 없는 사회구조적 문제다. 젊은이들이 일자리를 갖기 어렵고, 주거 비용이 치솟다 보니 결혼이 계속 늦어진다. 결혼 이후 아이를 낳아도 육아·교육 비용을 감당하기 어렵다.

이성용 강남대 교양학부 교수는 "한국의 출산율이 초저출산 기준선인 1.3까지 떨어진 2000년대 초반과, 1 이하로 떨어진 2017년부터 지금까지는 모두 부동산 가격이 폭발적으로 오르던 시기"라며 "이는 경제적인 여건이 뒷받침되지 않으면 출산을 기피하는 현실을 반영한다. 아이는 부모가 감당할 수 없는 비용이 돼버린 것"이라고 짚었다.

젊은이·여성에 책임 강요 안돼

그렇다고 단순히 아동 돌봄에 얼마의 비용을 지급하겠다는 식으로 접근해선 인구 문제 해결에 도움이 되지 않는다. 결혼·출산하기 좋은, 아이를 편하게 키울, 청년들의 압박이 적은 환경·시스템을 만드는 데 초점을 맞춰야 하는데, 지금과 같은 방식은 젊은 세대와 여성에게 책임을 강요한다는 비판만 나올 수 있다.

차승은 수원대 아동가족복지학과 교수는 "중앙 정부뿐만 아니라, 전국 시군구에 인구 정책을 소관하는 과가 있는데, 모두 인구 문제를 '사업' 입장에서 보다 보니 한계가 생길 수밖에 없다"며 "이제 100세 시대로, 65세 이후에도 여전히 35년이나 더 살아가야 하는 등 '생애 시간표'의 변화가 시작됐다. 이를 고려해 사업이 아닌 인구 정책 '기조'의 재구성이 필요하다"고 제안했다.

저출산 완화에 주력하다 보니, 저출산 사회 '연착륙'에 대한 준비는 소홀했

200조 쏟은 저출산 완화정책 한계
인구 전략 이끌 컨트롤 타워 시급
인구감소 '연착륙' 시스템 갖춰야
2020년대가 '마지막 기회' 명심을

다는 지적이다. 이미 진행된 저출산에 적용하고, 이에 따른 충격을 최소화하는 시스템을 정비하는 등의 장기 전략이 미흡했다는 것이다.

리셋코리아 인구분과는 차기 정부가 추진할 주요 과제로 ▶인구사회 부총리 신설 ▶정년연장 공론화 ▶주거 복지 패러다임 전환 ▶고령친화경제(Silver Economy)로의 생태계 확장 등을 꼽았다. 실제로 당장 다음 정부부터 인구 절벽에 따른 새로운 사회 변화와 맞닥뜨린다. 2025년 한국 인구 5명 중 1명이 65세 이상인 '초고령사회'에 들어선다. 15~64세 생산연령인구도 이때 처음 70% 아래로 감소한다. 학령인구는 2020년 782만 명에서 2025년 689만 명으로 93만 명이 감소하고, 병역의무자는 2020

년 33만3000명에서 2025년 22만6000명으로 3분의 1가량이 줄어든다. 20대는 서울과 경기도로 몰리며, 지방대학이 갈수록 정원을 채우지 못한다.

인구전략에 국가역량 집중해야

정부는 눈앞의 위기에 초점을 맞춘 '인구 정책(Population Policy)'에 집중하고 있다. 하지만 미래 기조에 방점을 찍은 '인구 전략(Demographic Strategy)'으로 방향을 틀어야 한다. 위원들은 첫 과제로 인구 전략을 이끌 컨트롤 타워로서의 '인구사회 부총리' 신설을 제안했다. 국가 역량을 효율적으로 집중하기 위한 것으로, 인구사회 부총리는 새로운 인구 구조가 만들어낼 미래를 예상하고, 지속 가능한 국가 시스템을 갖출 전략을 내놓아야 한다.

이상림 한국보건사회연구원 연구위원은 "차기 정부의 공약과 국정과제를 이행하는 5년짜리 단기 계획과, 국회와 함께 장기 전략을 병행하는 '투 트랙' 전략을 짜야 한다"며 "정책은 정부가 내지만, 전략은 정부와 민간·기업이 함께 하는 개념"이라고 설명했다.

인구 감소는 정해진 미래

사실 인구 감소는 정해진 미래다. 30년 후의 출생아 수는 최근 태어난 여자 아이의 수로 결정되는데, 이들이 성인이 돼서 지금처럼 아이를 낳는다면 2050년 출생아는 많아야 14만~15만 명 정도다. 현재 중요한 것은 '공존'을 위한 사회적 타협이다. 위원들은 정년 연장 논의를 시작하는 것이 불가피하다고 말했다. 물론 청년 취업난 해소 없는 정년연장은 세대 간 갈등을 악화시킨다. 또 연공서열식 호봉급보다 능력을 기반으로 하는 직무성과급으로 임금 체계를 전환하고, 근로 형태를 다양화하는 등의 노동시장 유연화가 전제돼야 한다.

급감하는 출생아수와 출산율

자료: 통계청, 서울대 인구학연구실

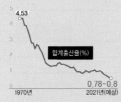

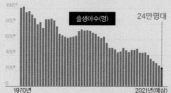

조영태 서울대 보건대학원 교수(리셋코리아 인구분과장)는 "정년연장이 생산가능 인구의 급격한 감소를 메우기 위한 현실적인 대안임을 인정하고 이제 공론화에 들어갈 필요가 있다는 의미"라며 "정년 연장 논의를 지금 시작해도 실제 도입되는 시기는 최소 7~8년 뒤로, 현재와 같은 청년실업 문제는 약화할 것으로 예상된다. 또 기업의 부담을 최소화하고 사회 갈등을 줄이는 방향으로 보완책을 만들 시간도 있다"고 설명했다.

당장 갈수록 심각해지는 저출산 문제도 손 놓고 있을 수 없다. 무엇보다 결혼을 해야 하는데, 가장 큰 장애 요인은 치솟는 집값이다. 위원들은 주거 복지 패러다임 전환을 통해 청년들에게 아이를 '낳아볼 만하다'는 인식을 심어주는 것이 중요하다고 했다.

이상림 연구위원은 "지금까지 주거 정책은 '무주택 서민의 주택 마련'에 집중하다 보니 '43㎡짜리 신혼부부 주택' 등 출산을 기대하기 어려운 주거 지원이 이뤄졌다"며 "아이를 낳을 때, 아이가 늘어날 때마다 새로운 단계의 주거를 지원하는 게 또 하나의 대안이다. 또 혼인 히거나 아이를 낳는 부부의 소득 및 자산 여건에 따라 청약·저금리 대출·임대주택 등을 단계적으로 확대 지원할 필요가 있다"고 설명했다.

고령화도 눈앞의 문제다. 고령 친화적 생태계와 경제의 체질 개선을 준비해야 인구절벽 시대의 충격을 최소화할 수 있다. 취약 노인에게 일자리를 제공하고, 노인 돌봄을 강화하는 수준에 그쳐서는 곤란하다. 요즘 고령층으로 진입하는 세대는 이른바 욜드(YOLD·Young Old)다. 건강하고, 재력이 있으며, 지식도 풍부하고, 정보기술(IT) 능력을 갖췄다.

김영선 경희대 동서의학대학원 노인학과 교수는 "요양돌봄뿐만 아니라 건강관리, 여가문화, 주거 같은 고령친화사업 등이 계속 커갈 것"이라며 "YOLD들의 생산력과 소비력을 끌어올리고, 이들에 맞춘 비즈니스를 창출하는 게 새로운 성장 엔진이 될 수 있다"고 내다봤다.

초고령사회, 통합적 일자리 창출

공공 주도의 돌봄 사업을 다원화할 필요가 있다. 다양한 서비스를 제공하고 여러 겹의 보장체계를 갖추는 보험 상품을 출시하는 등 '다층노후보장체계'를 구축해야 한다. 김영선 교수는 "초고령 사회에 필요한 기술 연구개발(R&D)에 투자해야 한다. 수혜자는 고령자가 되지만 이것을 개발하고 서비스를 제공하는 사람은 청년이기 때문에 연령 통합적인 일자리 창출이 기대된다"고 말했다.

자문위원들은 또 인구 문제와 지역·지방 정책의 연계를 강화해야 한다고 강조했다. 현재의 청년 일자리 정책 대부분은 수도권 등 대도시의 대졸 청년에 무게를 싣고 있다. 지방의 여건을 상대적으로 열악하게 만들었고, 이 때문에 청년은 더 수도권으로 몰리는 악순환이 이어진다.

또 미래에는 노동력 부족 문제가 더욱 부각될 가능성이 큰 만큼 사전 준비 작업이 요청된다. 예컨대 외국인 노동력을 활용하자는 단순한 접근이 아니라 외국인이 필요하면 ▶얼마나 많이 ▶어떤 부분에 ▶언제 늘릴 것이며 ▶수준은 어느 정도를 갖춰야 할지 설계도를 작성해야 한다.

조영태 교수는 "또다시 인구정책의 실패를 반복해서는 안 된다"며 "상대적으로 인구가 덜 감소하는 2020년대가 '인구 절벽'을 대비할 마지막 기회"라고 강조했다.

정리=손해용·임성빈 기자, 배정원 인턴기자
sohn.yong@joongang.co.kr

결혼 때, 아이 낳을 때, 키울 때 때마다 내 집 걱정 없게 해줘야

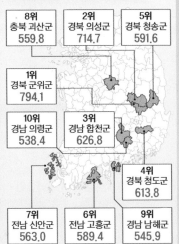

전국 노령화지수 상위 지역

※노령화지수=유소년(14세 이하) 인구 100명당 고령(65세 이상) 인구의 비, 자료: 통계청

순위	지역	수치
8위	충북 괴산군	559.8
2위	경북 의성군	714.7
5위	경북 청송군	591.6
1위	경북 군위군	794.1
10위	경남 의령군	538.4
3위	경남 합천군	626.8
4위	경북 청도군	613.8
7위	전남 신안군	563.0
6위	전남 고흥군	589.4
9위	경남 남해군	545.9

리셋 코리아

당선인 4대 과제 ❷ 저출산·고령화 대책

청년, 집 문제로 결혼·출산 포기 많아
생애별 대출·임대주택 혜택 확대를
노동력 절벽 대안은 고령층 일자리

오는 5월 임기를 시작하는 윤석열 대통령 당선인에게 '인구 절벽' 문제는 위기를 넘어 현실이 된다. 임기 중반인 2025년에는 한국 인구 5명 중 1명이 65세 이상인 '초고령사회'에 들어선다. 15~64세 생산연령 인구도 이때 처음 70% 아래로 감소한다. 지금처럼 덜 태어나고 더 늙어가는 인구구조가 고착화하면 한국 사회의 지속가능성을 위협할 수 있다.

14일 윤 당선인의 공약집과 대선 기간 주요 발언 등을 종합하면 차기 정부의 인구 문제 해법은 일자리 확대와 지역균형발전, 청년층의 주거불안 해소 등이다. ▶0~12개월 아이 양육 부모에게 월 100만원 지급 ▶부모의 육아휴직 및 배우자 출산휴가 확대 ▶난임 치료비 지원 및 휴가 기간 확대 등의 지원책도 제시했다.

윤 당선인은 "보육시설을 확장해 1년에 100만원 정도만 받고 식사·간식을 포함해 아침 8시반부터 저녁 6시반까지 탁아·육아를 전부 국가가 책임져 줘야 한다"며 "지역균형발전을 통해 청년이 지역에서 일자리·교육·문화·의료의 동등한 기회를 누리면서 지방에 자리를 잡아야 자녀 출산이 더 용이해질 것"이라고 밝혔다.

이에 대해 조영태(리셋코리아 인구분과장) 서울대 보건대학원 교수는 "서울과 수도권에 청년 인구가 과도하게 집중되면서 극심한 경쟁이 벌어졌고, 내 집·일자리를 구하지 못한 청년이 연애·결혼·출산을 포기하는 현실을 주목했다"며 "그간 정부는 저출산 원인을 보육 복지가 부족한 탓이라고 생각했는데, 지역경제 발전이라는 중장기적인 안목으로 인구 문제에 접근했다는 점은 긍정적"이라고 평가했다.

하지만 구체성이 떨어지고, 보육 지원 등은 과거 정부와 크게 차별화하지 못했다는 비판이 나온다. 이에 차기 정부에서는 내용을 보완할 필요가 있다는 게 리셋코리아 인구분과 위원의 조언이다. 우선 각종 수당을 많이 쥐여준다고 젊은이가 결혼해 아이를 낳을 것으로 생각하면 오산이다. 젊은이가 지금보다 일자리를 갖기 쉽고, 주거 비용을 줄이고, 아이를 편하게 키울 환경·시스템을 만드는 데 초점을 맞춰야 한다. 그중에서도 최우선 순위에 둬야 할 것은 '내집 마련' 문제다. 이성윤(강남대 교수) 한국인구학회장은 "집이라는 것이 경제적 독립의 기본 단위인데, 이걸 구하는 게 어렵다 보니 결혼을 안 하고 아이를 못 낳는 것"이라고 짚었다.

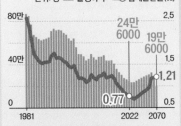

출생아 수와 합계출산율

단위: 명 ■ 출생아 수 ○ 합계출산율(%)

24만 6000
19만 6000
0.77
1.21

1981   2022   2070

윤석열 당선인 저출산 관련 공약

- 자녀 출생 후 1년간 월 100만원 부모 급여
- 배우자 출산휴가 기간 및 육아휴직 기간 확대
- 임신·출산과 연관 있는 모든 질병의 치료비 지원 확대
- 산후우울증 치료를 포함한 산후조리에 대한 국가 지원
- 모든 난임 부부에게 치료비·난임휴가 기간 확대

이상림 한국보건사회연구원 연구위원은 "청년이 독립하고, 돈을 모으고, 아이를 낳고, 기르고, 아이가 점점 커가는 생애 주기 스케줄에 따라 주거 지원을 해야 하는데, 현재까지 내놓은 정책은 이를 맞춰주지 못했다"며 "예컨대 혼인할 때, 아이를 낳을 때, 아이 수가 늘어날 때마다 대출·청약·임대주택 등의 지원을 단계적으로 확대 경신토록 하는 방안 등을 검토할 수 있다"고 조언했다.

윤 당선인이 밝힌 지역균형발전도 지역 산업의 회생과 생태계 변화까지 고려해야 한다. 조영태 교수는 "지역 산업 회생으로 남성 일자리가 늘면 젊은 여성이 만족하는 경제·사회·문화 생태계가 함께 갖춰져야 한다"며 "그래야 현지에서 부부가 정착하고 미혼 남녀가 맺어질 수 있는 것"이라고 설명했다.

이미 진행된 저출산에 적응하고, 이에 따른 충격을 최소화하는 '연착륙' 시스템도 준비해야 한다. 새로 고령층에 진입하는 세대의 생산력과 소비력을 끌어올리는 것이 대안으로 꼽힌다.

김영선 경희대 동서의학대학원 노인학과 교수는 "차기 정부 임기에 베이비붐 세대 대부분이 노년기에 진입하는데 이들은 과거와 달리 건강하고, 재력이 있으며, 지식도 풍부한 장년층들"이라며 "이들을 겨냥한 고령친화기술·산업에 대한 투자를 늘린다면 신산업 수익 창출과 일자리 창출, 돌봄 인력 부족 문제 등에 대응할 수 있다"고 말했다.

정년 연장이 생산가능인구의 급격한 감소를 메우기 위한 현실적인 대안임을 인정하고, 이에 대한 논의도 시작해야 한다는 주문이 많다. 다만 청년-장년 세대 간 갈등을 부르고 기업의 부담을 늘릴 수 있는 만큼 청년 취업난 해소, 노동시장 유연화 등이 먼저 해결돼야 한다. 각 부처가 유기적으로 협력하는 장기 로드맵도 마련해야 한다. 이상림 연구위원은 "인구 문제를 국정 과제 전면에 내세워 전 부처가 협력해 대책을 마련하는 방식으로 가야 한다"고 조언했다.

"각종 수당 준다고 아이 안 낳아 마음 편히 키울 환경 만들어야"

결혼해도 적게 낳고 늦게 낳는 부부 '혼인 대비 출산비율' 매년 사상 최저

2012년 1.65명서 올해 1.3명 전망 첫 출산 평균연령 32.6세로 높아져

역대 최저 수준인 한국의 '혼인 대비 출산 비율'이 앞으로 더 낮아질 것으로 예상됐다. 이미 결혼 건수가 사상 최저로 추락한 상황에서, 결혼하더라도 아이를 낳지 않거나 적게 낳는 추세가 심하다는 얘기다. 아기 울음소리 듣기는 갈수록 어려워질 전망이다.

14일 통계청의 '장래인구추계'에 따르면 올해 한국의 혼인 대비 출산 비율은 1.3을 기록한 뒤 2025년 1.23까지 낮아질 것으로 추산됐다. 결혼한 40세 미만 여성이 평균적으로 1.23명의 아이만 낳는다는 뜻이다. 2012년 1.65이던 이 비율은 꾸준히 내리막이다. 이는 한 여성이 가임기간(15~49세)에 낳을 것으로 기대되는 평균 출생아 수를 말하는 '합계출산율'(지난해 0.81)과는 다른 개념이다.

결혼이 늦어지고, 결혼하더라도 출산을 늦추는 경향이 짙어졌기 때문으로 분석된다. 실제 지난해 첫 아이를 출산한 엄마의 평균 연령은 32.6세로 전년보다 0.3세 올랐다. 20년 전과 비교하면 4.6세, 10년 전과 비교하면 2.3세 상승했다. 결혼 후 2년 안에 낳는 출생아 수는 지난해 8만1000명으로 전년 대비 1만 명 감소한 반면, 5년 이상 지나 낳는 출생아 수(6만9000명)는 1000명 증가했다. 첫 아이 출산이 늦어지면 노산 위험 등으로 둘째·셋째 아이를 낳을 기회가 적어진다는 점에서 저출산 흐름으로 이어지게 된다.

차승은 수원대 아동가족복지학과 교수는 "맞벌이 부부는 안정적 직업·지위를 갖거나 내 집 마련을 할 때까지 출산을 미루거나, 아예 아이를 갖지 않으려 한다"며 "육아·교육 비용이 늘면서 자녀를 키우는 부담이 커진 것도 영향을 미쳤다"고 분석했다.

한편 지난해 결혼 건수는 전년보다 2만993건(9.8%) 줄어든 19만2509건으로 집계됐다. 결혼 건수가 20만 건 밑으로 떨어진 것은 이번이 처음으로, 통계를 집계하기 시작한 1983년(41만 건)과 비교하면 반 토막이 났다. 결혼은 출생아 수의 선행지표인 만큼 앞으로의 출생아 수가 계속 줄어들 가능성이 커진 것이다.

세종=손해용 기자
sohn.yong@joongang.co.kr

중앙일보 리셋 코리아 인구분과 위원 명단
• 김영선 경희대 동서의학대학원 노인학과 교수
• 이성용 한국인구학회장(강남대 교수)
• 조영태 서울대 보건대학원 교수(분과장)
• 이상림 한국보건사회연구원 연구위원
• 차승은 수원대 아동가족복지학과 교수

군민 절반 환갑 넘은 군위,
76세 노인도 "청년 일자리가 없다"

1 지난 8일 경북 군위군 전통시장이 장을 보러 나온 군민들로 북적인다. 손님은 물론 상인까지 대부분이 장년층으로 보이는 어르신이었다. **2** 경북 의성군에서 만난 권예원(25)씨가 청년들이 지역에서 생활할 수 있도록 지원하는 사회적협동조합 '멘토리' 활동을 소개하고 있다. 의성=임성빈 기자

전국 '노령화 1위' 군위의 그늘

지난 8일 장날에 찾은 경북 군위 전통시장은 반찬거리와 과일·옷 등을 사러 나온 어르신들로 북적였다. 흰머리를 꼬불꼬불하게 파마한 할머니 상인과 지팡이를 짚은 할아버지 손님이 생선값을 흥정한다. 점심시간 "군위 시장 맛집이 어딘가요?"라는 물음에 시장 상인은 "젊은 사람이 좋아할 만한 데는 없는데…"라며 고개를 저었다.

군위군은 전국에서 가장 노령화된 지역이다. 14일 통계청에 따르면 중위 연령은 60.8세(2020년 기준)다. 가장 어린 아기부터 제일 나이가 많은 어르신까지 줄 세웠을 때 한가운데 서있는 사람의 나이가 환갑을 넘었다는 뜻이다. 한국 전체의 중위 연령은 43.7세다. 인구가 줄면서(2월 현재 2만3053명) 지역의 유일한 응급의료기관이었던 군위병원은 2014년 문을 닫았고, 소방서 대신 출장소 격인 119안전센터만 남았다.

부동산중개사무소를 운영하는 최모(37)씨는 "중·고등학교부터는 아이를 대구·포항 등 도시 지역의 큰 기숙학교로 보내는 학부모가 많다"고 전했다. 일거리를 찾는 청년 세대도 대구 등 가까운 도시 지역으로 빠져나갔다. 옷가게를 하는 추정환(76)씨는 "젊은 사람 일자리는 내가 봐도 없다"며 "군위 농공단지

초등학교 졸업 후 대구·포항으로
병원 하나도 없고 소방서 사라져

윤 당선인 '지역균형발전'에 초점
지방 도시끼리 협력, 기업유치 필요

에도 일자리가 있고 하우스 농사를 지으러 돌아오는 사람도 있지만, 젊은 사람이라기보단 중년들"이라고 했다. 인근 대도시가 중소도시의 인구를 빨아들이면서 한국의 지역 불균형은 날이 갈수록 심화하고 있다.

수도권 인구도 2020년 처음으로 비수도권 인구를 추월했다. 한국은 경제협력개발기구(OECD) 국가 중 지역 간 인구격차가 네 번째로 큰 나라다. 돈과 사람이 수도권·대도시로 몰리면 비좁은 땅에 집과 일자리를 얻으려는 경쟁은 심화한다. 청년은 결혼과 출산을 포기하고 생존에 집중한다. 이 와중에 지역은 인구가 빠져나가며 경쟁력을 더 잃어간다.

윤석열 대통령 당선인의 차기 정부 인구정책 방향은 지역균형발전에 초점이 맞춰져 있다. 윤 당선인은 "지역균형발전을 이뤄서 일자리 기회가 균형을 잡아야만 청년의 지향점이 다원화되면서 아이를 낳게 된다"고 말했다.

수도권에서 대학을 다니다 의성에 정착한 권예원(25)씨는 "경쟁이 심한 도시가 아닌 지방에서도 청년이 각자 삶의

루트를 찾을 수 있다고 생각한다"며 "청년창업 지원사업처럼 돈만 주는 사업을 넘어, 청년이 지역사회에서 어떻게 지속가능한 생활을 할 수 있을지를 찾아가는 과정에도 지원이 필요하다"고 말했다.

그렇다고 출산율을 인위적으로 높이려는 '출산장려금' 등의 처방은 '약발'이 먹히지 않는다. 2012년부터 첫째 아이에게 총 300만원을 지급한 전남 해남군의 사례가 대표적이다. 감사원 분석에 따르면 당시 해남에서 출산장려금을 받은 아이의 어머니 중 27.5%는 출생 직전(6개월 내)에 해남에 전입했다. 그러나 이후 3년간 출산장려금을 받은 아이 중 26%, 어머니 중 22%가 해남을 떠났다. 2012년 해남의 0세 인구는 810명이었지만, 5년이 지난 2017년 5세 인구는 519명에 그쳤다. 마강래 중앙대 도시계획부동산학과 교수는 이를 '해남의 역설'이라고 지적했다.

마 교수는 "무너지는 비수도권을 치유하는 비용은 더 빠르게 늘어날 것이고, 지역 소멸에 제대로 대응하지 못하면 국가 존망의 문제로까지 이어진다"며 "지방 도시가 함께 산업·일자리·기업유치 정책으로 협력할 수 있는 광역 메가시티를 구성해 수도권과 경쟁할 수 있어야 한다"고 강조했다. **임성빈 기자**

im.soungbin@joongang.co.kr

한국의 2021년 출생아 수가 25만 명에도 미치지 못할 전망이다. 2012년 48만5,000명에서 불과 9년 만에 반토막 수준으로 줄어드는 것이다. 2020년 사상 처음으로 인구가 자연 감소한 한국은 10년 뒤면 말 그대로 '인구절벽'에 직면하게 된다.

서울대 인구학연구실의 장래인구추계에 따르면 2021년 출생아 수는 24만 명대를 기록할 것으로 예측했다. 2020년 출생아 수 27만 2,410명보다 2만 5,000~3만 명가량 줄어들 것으로 봤다.

출생아 수 감소 속도는 무서울 정도다. 2002~2016년 연 40만 명대를 유지하던 출생아 수는 2017년(35만 7,771명) 30만 명대로 떨어지더니 지난해에는 20만 명대로 내려앉았다. 불과 4년 새 출생아 수가 40만 명대에서 20만 명대로 급감했다.

합계 출산율은 2021년 0.78~0.8로 역대 최저였던 2020년(0.84명) 기록을 다시 한번 고쳐 쓸 것으로 전망했다. 보통 인구유지에 필요한 합계출산율을 2.1명으로 본다. 하지만 한국은 이의 3분의 1 수준에 불과하다는 얘기다. 경제협력개발기구(OECD) 회원국 가운데서는 평균(2018년 기준 1.63명)에 한참 떨어지는 압도적인 꼴찌로, 출산율이 0명대인 국가는 한국이 유일하다.

서울대 인구학연구실을 이끌고 있는 조영태 서울대 보건대학원 교수(리셋코리아 인구분과장)는 출생아 수 감소의 심각성에 대해 이렇게 말한다.

"인구학에서는 일반적으로 합계출산율이 1.3 수준 아래로 떨어져 3년이 지속되면 초(超)저출산 현상이 발생했다고 여긴다. 단순히 저출산이 아니라 초저출산이라는 명칭을 사용하는 이유는 합계출산율이 1.3 밑으로 떨어져 3년 정도가 지나면 다시 1.3 보다 높은 수준으로 돌아가기가 매우 어렵기 때문이다. 출산율이 1.0도 되지 않는 수준을 3년이 넘게 경험하고 있는 나라는 홍콩이나 마카오 같은 도시국가를 제외하고는 우리나라가 유일하다. 우리나라보다 더 오랫동안 초저출산을 경험해 온 이탈리아나 스페인도 합계출산율이 1.0 아래로 내려간 적이 없다."

이런 합계출산율 추세는 2024년까지 이어질 수 있다. 신종 코로나바이러스 감염증(코로나19) 사태의 장기화에 따라 출산을 계획한 부부가 줄어든 데다, 결혼식을 미루는 예비부부들이 늘면서 출산율의 선행지표인 혼인율이 줄고 있기 때문이다. 2020년 혼인 건수는 21만 4,000건으로 대비 10.7% 감소했다. 2021년 7월까지 누적 혼인 건수는 전년 같은 기간 대비 11.4% 줄어든 11만 2,004건으로, 매달 1981년 통계 작성 이래 최소치를 경신하고 있다.

반면, 아이 울음소리를 듣기 어려운 상황에서 노인 인구는 초고속으로 늘고 있다. 65세 이상 고령인구 비율은 2020년 15.7%에서 2025년에는 20.2%로 20% 선을 넘어 초고령사회로 진입한다. 2045년 이후엔 한국이 일본을 제치고 세계 1위 고령 국가가 된다. 현 추세라면 2060년에는 45%를 넘을 것으로 전망된다.

이런 고령화 추세까지 감안한 인구 전망은 우울하다. 2020년 한국에서 사망한 사람은 30만 5,127명으로, 한국전쟁 이후 처음으로 인구가 줄어드는 '데드크로스'가 발생했다. 의학의 발달로 기대수명이 늘어난다고 해도 사망자가 계속 늘면서, 2100년에 한국의 인구수는 1,800만~2,000만 명에 그칠 것으로 전망된다.

구체적으로 한국의 인구는 2050년쯤부터 매년 40만~57만 명씩 빠르게 줄어든다. 서울 강남구 인구(2020년 기준 53만 9,000명)가 매년 사라지는 셈이다. 이 무렵 베이비붐 세대가 대략 60만~70만 명 정도 사망하는 반면, 태어나는 아이 수는 많아야 15만 명 정도에 불과하기 때문이다. 30년 이후의 출생아 수는 최근 태어난 여자아이의 수로 결정되는데, 지금처럼 한 명씩 낳는 것을 가정한 수치다.

조영태 교수의 경고는 섬뜩하다.

"생산과 소비를 왕성하게 하는 연령대인 25~59세 인구를 '일하는 인구'로 따로 분류해보자. 2028년이 되면 이들 인구가 전체 인구에서 차지하는 비중이 50% 아래로 내려간다. 2031년에는 2021년 대비 315만 명이 줄어든 수준으로 감소할 것으로 보인다. 향후 10년 동안 일하는 인구로만 현재의 부산시 인구(337만 명)에 해당하는 인구가 사라지는 셈이다. 지금은 유아 관련 산업 부문 등 사회 일부 영역에서만 체감하는 '인구 절벽' 현상이 이때가 되면 사회 분야에서 피부에 와닿게 될 것이다."

이는 최근 홍남기 경제부총리 겸 기획재정부 장관이 "2030년 '인구 지진(age-quake)'이 발생할 것"이라고 경고한 것과 일맥상통한다. 인구 감소현상이 심각해져 사회에 미치는 악영향이 자연재해인 지진만큼 심각해질 것이라는 의미다. 인구 지진은 영국의 인구학자인 폴 월리스가 만든 용어로, 인구 감소 현상이 심각해져 사회에 미치는 악영향이 자연재해인 지진만큼 심각해질 것이라는 의미다.

급격한 인구 감소는 우리 경제·사회 근간을 흔든다. 경제활동을 하는 인구가 줄면 생산력이 줄고, 전체 소비가 감소한다. 젊은이 한 사람이 부양해야 할 노인 수가 그만큼 늘어나 경제가 활력을 잃게 된다. 복지 비용 증가로 인한 국민 세금 부담도 급증한다. 국회예산정책처에 따르면 2040년 기준 노년부양비는 64.9로 추산된다. 만 15~64세 생산가능인구 100명당 부양해야 하는 65세 이상 인구가 64.9명이라는 뜻이다. 2020년(22.3)과 비교하면 20년 뒤에는 노년층을 부양해야 하는 부담이 3배로 늘어난다는 것이다.

여기에 인구 급감으로 교육·의료 등 기본적 생활 인프라가 없어지는 지방 소도시는 고령자만 남으면서 소멸하게 된다. 산업 구조는 완전히 바뀌고, 교육 인프라는 남아돌게 되고, 병역자원은 급격히 감소해 안보 역량 약화를 초래한다.

리셋코리아 인구분과 자문위원들은 "지금과 같은 출생아 수 급감, 출산율 하락 추이는 전쟁이나 대재난을 제외하면 어느 나라도 겪어보지 않은 매우 심각한 상황"이라고 진단했다. 이들은 "상대적으로 인구가 덜 감소하는 2020년대가 '인구 절벽'을 대비할 마지막 기회"라며 "출산·보육은 물론 복지·노동·경제를 아우르는 종합적인 대책을 마련해야 하며, 고령사회에도 지속 가능한 국가 시스템으로 개혁에 나서야 한다"고 입을 모았다. 이는 중앙일보가 리셋코리아 1회로 인구 문제를 다룬 배경이기도 하다.

2021년 8월 16일 오전 경북 군위군의 중앙길. 군의 인구(8월 기준 2만 2,853명)가 적다 보니 중심가로 꼽히는 이 거리도 인적은 한산했다. 가끔 마주치는 행인은 두 명 중 한 명 꼴로 주름이 깊게 파인 어르신이었다. 이곳에서 만난 김모(75)씨는 "예전에는 농촌 일손을 돕는 외국인 노동자들이 제법 찾아왔는데, 요즘은 신종 코로나바이러스 감염증(코로나19) 때문인지 이들마저 보기 힘들다"고 말했다.

통계청에 따르면 군위군의 평균 연령은 환갑에 가까운 만 57.7세다. 2020년 기준 노령화지수(15세 미만 인구 100명 대비 65세 이상 인구)는 794.1로 전국에서 고령화가 가장 심각한 곳이다. 일자리를 찾아 대도시로 떠나는 인구 유출이 군위를 전국 지자체 중 '소멸 위험 1위' 도시로 만들었다. 사람이 줄다 보니 유일한 종합병원이었던 군위병원은 2014년 경영난으로 문을 닫았고, 아이가 없다 보니 소아과도 사라졌다. 군위에는 소방서 대신 출장소 격인 119안전센터만 3곳이 있다.

경기도 하남시는 전국에서 인구 유입이 가장 활발한 도시 중 한 곳이다. 2021년 8월까지 1만 6,913명이 유입되며 인구(8월 기준 31만 365명)는 30만 명을 넘었다. 2014년 14만 8,896명에서 6년 새 2배 이상으로 늘어난 것이다. 하남시는 지리적으로 서울 강남 3구와 인접한 데다, 쇼핑·교육 인프라가 잘 구축돼 젊은 층으로부터 인기가 높다. 인구의 약 절반(46.7%)이 20~40대다.

하지만 하남시의 합계출산율은 2020년 기준 0.89로 1을 밑돈다. 하남시에 사는 여성은 평균적으로 한 명 미만의 아이를 낳는다는 얘기다. 사회 전반적인 저출산 흐름에 따라 2021년은 더 떨어질 것으로 예상된다. 그러다 보니 하남시는 2020년 과천·의왕시와 함께 경기도에서 분만실이 있는 산부인과가 한 곳도 없는 지자체로 분류됐다. 역시 젊은 층에 인기가 많은 베드타운인 과천·의왕시도 2020년 출산율이 각각 0.99·0.89에 불과했다. 혼인·출산기피 현상이 심화하면서 저출산 쇼크는 고령화가 심각한 지방의 시·군을 넘어 수도권의 젊은 도시에까지 확산하고 있다.

이들 도시의 변화에서 한국의 어두운 미래를 엿볼 수 있다. 젊은 층의 혼인·출산기피 현상이 심화하면서 저출산 쇼크는 고령화가 심각한 지방의 시·군을 넘어 수도권의 젊은 도시에까지 확산하고 있어서다. 덜 태어나고 더 늙어가는 인구 구조가 고착화하면 한국 사회의 지속 가능성을 위협할 수 있다. 가깝게는 생산과 소비력 쇠퇴로 경제가 활력을 잃는다. 좀더 길게 보면 재정·복지 시스템 붕괴와 안보 비용 상승 등으로 사회 시스템이 제대로 작동하지 않을 수 있다. 무엇보다 인구 감소 속도가 너무 빠르다. 지금과 같은 추세가 이어진다면 새로운 인구 균형점을 찾을 때까지의 과도기를 우리 사회가 견디지 못하게 된다.

하지만 우리 사회는 아직도 인구 감소가 불러올 위험성을 체감하지 못하고 있다. 인구절벽 이야기는 2015년 무렵부터 등장했고, 지역 인구 소멸도 언론에서 회자한 지 10년이 넘었다. 하지만 국민의 절반은 인구가 계속 유입되는 수도권에 거주하고 있다. 청년 인구가 급속도로 줄고 있는 지방 중소도시와 온도 차가 크다. 고령화도 마찬가지다. 고령 인구에 대한 복지 혜택이 계속 늘고 있지만, 아직까진 국가 재정에 여력이 있다 보니 젊은 층이 직접 느끼는 부담은 미약한 편이다.

정부도 안이하게 접근했다. 정부는 저출산을 대비해 2005년 '저출산·고령사회기본법'을 만들고 이듬해인 2006년부터 5년 단위로 저출산·고령사회 기본계획을 수립하기 시작했다. 하지만 당시 정부 내에 인구변화를 분석하고, 이해하며 미래를 예측할 수 있었던 전문가는 없었다.

지금도 부처마다 업무 영역이 나눠 있다 보니 교통정리에 고충이 크다. 보건복지부가 복지차원에서 인구정책과 저출산 완화 정책을 맡고, 기획재정부 인구정책TF가 저출산 적응 정책을 챙긴다. '컨트롤타워'라는 대통령 직속 저출산고령사회위원회에 위원장인 문재인 대통령은 2017년 말 이후 한 번도 참석하지 않았다. 국회도 무관심했다. 저출산특위를 만들어 몇 번 회의하더니 그걸로 끝이다. 여당이 책임지는 모습도, 야당이 대안을 제시하려는 모습도 보이지 않는다.

이상림 한국보건사회연구원 연구위원은 인구정책에 대한 그간의 접근방식을 꼬집었다.

"처음 저출산고령화 기본계획을 만들 때 전반적으로 인구·출산에 대한 이해도가 낮았다. 이런 상황에서 총비용 프레임이 들어왔고, 개별 부처는 이를 예산·조직을 확장하는 도구로 활용했다. 여기에 참여하는 전문가들도 자신들의 이해를 관철하려 했다. 또 정권이 바뀌면 친정권 성향의 사람들이 정책의 주도권을 쥔다. 정권이 바뀔 때마다 주요 내용과 방향이 바뀌니 장기적인 정책 수립이 요원해진다. 이런 정부의 틀이 깨지지 않는 이상 본질적인 문제를 해결하기는 쉽지 않다."

이미 인구감소 쓰나미의 조기 경보는 발령됐다. 2020년 출생자가 사망자보다 적은 '데드크로스' 현상이 처음으로 나타나면서 주민등록인구는 2020년 말 5,182만 9,023명으로 2019년보다 2만 838명 줄었다. 거

대한 쓰나미는 곧바로 오는 것이 아니라 시차를 두고 덮친다.

생산과 소비를 왕성하게 하는 연령대인 25~59세 인구를 '일하는 인구'로 분류하면 일하는 인구는 2021년 2,608만 명에서 2027년에는 2,500만 명 밑으로 내려가고, 2031년이면 2,300만 명 아래로 줄어든다. 올해 대비 315만 명이 줄어든 수준으로, 현재의 부산시 인구(337만 명)에 육박하는 일하는 인구가 사라지는 셈이다. 이때쯤이면 지금 일부 소멸위기에 처한 지역에서 느끼는 생존 위기를 사회 전체가 느끼게 된다.

조영태 서울대 보건대학원 교수는 또다시 인구정책의 실패를 반복해서는 안 된다고 강조했다.

"특별한 준비를 안 해도 앞으로 몇 년은 큰 문제 없이 넘어갈 수 있다. 인구 감소 및 고령화의 속도가 그나마 완만하기 때문이다. 문제는 그 시계가 빨라지는 2030년부터다. 거대한 인구 충격의 쓰나미가 한꺼번에 닥친다. 앞으로의 9년이 한국사회가 인구 위기를 극복할 마지막 '골든타임'이 될 것이다. 하지만 아직도 위험성을 간과하고 있다. 2022년 대선을 앞두고 여야 후보가 많은 정책을 알리고 있는데, 인구 문제에 대해서는 구체적인 언급이 없는 것이 단적인 예다. 재앙을 예고한 인구 감소 문제가 더 현실화하기 전에 정부와 정치권이 손을 잡고 획기적인 대책을 세워야 한다."

리셋코리아 자문위원들은 인구 문제를 누적된 인과관계의 결과물로 보고, 원인부터 제대로 진단해야 한다고 봤다.

우선 저출산은 단기적으로 해결할 수 없는 사회구조적 문제다. 젊은 이들이 일자리를 갖기 어렵고, 주거 비용이 치솟다 보니 결혼이 계속 늦어진다. 결혼 이후 출산을 해도 육아·교육 비용을 감당하기 어렵다. 젊은 이들이 결혼·출산을 거리낄 수밖에 없는 이유다. 이런 상황이 오래 지속하다 보니 결혼 적령기의 남녀의 인식도 바뀌었다. '결혼을 꼭 해야 한다'

혹은 '아이를 꼭 낳아야 한다'고 여기지 않는다.

이성용 강남대 교양학부 교수는 이렇게 분석한다.

"불과 40년 전인 1980년대만 해도 출산은 개인의 경제적 여건에 상관없이 결혼한 모든 사람이 행하여만 하는 의무였다. 하지만 요즘은 출산이 개인의 선택사항이 되어 특히 경제적인 여건이 뒷받침되지 않으면 출산을 기피한다. 부동산 가격이 급등할 때 출산율이 상대적으로 더 떨어지는 통계가 이를 뒷받침한다. 한국의 출산율은 2001년 초저출산의 기준선인 1.3까지 떨어졌는데 2000년~2003년은 부동산 가격이 폭발적으로 오르던 시기다. 출산율이 1명 이하로 떨어진 2017년부터 지금까지도 부동산은 과열 양상을 보인다. 인간의 모든 행위가 일차적으로 경제적 타산에 의해 결정되는 오늘날 신자유주의 사회에서, 아이는 부모가 감당할 수 없는 비용이 되어 버렸다. 그리하여 출산은 선택이 아니라 특권이 됐다."

이런 점에서 현금성 지원 정책이 어느 정도 필요하다. 하지만 지금처럼 단순히 아동 돌봄에 얼마, 노인 돌봄에 돈을 얼마 쓰겠다는 식으로 접근해선 인구 문제 해결에 도움이 되질 않는다. 결혼·출산하기 좋은, 아이를 편하게 키울, 청년들의 압박이 적은 환경·시스템을 만드는 데 초점을 맞춰야 하는데, 지금과 같은 방식으로는 국가가 젊은 세대와 여성에게 책임을 강요한다는 비판만 나올 수 있다.

이상림 한국보건사회연구원 연구위원의 지적이다.

"정부는 굉장히 경제주의적인 입장을 가지고 있다. 그러다 보니 정책기조로 풀어야 할 문제를 사업으로 풀려고 한다. 하지만 인구문제는 일자리·주거·교육·미래에 대한 전망 등이 얽힌 구조적인 문제다. 이는 사업으로 풀 수 없다. 기조는 어떻게 가져가고, 사회는 어떻게 동참해야 하는지에 대한 내용을 고민해야 한다.

미래사회의 특징 중에 하나는 정부의 역량이 약해진다는 것이다. 고

정적으로 복지에 써야 할 돈은 많은데, 인구 감소로 들어오는 돈은 줄어든다. 대규모 인프라 사업을 벌이기가 힘들어지고, 재정·통화 정책을 펼치는 데도 한계가 생긴다. 그런데 지금 정부가 그리고 있는 밑그림은 반대로 정부의 역할을 더 키우는 쪽이다. 테크놀리지·의료·금융 등에서 민간의 힘을 동원한다면 인구 감소 시대에 연착륙하는 데 도움이 될 것이다."

차승은 수원대 아동가족복지학과 교수도 비슷한 시각이다.

"중앙 정부뿐만 아니라, 17개 시도, 233개의 시군구에 인구 정책을 소관하는 과가 있다. 그런데 이런 지자체 모두가 인구 문제를 '사업'적인 입장에서 보다 보니 접근에 한계가 생길 수밖에 없다. 아빠·엄마·아이라는 스테레오타입(stereotype)이 정해져 있는 '가족'이라는 개념부터 재설정할 필요가 있다. 동거를 하다가 낳는 아이들, 혼외 자녀들, 보호시설에서 살아가는 아이들 등 한 명 한 명이 다 소중해진 시대가 됐다. 결혼·혈연이 아닌, 다른 형태의 가족까지 포용하는 시대가 온 것이다. 이제 100세 시대다. 65세 이후에도 여전히 35년이나 더 살아가야 하는 등 '생애 시간표'의 변화가 시작됐다. 이를 고려한 인구 정책의 재구성이 필요하다."

저출산을 완화하는 데만 주력하다 보니, 저출산 사회 '연착륙'에 대한 준비는 소홀했다. 이미 진행된 저출산에 적응하고, 인구 감소가 만들어낼 사회를 예측하며, 이에 따른 충격을 최소화하는 시스템을 정비하는 등의 대책 마련은 상대적으로 미흡했다는 얘기다.

김영선 경희대 동서의학대학원 노인학과 교수는 이를 위한 준비로 고령화에 대한 발상 전환을 주문했다.

"요즘 고령층으로 진입하는 세대는 욜드(YOLD·Young Old)다. 쉽게 말해 젊게 사는 노인들이다. 과거와 비교하면 건강하고, 재력이 있으며, 지식도 풍부하고, 정보기술(IT) 능력도 갖췄다. 베이비붐 세대의 은퇴로 YOLD들이 노인 인구에서 차지하는 비중이 이젠 절반을 넘는다. 단순히 요양·돌봄뿐만 아니라 이젠 건강관리, 여가·문화, 주거 같은 고령친화 사업 등이 계속 성장할 거라는 얘기다. 지금 우리나라 복지정책의 관심은 돌봄이 필요한 초고령 노인들에 쏠려 있다. 이젠 YOLD들의 생산력과 소비력을 끌어올리는 데 신경을 써야 한다. 이들에 맞춘 비즈니스를 창출하는 게 새로운 성장 엔진이 될 수 있다고 본다. 최근 미국 바이든 정부나 EU 주요국의 일자리 계획을 보면 핵심 콘텐트는 노인이었다. 공공과 민간이 적절하게 역할을 분담하고, 정부는 민간이 적극적으로 참여하는 인프라를 마련했다는 점에 주목할 필요가 있다. 이는 청년들의 불안감 해소에도 도움이 된다. 자신의 미래가 될 노인의 삶이 안정되고 있다는 이미지를 만들어 주었을 때 청년 세대들은 불안 없이 결혼이나 자녀 양육과 같은 미래를 계획할 수 있을 것으로 본다."

리셋코리아 인구분과는 이미 줄어든 출산이 만들어 낼 미래 모습을 예측하고, 이에 대응하는 인구 전략이 필요하다고 입을 모았다. 그러면서 차기 정부에 인구절벽 문제 해결을 위해 추진할 과제로 ▶인구사회 부총리 신설 ▶정년연장 공론화 ▶주거 복지 패러다임 전환 ▶고령친화경제 (silver economy)로의 생태계 확장 등을 꼽았다.

당장 다음 정부부터 인구 절벽에 따른 새로운 사회 변화를 맞닥뜨린다. 새로운 대통령 임기 중반인 2025년에는 한국 인구 5명 중 1명이 65세 이상인 '초고령사회'에 들어선다. 15~64세 생산연령인구도 이때 처음 70% 아래로 감소한다. 학령인구는 2020년 782만 명에서 2025년 689만 명으로 93만 명이 감소하고, 병역의무자는 2020년 33만 3,000명에서 2025년 22만 6,000명으로 3분의 1가량이 줄어든다(감사원 '저출산고령화 대책 성과분석 감사 보고서'). 20대는 서울과 경기도로 몰리며 점점 더 많은 지방대학이 정원을 채우지 못한다(통계청 '국내인구이동'). 경제와 사회의 활력은 줄어들 수밖에 없다. 반대로 건강보험 등 사회보험이 국가 재정에 주는 부담은 걷잡을 수 없이 불어나고 있다.

물론 정부가 손을 놓고 있었던 것은 아니다. 2006년 저출산고령사회 기본계획 이후 정부는 200조 원이 넘는 예산을 쏟아부었다. 2021년에도 약 43조 원을 투입했다. 2019년부터는 범정부 인구정책 태스크포스(TF)를 꾸려 각종 정책 사업을 벌여왔다. 하지만 출산율 하락세는 멈추지 않는다.

인구의 흐름을 인위적으로 돌리려던 정부의 시도는 대부분 출산과 육아를 위해 현금을 지원하는 등 눈앞에 급한 문제를 해결하기 위한 사업 위주였다. 리셋코리아 자문위원들은 정부가 개별 사업에 몰두하기보다 지속 가능한 관리체제로써의 거버넌스를 형성할 필요가 있다고 입을 모았다. 정부 대응의 눈높이 역시 현재 시간에 머물러 있는 '인구 정책(population policy)'에서 그치지 않고 미래 기조에 초점을 맞춘 '인구 전략(demographic strategy)'으로 넘어가야 한다는 것이다. 그러면서 첫 과제로 인구 전략을 이끌 컨트롤 타워로서의 '인구사회 부총리' 신설을 제안했다. 인구위기에 국가의 역량을 효율적으로 집중하기 위한 것으로, 인구사회 부총리는 인구 구조를 통해 미래를 예상하고, 지속 가능한 국가 시스템을 갖출 전략을 내놓아야 한다.

이상림 한국보건사회연구원 연구위원은 이렇게 제의했다.

"지금의 인구정책은 당장의 인구를 다루는 정책, 또는 당장의 인구에 대한 복지정책에 국한돼 있다. 인구를 통제하려는 개념의 인구정책보다는 더 폭넓은 시각이 필요하다. 차기 정부의 공약과 국정과제를 이행하는 5년짜리 단기 계획과, 국회와 함께 정부 사업을 견제하는 장기 전략을 병행하는 '투트랙' 전략이 필요하다. 우선 인구사회 부총리가 이끄는 인구 전략으로 체계를 새로 짜고, 처음엔 의회와 머리를 맞대 기조를 만들고, 장기적으로는 서로 의회의 견제를 받는 구조는 어떨까 한다. 정책은 정부가 하지만, 전략은 정부와 민간·기업이 모두 함께하는 개념이다."

사실 인구 감소는 정해진 미래다. 30년 이후의 출생아 수는 최근 태어난 여자아이의 수로 결정된다. 여자아이가 2019년에는 14만 7,260명, 지난해에는 13만 2,975명이 태어났으니, 이들이 성인이 돼서 지금처럼 아이를 낳는다면 2050년 출생아는 많아야 14만~15만 명 정도다. 인구 감소가 정해진 미래라면 이제 중요한 것은 '공존'을 위한 사회적 타협이다.

리셋코리아 자문위원들은 인구문제에 있어 지속가능한 논의를 위해서는 정년 연장에 대한 고민도 불가피하다고 짚었다. 물론 청년 실업률이 고공비행하는 상황이라 청년 취업난 해소 없는 정년 연장은 당장 세대 간 갈등을 악화시킬 수 있다. 또 연공서열식 호봉급보다는 능력을 기반으로 하는 직무성과급으로 임금 체계를 전환하고, 근로 형태를 다양화하는 등의 노동시장의 유연화가 전제돼야 한다.

그럼에도 우리 사회에 도입되는 정년 연장이 생산가능 인구의 급격한 감소를 메우기 위한 현실적인 대안임을 인정하고 이제 공론화에 들어갈 필요가 있다는 게 위원들의 설명이다. 이 경우 정년 연장이 실제 한국사회에 도입되는 시기는 7~8년 뒤다. 지금보다 청년 인구가 훨씬 적은 시점이라 현재와 같은 갈등은 약화할 것으로 예상된다. 또 기업의 비용 부담을 최소화하고 사회 갈등을 줄이는 방향으로 정년 연장 정책을 세울 시간도 있다.

차승은 수원대 아동가족복지학과 교수는 정년 연장을 가족 구성원 모두의 지속 가능성 차원에서 바라봤다.

"정년 연장을 가족의 단위에서 보면 부모와 자녀가 함께 노동시장에 가는 셈이다. 누구의 소득이 더 높은지에 따라서 그 가족은 전략적으로 움직일 수밖에 없다. 부모의 정년이 연장되면서 소득이 계속 발생하면 자녀는 그 소득을 받아서 자기계발을 할 수도 있다. 그런데 지금은 이것이 불가능하니까 청년은 청년대로 힘들고, 부모는 부모대로, 가구는 가구대로 힘들어진 상황이다. 만약에 정년을 풀어주고 청년에게도 자기계발을 할 수 있는 시간을 주는 사회적 구조가 만들어진다면 가족은 전략적으로 움직일 것이다. 어떤 것이 생존의 관점에서 더 유리할지에 따라서 결혼을 하는 게 더 좋은 선택이라고 생각하면 결혼을 할 수도 있고, 계속 자기계발을 하는 게 낫다면 그대로 할 것이다. 각자의 능동적 자아(active actor)가 전략적으로 움직인다는 말이다. 그러나 지금은 여러 가지 규제나 제도가 변화를 못 따라가고 있고, 결국 미래를 내다보면 갑갑하게 느껴진다. '65세가 지나면 일을 그만둬야 하는가' '몇 살까지 얼마를 벌어야 하나' '그 전에는 결혼도 하면 안 되는 것인가'라는 생각처럼 규제가 선택을 어렵게 하고 좌절감을 느끼게 한다."

인구 문제 대응을 위한 정부 체계를 개편하고, 장기적인 전략을 철저하게 세워도 당장 눈앞에서 벌어지고 있는 저출산은 난제다. 2020년 0.84명까지 내려앉은 합계출산율은 반등할 기미가 없다. 이대로 계속 가다간 인구 급감에 따른 각종 위기도 이어질 게 뻔하다.

리셋코리아 위원들은 저출산 문제 대응을 위해서는 주거 복지 패러다임 전환을 1순위에 놓아야 한다고 주문했다. 지금 청년들은 높은 집값과 물가로 결혼과 출산을 엄두도 내기 힘들다. 전세로라도 살 집을 얻어야 하는데 그동안 오른 부동산 가격에 비용 마련이 쉽지 않다. 나아가 집을 사려면 수년간의 저축과 수년간의 대출 상환이라는 긴 시간이 필요하다. 주택 가격의 상승은 현재 소비의 위축으로 이어진다. 육아·교육·보육 등에 들어가는 비용 부담이 크다는 점에서 결국 내 집 마련과 출산은 경쟁 관계에 놓일 수밖에 없다.

이상림 연구위원은 현재의 주거 정책에서는 출산을 기대하기 어렵다고 지적했다.

"지금까지 주거 정책은 '무주택 서민의 주택 마련'을 목적으로 하고 있다. 그렇다 보니 '43㎡(13평)짜리 신혼부부 주택' 등 현실적으로 출산을 기대하기 어려운 주거 지원이 이뤄졌다. 부부 둘이서야 살겠지만, 애를 기르기에는 공간이 협소하다. 아이를 출산할 때, 아이가 늘어날 때마다 새로운 단계의 주거 지원을 경신하도록 하는 게 하나의 대안이다. 또 혼인을 하거나 아이를 낳는 부부의 소득 및 자산 여건에 따라 청약·저금리 대출·임대주택 등을 단계적으로 확대 지원할 필요가 있다. 청년들에게 '아이를 낳아볼 만하다'는 인식을 심어주는 것이 중요하다."

고령화도 눈앞의 큰 문제다. 다음 정부 동안 한국은 초고령 사회에 진입하고, 베이비붐 세대는 70대를 맞이한다. 돌봄 인력의 부족과 노인 부양 부담의 급증이 예상되는 상황이다. 고령 친화적 생태계와 경제의 체질 개선을 준비해야 인구절벽 시대의 충격을 최소화할 수 있다.

김영선 경희대 동서의학대학원 노인학과 교수는 이와 관련해 다음 정부가 착수해야 할 과제들을 제시했다.

"우선 코로나 위기 이후 노인의 불안함을 달랠 수 있는 정책적 노력이 필요하다. 노인들이 코로나 이후 일상으로 복귀하는 데 얼마나 불안함을 느끼고 있는지에 대한 조사 결과를 보면 한국 응답자가 65%가 불안함을 느끼는 것으로 전 세계 평균 57%보다 높았다. 정부가 지급한 재난지원금이 보편성 지원이었다면, 이제는 취약 노인에게 일자리를 지원하는 등 더 선별적 지원이 필요하다. 그리고 노인 돌봄 부족 현상도 큰 문제가 될 것이다. 돌봄 등을 비롯해 실버(silver) 경제를 위한 체질 개선 과정에서 기업의 적극적인 참여 시스템을 어떻게 만들 것인지도 논의해야 한다. 결국 공공이 주도하던 돌봄을 다원화하는 논의가 필요하다. 대표적으로 개인이 더 돈을 내서 더 좋은 서비스를 제공하고 여러 겹의 보장체계를 갖추는 보험상품을 출시하는 등의 '다층노후보장체계'가 있다. 이 체계를 통해 새로운 일자리가 마련될 수도 있다. 아울러 초고령 사회에 필요한 기술 연구개발(R&D)에 투자해야 한다. 수혜자는 고령자가 되지만 이것을 개발하고 서비스를 제공하는 사람은 청년이기 때문에 연령 통합적인 일자리 창출을 기대할 수 있다."

리셋코리아 위원들은 또 인구 문제와 청년·지역 정책의 연계를 강화해야 한다는 점을 강조했다. 현재의 청년 일자리 정책 대부분은 수도권 등 대도시의 대졸 청년에 초점을 맞추고 있다. 지방의 여건을 상대적으로 열악하게 만들었고, 이 때문에 청년은 더 수도권으로 몰리는 악순환이 이어진다. 청년 정책이 지방 인구의 소멸을 앞당기고, 지방자치단체의 최대 목표가 청년 인구의 유출을 막는 것이 돼버린 모순이 벌어지고 있다.

노동시장 전반에 대한 사전 준비작업도 필요하다. 현재는 세계적 제조업 둔화와 내수부진, 신종 코로나바이러스 감염증(코로나19) 등으로 노동수요가 감소해 실업률이 높은 상황이지만, 10년 이내 노동 부족 문제가 한국 경제성장의 저해요인으로 등장할 가능성이 크다. "인구가 줄어드니 외국인 노동력을 활용하자는 차원이 아니라, 외국인이 필요하면 ▶얼마나 많이 ▶어떤 부분에서 ▶언제 이들을 늘릴 것이며 ▶수준은 어느 정도를 갖춰야 할지 설계도를 작성해야 한다"(이상림 연구위원), "출산 또는 결혼과 관계없이 노동 참여가 계속 유지되게 해주는 것이 중요하다"(조영태 교수) 등의 조언이 나왔다.

이성용 강남대 교수는 다음과 같이 강조했다.

"과거에는 인구수, 즉 양에 초점을 맞췄다. 하지만 출생과 직접 관련해 지급하는 현금 지원 효과가 더는 유효하지 않다. 주거·근로환경·젠더 갈등 등이 급변하면서 청년들은 돈을 10만~20만 원 더 준다고 해서 아이를 낳지 않는다는 의미다. 현금성 지원만으로 해결하기에는 개인이 감당해야만 하는 자녀의 양육과 사교육 비용이 너무나 크다. 이제 출산은 경제적 요인만으로는 더 이상 해결될 수 없는 사회문제가 되었다. 돈보다 사람을 믿고 의존하는 사회가 될 때 출산율은 아마 향상될 수 있을 것이다. 결혼과 출산은 그런 인간관계 형성의 출발점이다. 이젠 인구의 질에 관심을 가져야 한다. 경제적으로 넉넉하지 않더라도, 사교육에 의존하지 않고, 자녀를 잘 교육할 수 있는 인간관계의 공교육 환경을 조성할 필요가 있다. 또한 고령화 정책에서도 획일적인 정년 연장보다 노인의 경륜을 활용하여 우리 사회의 전반적인 생산성 곧 인구의 질을 향상시키는 인구 전략이 요구된다. 그러면 일자리를 놓고 벌이는 세대갈등의 문제도 해결될 것이다."

3
혁신창업분과

추격자에 쫓기는 한국, R&D 혁신창업에 길 있다

2차전지 양극재 생산기업을 설립한 조재필 UNIST 교수(왼쪽 사진)와 방울토마토 재배에 반도체칩을 적용한 이정훈 서울대 교수(가운데), 메탄연료 기반 우주로켓을 개발하는 KAIST 학부생. 본지가 소개한 R&D기반 혁신창업의 모범사례들이다. [중앙포토]

'메탄 기반 액체 우주로켓을 개발하는 학부생' '2차전지 양극재 생산기업을 설립한 배터리 석학교수' '자율주행 물류로봇 만드는 쌍둥이 형제' '기업인과 교수가 힘을 합쳐 만든 바이오 신약 벤처'….

중앙일보가 지난 6월부터 격주 연재 중인 '연중기획 혁신창업의 길'에 소개된 기업 가운데 일부. 대학교수와 학생, 정부 출연연구소가 연구·개발(R&D)해온 세계 수준의 혁신기술을 바탕으로 창업에 나선 모범 사례.

'퍼스트 무버(First mover)'와 혁신기술의 시대다. 그간 한국 경제는 삼성·현대 등 대기업이 선진국 기술을 빠르게 모방하고 추격하는 '패스트 팔로어(Fast follower)'가 이끌어왔다. 조선·자동차·스마트폰·반도체가 대표적이다. 하지만 이젠 중국이 한국을 무섭게 추격하고 있다. 인공지능(AI)·우주기술 등은 한국이 따라잡기 힘들 정도로 앞서가고 있다. 한국이 혁신기술을 기반으로 한 퍼스트 무버 대열에 합류해야 할 이유다.

최근 한국의 여러 지표는 퍼스트 무버를 향해 가고 있는 것처럼 보인다. 국내총생산(GDP) 대비 연구개발(R&D)비 세계 2위, GDP 대비 특허 출원 세계 1위, 세계지식재산기구(WIPO) 발표 2021 글로벌 혁신지수 세계 5위, 정부출연연구기관 2020년 사상 최대 기술료 수입 달성 등이다.

그런데도 '성과없는 R&D' 'R&D 패러독스'라는 말이 계속 거론된다. R&D 패러독스는 원래 스웨덴에서 처음 나왔

다. 노벨상의 나라 스웨덴이 1990년대 세계 1위의 R&D 투자국가였지만, 산업적 성과로 이어지지 못한 것을 가리킨 말이었다. 한국도 1990년대 스웨덴처럼 패러독스의 중병을 앓고 있다. 혁신창업의 모범 사례가 있긴 하지만 아직도 R&D 성과가 혁신창업 같은 기술 사업화로 이어지기에는 부족한 것이 많다는 얘기다.

정부도 R&D 패러독스 상황을 부인하지 않고 있다. 김용래 특허청장은 "R&D 투자 규모에 비해 경제적 성과가 저조한

연구·개발 투자 세계 1위의 역설
논문·특허 우수해도 사업화 부진
형식적 사업·기술평가 언제까지
학부 때부터 창업교육 도입해야

소위 '코리안 R&D 패러독스' 문제를 안고 있어 이를 해결하는 것이 시급하다"고 말해왔다. 문재인 대통령도 2019년 1월 대전 대덕특구를 찾아 "국가 출연연구소의 과제 성공률 99.5%가 자랑스럽지 않다"며 "그만큼 성공률이 높다는 것은 말하자면 성공할 수 있는 과제만 도전한다는 뜻"이라고 지적했다. 한국 경제가 퍼스트 무버형으로 전환하기 위해서는 R&D 패러독스부터 극복해야 한다는 뜻이다.

리셋코리아 혁신창업분과 자문위원들은 "국가 R&D의 산실이라 할 수 있는 대학과 정부 과학기술 출연연구소

에서 세계적 연구성과를 내고, 이를 바탕으로 한 혁신적 기술의 창업이 이어져야 한다"고 입을 모았다. 메신저 RNA(mRNA) 기반 코로나19 백신을 개발한 바이오벤처 모더나나 자율주행 차량용 칩 시장을 석권하고 있는 모빌아이가 대표적 사례. 모더나는 매사추세츠공대(MIT) 교수 로버트 새뮤얼 랭어가, 모빌아이는 이스라엘 히브리대 교수 암논 샤슈아가 창업했다.

김영태 KAIST 창업원장은 "이스라엘은 미국 실리콘밸리 다음으로 왕성한 스타트업 생태계를 갖추고 있고, 미국 증시에 상장된 스타트업이 27개에 달한다"며 "그런 창업의 뿌리가 테크니언 공대나 와이즈만연구소와 같은 대학·연구소의 연구개발(R&D)이다. 우리도 대학·출연연의 R&D 기반 창업이 더 많아져야 한다"고 말했다.

한국이 세계 1위 수준의 혁신지표에도 불구하고 'R&D 패러독스'가 계속 언급되는 이유는 뭘까. 퍼스트무버 경제를 위한 혁신창업이 늘어나려면 어떻게 해야 할까. 'R&D 패러독스' 극복 해법도 바로 그곳에 있다.

활용성 빈약한 '장롱 특허' '장식 특허'

한국이 'GDP 대비 특허출원 세계 1위'를 기록한 이면부터 살펴보자. 우수 연구결과가 특허로 이어지는 경우도 있지만, 기관이나 대학 구성원이 평가를 잘 받기 위해 특허를 남발하는 경우도 적지 않다. 특허 등록을 하고도 실제로 사용하지 않아 '장롱 특허' '장식 특허'라는 조롱을 받기도 한다.

특허청에 따르면 정부 R&D 사업 의 70%가 집중된 대학과 출연연구기 관의 특허 활용률이 33.7%에 불과하다. 현 국내 민간기업의 경우 특허 10개 내면 그중 9개(활용률 90.9%)를 활 한다.

특허 등록 자체가 목적이 되다 보니, 술보호에 허술한 경우도 많다. 배현 KAIST 전자공학과 교수는 "한국 특허가 몇 개 있느냐는 식으로 기관 적을 평가하다 보니 특허를 박리다 식으로 내고 있다. 정작 특허소송에 어가면 70% 가깝게 무효로 나온다" 비판했다.

속 떨어지는 기술 로열티 수입

구슬이 서 말이라도 꿰어야 보배다. 국과학기술기획평가원(KISTEP)에 르면 2019년 한국이 발표한 과학기술 문인용색인(SCI)급 논문은 6만9618 으로 세계 12위로 나타났다. 1년 전 다 8.47% 늘어난 수치다. 하지만 이 논문이 성과로 이어지는 '기술사업 는 여전히 미진하다. 국가 R&D 사업 건당 기술료 징수액이 2012년 5170만 으로 정점을 찍었다가 이후 줄어들며 19년 2910만원으로 내려앉았다. 공공 구기관의 신규확보 기술 건수 중 기 이전 비율을 뜻하는 '기술활용률'도 15년 5.9%에서 2016년 11.2%까지 늘 으나 이후 꾸준히 낮아져 2019년에는 %에 머물렀다.

대학에 기술사업화 부서가 있긴 하지 , 주로 행정직원이 돌아가면서 순환 직을 하고 있다. 전문성이 떨어질 뿐 나라 동기부여도 부족하다. 이 때문 KAIST의 경우 해당 부서를 대학에 떼어 내 민영화하는 방안을 추진 중 다.

이광형 KAIST 총장은 "기존의 경직 조직문화를 탈피하려면 민간 기업이 술이전전담조직(TLO·Technology censing Office)을 담당하는 게 좋다 판단했다"고 말했다.

과학기술 출연연구기관도 사정도 크 다르지 않다. 금창섭 빅픽처랩 대표 "출연연에 창업 등 기술사업화를 지 해주는 인력이 있는데, 대부분 창업 험이 없는 내부 인사들"이라며 "처음 터 혁신기술 전문 액셀러레이터와 연 가 필요하다"고 말했다.

벤처기업에 인재를 끌어들여야

리셋코리아 혁신창업분과 위원장을 맡은 정유신 서강대 교수는 "국내 혁신 창업 스타트업들의 R&D 기반 기술은 글로벌 수준인데, 같이 일할 고급 인재 를 구하기가 어렵다"며 "뛰어난 인재들 이 스타트업보다 안정적이고 고소득인 대기업에 우선 취업하려고 한다. 스톡 옵션 제도를 개선해 스타트업에 인재가 몰릴 수 있도록 하자"고 제안했다.

스타트업은 아직 투자를 받는 단계 이고, 매출은 본격적으로 일어나지 않 고 있기 때문에 높은 연봉을 주기도 어 렵고, 직업 안정성도 부족하다. 이를 메 울 수 있는 게 스톡옵션이다. "월급은 적 지만 열심히 일하면 나중에 스톡옵션을 행사해서 큰돈을 벌 수 있다"는 것이다.

하지만 한국은 미국과 달리 스톡옵션 으로 보상하려 해도 과도한 세금 때문 에 쉽지 않은 상황이다. 스톡옵션을 행 사할 때 근로소득세(또는 기타소득세) 등 45%에 달하는 최고 세율이 적용될 수 있다. 주식을 매각할 때도 양도소득 세를 내야 한다.

대학 내 창업 프로그램 부족하다

최근 국내대학에 창업 교육 붐이 일 고 있긴 하지만, 학생들은 여전히 스타 트업·중소기업보다 대기업을 선호한다. 창업 생태계가 구비된 미국의 경우는 다르다. 미국 실리콘밸리 기반 벤처캐 피탈 빅베이슨 캐피털의 윤필구 대표는 "스탠퍼드대나 MIT 등 명문대 학생들 은 구글·페이스북 등에 취업하는 것은 누구나 할 수 있다고 생각한다"며 "취직 대신 창업을 해야 좀 쿨(cool)하다고 여 기는 경향이 있다"고 말했다.

미국 대학생들의 이런 인식에는 스톡 옵션 등 제도적 뒷받침도 있지만, 학부 생 때부터 이어지는 창업교육·동아리 의 역할도 크다. 세계 최대 스타트업 인 큐베이팅 업체인 미국 플러그앤플레이 의 송명수 한국총괄은 "미국 주요 대학 은 학부생을 중심으로 문제 해결 능력, 비즈니스 교육 등 창업 관련 프로그램 을 활발히 운영하고 있다"며 "대학 초년 생 때부터 창업과 벤처 문화를 익힐 수 있도록 관련 교육을 필수과정에 넣어야 한다"고 주장했다.

최준호 과학·미래 전문기자, 논설위원
배정원 인턴기자 joonho@joongang.co.kr

혁신창업분과 위원들의 제언

정유신 서강대 교수, 혁신창업분과 위원장
"국내 혁신창업 스타트업들의 R&D 기 반 기술은 글로벌 수준인데, 함께 일할 고급 인재를 구하기가 어렵다. 우수 인재 들이 스타트업보다 대기업에 취업하려 고 한다. 스톡옵션 세제를 개선해 스타 트업에 인재가 몰릴 수 있도록 하자."

최병희 청년기업가정신재단 과학기술사업그룹장
"스타트업을 평가할 때 현재 매출보다 미래 가치를 먼저 봐야 한다. 우리나라 벤처투자는 여전히 평가 기준이 부족하 고, 안전 투자를 지향하다 보니 눈앞의 매출을 기준으로 기업을 평가하는 경향 이 있다."

김영태 KAIST 창업원장
"이스라엘은 미국 실리콘밸리 다음으로 왕성한 스타트업 생태계를 갖췄고, 미국 증시에 상장된 스타트업이 27개에 달한 다. 그런 창업의 뿌리가 테크니언 공대나 와이즈만연구소와 같은 대학·연구소의 연구개발R&D이다. 우리도 대학·출연연 의 R&D 기반 창업이 더 많아져야 한다."

배현민 KAIST 전자공학과 교수
"한국은 특허가 몇 개 있느냐는 식으로 기관 실적을 평가하다 보니 특허를 박리 다매식으로 내고 있다. 특허 소송에 들어 가면 70% 가깝게 무효가 나온다. 특허 의 목적은 출원이 아니라 기술 보호다."

송명수 미국 플러그앤플레이 한국총괄
"미국 주요 대학들은 학부생을 중심으 로 문제 해결 능력, 비즈니스 교육 등 창 업 관련 프로그램을 많이 운영하고 있 다. 우리도 대학 1학년 때부터 창업 교육 이 필수과정으로 들어가야 한다."

금창섭 빅픽처랩 대표
"출연연에 창업 등 기술사업화를 지원해 주는 분들이 있는데, 대부분 창업 경험이 없는 내부 인력들이다. 처음부터 혁신기 술 전문 액셀러레이터와 연계해야 한다."

대학 신기술, 창업 연결할 전문회사 만들자

🕛 리셋 코리아
당선인 4대 과제 ❸ 혁신창업

출연연 등 기술 사업화하는 조직
민영화해 혁신창업 성공률 높여야

한국 사회가 언제 'R&D 패러독스'를 극복할 수 있을까. 한국은 이스라엘과 매년 국내총생산(GDP) 대비 연구개발(R&D)비 투자 세계 1, 2위를 다투고 있지만 뚜렷한 성과를 내지 못하고 있다는 비판은 여전히 벗어나지 못하고 있다. 반도체나 휴대전화, 조선 등 '빠른 추격자(fast-follower)' 전략으로 성공한 한국 주력 산업이 이제 또 다른 후발 추격자에게 쫓기고 있다. 하지만 새로운 성장엔진을 발굴하지 못하고 있다. R&D 패러독스가 심각하게 받아들여지는 이유다. 중앙일보는 국가 미래를 위해 당선인이 반드시 돌파해야 할 대표적 어젠다로 '연금개혁' '저출산·고령화 대책'에 이어 '혁신창업'을 선정했다. 세계 최고 수준의 R&D 투자가 혁신기술에 기반한 창업으로 이어질 때 R&D 패러독스를 극복하고, 선도형(first-mover) 국가가 될 수 있기 때문이다.

윤석열 당선인은 대선 투표를 6일 앞둔 지난 3일 안철수 국민의당 대표와 후보 단일화 공동선언문에서 "4차 산업혁명을 선도하는 과학기술 중심 국가를 만들겠다"고 밝혔다.

국내시장·규제에 갇힌 스타트업 살리려면 세계 진출 적극 도와야

윤 당선인은 공약집에서도 '대학 중심의 스타트업 창업 열풍 조성' '규제혁신으로 기업투자 활성화' '세계 3대 유니콘(기업) 강국 달성' 등 R&D 패러독스 극복 및 혁신창업과 관련한 다양한 공약을 담았다. 과학기술 대통령 후보를 자처해 온 안 대표 역시 14일 인수위원장 기자간담회에서 "다음 대통령은 4차 산업혁명 시대를 선도하며 새로운 미래 먹거리, 미래 일자리 기반을 반드시 만들어내야만 한다"고 강조했다.

중앙일보 리셋코리아 혁신창업분과 자문위원은 대학을 중심으로 한 벤처기업 창업과 성장에 걸림돌인 규제를 과감히 개혁하겠다는 윤 당선인의 공약을 높이 평가했다. 특히 스톡옵션 행사 때 비과세 한도를 2억원으로 상향하겠다는 공약은 벤처기업 인재 확보를 위해 꼭 필요한 정책이라고 봤다. 자문위원은 당선인 공약의 내용과 방향은 바람직하지만, 현실에 대한 냉철한 진단과

이스라엘, 스타트업 글로벌화 미·중에 이어 나스닥 상장기업

문제 해결에 근거한 세밀한 정책 필요하다고 제언했다.

리셋코리아 혁신창업분과 위원 맡은 정유신 서강대 기술경영전문대학원장은 "혁신창업의 텃밭인 대학 출연연의 기술사업화 조직을 민영화해 효율성을 높이자"고 제언했다.

정 원장은 "현재의 기술사업화 조직은 순환보직으로 전문성이 떨어지고 관료화돼 있다"며 "기술사업화 부서를 독립시켜 주식회사 형태로 만들고 글로벌 전문가를 영입할 수 있게 해야 한다"고 말했다.

정부 출연연 연구소기업인 빅스의 금창섭 대표는 "민관 협력형 혁신창업 모델을 만들자"고 제언했다. 금 대표는 "출연연 출신 창업가가 한 기술의 수준은 글로벌 스타

세계 1, 2위 다투는 GDP 대비 R&D 투자

순위	국가	값
1위	이스라엘	4.93
2위	한국	4.81
3위	스웨덴	3.39
4위	일본	3.2
5위	독일	3.19

※R&D 투자액 절대 순위는 1위 미국, 2위 중국,
3위 일본, 4위 독일, 5위 한국 순
자료: KISTEP, 단위: %

특허활용률 33.7%에 그친 대학·출

자료: 한국지식재산연구

글로벌 진출을 위한 전략이 필요한 시점이라고 의견을 모았다.

세계 최대 스타트업 인큐베이팅 업체인 미국 플러그앤플레이의 송명수 한국총괄은 "최근 국내에 늘어나고 있는 플랫폼 비즈니스 중심의 스타트업 유니콘 양성도 중요하지만, 진정한 의미의 혁신창업은 모더나와 테슬라 사례에서 보듯, 혁신기술 기반의 스타트업"이라고 말했다. 최병희 청년기업가정신재단 과학기술사업그룹장도 스타트업 생태계의 글로벌화를 강조했다.

나스닥 상장기업 순위로 미국·중국에 이어 세계 3위인 이스라엘의 사례처럼 세계시장으로 나가야, 좁은 국내시장의 한계와 규제 혁파라는 난관을 뚫을 수 있다는 얘기다.

배현민 KAIST 전자공학과 교수는 "내수시장을 넘어 수출형 산업으로 성장할 수 있는 기술벤처가 성공하려면 자본과 기술·노동력, 이 세 가지가 갖춰져야 한다"며 "한국은 논문은 굉장히 잘 쓰기 때문에 기술 수준이 낮다고 말할 수 없는데, 자본과 노동력이 미국의 3분의 1 수준"이라고 지적했다. 배 교수는 "스타트업으로 뛰어난 인력이 올 수 있게 하는 제도적 지원이 절실하다"며 "실리콘밸리처럼 당장 매출은 없어도 회사의 가치를 보고 어느 정도 성장할 때까지 계속 투자하는 문화도 아쉽다"고 덧붙였다.

코 뒤지지 않는 것으로 평 받는다"면서도 "글로벌 성 사례를 보면 시장의 생리를 잘 는 사업화 전문가와 기술 전문가 함께 연결돼 시너지를 내는 반 , 한국은 출연연 박사 연구원이 사 에 대한 이해가 전혀 없이 시 의 필요와 무관한 기술 개 에 매달리다 실패로 끝 는 경우가 대부분"이라 말했다.

김영태 KAIST 창업 장은 "대학 캠퍼

스를 기술 샌드박스로 만들자'고 제안했다. 주요 대학별로 거점 기술을 이용한 다양한 기술 아이디어와 시제품을 대학 내 고객을 대상으로 실험하고 검증할 수 있도록 캠퍼스 내에서 일정 시간 또는 공간을 자유롭게 활용할 수 있게 하자는 아이디어다. 자문위원은 국내 스타트업의

만년 적자인 한국 기술무역

15000   164억9   0.72   170억98

0.63   0.8

10000   104억8   0.75

0.41   127억80

0.3

0   2011년   2013   2015   2017   2020

■ 기술수출액   ■ 기술도입액(단위: 백만 달러)   ○ 기술무역수지비(%)

"대학, 경제성장에 기여하는 기업가형으로 가야"

김창경 국민의힘 4차산업 본부장
논문으로 대학평가하는 시대 지나
'기술 창업' 통한 수익창출 고민해야

김창경 한양대 과학기술정책학과 교수는 20대 대통령선거 국민의힘 선거대책본부에서 4차 산업혁명 선도본부장을 담당했다. 본부 아래 과학과 교육·문화예술체육·미디어언론·디지털플랫폼 등 5개 위원회가 가동됐다. 김 교수는 이명박 정부 당시 과학기술비서관과 교육과학기술부 2차관을 지낸 과기정책 전문가다. 지난 11일 김 교수에게 혁신기술 기반 창업을 중심으로 과학기술 관련 공약에 대해 물었다.

－당선인과 경쟁했던 안철수 국민의힘 대표가 인수위원장이 됐다. 두 분의 과학기술 공약을 조정해야 하는 상황 아닌가.

"당선자의 생각이 더 많이 반영돼야 하겠지만, 두 분의 과기 공약 내용에 상치되는 것도 없고, 크게 다를 것도 없다. 특히 문재인 정부의 탈원전 정책, 재생에너지 중심의 탄소중립 전략에 대한 문제의식은 일치한다. 두 분의 공약을 잘 합치면 큰 그림이 나올 것으로 판단한다."

－당선인은 공약으로 '대학을 중심으로 스타트업 열풍을 일으키겠다'고 밝혔다.

"여태까지 대학의 역할은 교육과 연구 중심이었다. 연구는 논문 쓰는 데 그쳤고, 기술 이전이나 창업에는 큰 가치를 두지 않았다. 교육부의 대학평가 기

윤석열 캠프 과기부문 김창경 교수가 11일 오후 서울 중구 서소문에서 중앙일보와 인터뷰하고 있다.　　　　장진영 기자

준이 논문에 그쳤기 때문이다. 하지만 이제 대학은 교육과 연구뿐 아니라 혁신과 가치 창출의 주역으로 등장하고 있다. 미국과 같은 선진국에는 기술이전 창업을 통해 수익 창출과 경제성장에 기여하는 기업가형 대학이 많다. 우

리도 그렇게 가야 한다."

－'코리아 R&D 패러독스'라는 비판이 끊이지 않는데.

"R&D 성공률 98%라는 게 말이 되나. 과기계에서도 스스로 심각한 문제임을 인식하고 있다. 구조적 문제 때문에 성공할 만한 쉬운 연구만 하다 보니 이런 터무니없는 일이 생기는 거다."

－지금도 서울대·KAIST 등에 창업기업이 적지 않은데, 어려움이 많다고 한다.

"국가 R&D가 효율화되기 위해서는 대학과 출연연의 기술사업화 조직의 활성화, 고도화가 필요하다. 지금처럼 순환보직과 비전문성으로는 안 된다. 세계 5대 기초과학연구소 중 하나인 이스라엘의 와이즈만연구소는 기술이전 로열티 수입만 연간 1000억원이 넘는다. 거기엔 예다라는 독립된 기술사업화 회사가 그 역할을 한다."

－국내에 창업과 관련한 정부·기관의 프로그램이 너무 많아서 오히려 혼란스럽다는 비판도 있다.

"사실이다. 사업 구조조정을 해야 한다. 지원하는 쪽도, 받는 쪽도 혼란스럽고 효율도 떨어진다. 그러다 보니 지원은 넘쳐나는데 국내 스타트업 중 대박을 칠 수 있는 혁신기술 창업이 많지 않다."　　**최준호 과학·미래 전문기자**

윤 당선인 공약, 스타트업에 초점
모태펀드 확대해 청년 지원 추진

윤 "고급 연구인력이 창업 나서야"
뇌과학·정밀의료 R&D 사업도 언급

윤석열 당선인의 혁신창업 공약은 크게 사람·투자·제도와 관련한 내용으로 나눌 수 있다. 혁신창업을 별도의 과제로 분류하지는 않았지만 경제 활력, 과학기술 선도국가, 중소·벤처기업 육성, 규제 혁파 등 여러 과제에 걸쳐 관련 공약을 제시했다. 혁신창업과 직접적 관련이 있는 공약으로는 대학 중심의 스타트업 열풍 일으키기를 들 수 있다. 윤 당선인은 "대학이 교육과 연구뿐 아니라 경제적 가치 산출의 주역으로 등장했다"면서도 "한국 사회에서는 고급 연구 인력이 창업으로 인한 실익이 없어 창업을 기피하는 것이 현실"이라고 지적했다. 윤 당선인은 신산업벨트와 연계해 인근 대학과 연구소를 청년 창업기지로 활용하고, 제도 인프라를 마련할 대학창업 컨트롤타워를 설치하는 등의 구체적 방안을 공약했다. 국가 차원의 연구개발(R&D) 활성화로 연구원 창업과 산학연 협력도 늘릴 계획이다. 특히 최근 팬데믹 등으로 급성장한 바이오·헬스 분야를 따로 언급하며 재생의료·정밀의료·뇌과학 등 첨단 의료 분야에 대한 국가 R&D 사업을 확대하겠다고 밝혔다.

투자와 관련해서는 정부가 벤처캐피털에 출자한 모태펀드 규모를 대폭 확대해 청년·여성의 창업과 관련 혁신기업을 지원하겠다고 공약했다. 동시에 어느 정도 규모가 있는 딥테크(첨단 기술) 스타트업과 벤처기업이 유니콘(기업가치 1조원 이상의 스타트업)급으로 성장할 수 있게 민간 투자를 활성화할 방침이다. 이를 위한 방안으로 기업형 벤처캐피털(CVC)의 안착, 스케일업(규모 확대) 및 회수 시장에 민간투자 유입, 민간투자 주도형 기술창업지원(TIPS) 확대를 제시했다.

최은경 기자
choi.eunkyung@joongang.co.kr

중앙일보 리셋코리아 혁신창업분과 위원 명단
정유신 서강대 기술경영전문대학원장(리셋코리아 혁신창업분과 위원장), **최병희** 청년기업가정신재단 과학기술사업그룹장, **김영태** KAIST 창업원장, **배현민** KAIST 전자공학과 교수, **송명수** 미국 플러그앤플레이 한국총괄, **금창섭** 빅피처랩 대표

한국 사회는 언제 'R&D 패러독스'를 극복할 수 있을까. 한국은 이스라엘과 매년 국내총생산(GDP) 대비 연구개발(R&D)비 투자 세계 1, 2위를 다투고 있지만 뚜렷한 성과를 내지 못하고 있다는 비판은 여전히 벗어나지 못하고 있다. 반도체와 휴대전화, 조선 등 대기업 중심의 '빠른 추격자(fast-follower)' 전략으로 성공한 한국 주력 산업이 이제 또 다른 후발 추격자에게 쫓기고 있다. 하지만 새로운 성장엔진을 발굴하지 못하고 있다. R&D 패러독스가 심각하게 받아들여지는 이유다. 중앙일보는 국가 미래를 위해 당선인이 반드시 돌파해야 할 대표적 어젠다 중 하나로 '혁신창업'을 선정했다. 세계 최고 수준의 R&D 투자가 혁신기술에 기반한 창업으로 이어질 때 R&D 패러독스를 극복하고, 선도형(first-mover) 국가가 될 수 있기 때문이다.

그럼 혁신기술은 어디서 싹이 틀 수 있을까. 대기업의 경우 국가 전체 R&D의 70% 가까이를 차지하고 있지만, 대부분 '패스트 팔로어' 응용기술형 R&D다. 당장 세계 기업과 경쟁해야 하는 상황에서 기초기술, 원천기술에 R&D 역량을 집중할 여력이 없기 때문이다.

박성진 포스코홀딩스 산학연협력담당 겸 포스텍 기계공학과 교수는 "혁신의 원천은 기존 산업 플레이어(대기업)가 아닌 신생 벤처기업들"이라며 "미래 시장은 예상하지 못한 영역에서 발생하고 있기 때문에 기존 산업 내 대기업들의 위기감이 고조되고 있다"고 말했다. 박 교수는 "이제 전세계적으로 대기업들은 기존 자체 R&D에서 벤처투자로 방향을 선회하고 있다"고 말했다.

결국 혁신기술은 원천기술 또는 퍼스트 무버형 R&D를 하고 있는 대학이나 연구소(정부 출연연)에서 나올 수밖에 없는 구조다. 이들이 혁신기술의 싹을 틔우고, 스타트업을 만들면 대기업이 M&A를 통해 혁신기술을 흡수하는 방식이다.

1. 대한민국의 현실-R&D투자 세계 1, 2위와 R&D 패러독스

최근 한국의 여러 지표는 퍼스트 무버를 향해 가고 있는 것처럼 보인다. 국내총생산(GDP) 대비 연구개발(R&D)비 세계 2위에 GDP 대비 특허출원은 세계 1위다. GDP 1,000억 달러 대비 특허출원 건수가 7,779건(2019년 기준)으로, 2위인 중국(5,520건)보다 2,000건 이상 많다. UN 산하기구인 세계지식재산기구(WIPO)가 2021년 9월 20일 발표한 글로벌혁신지수(Global Innovation Index)에서는 세계 5위를 차지했으며, 아시아 지역에서는 싱가포르, 중국, 일본 등을 넘어 1위를 차지했다.

그런데도 '성과없는 R&D' 'R&D 패러독스'라는 말이 계속 거론된다. R&D 패러독스는 원래 스웨덴에서 처음 나왔다. 노벨상의 나라 스웨덴이 1990년대 세계 1위의 R&D 투자국가였지만, 산업적 성과로 이어지지 못한 것을 가리킨 말이었다. 한국도 1990년대 스웨덴처럼 패러독스의 중병을 앓고 있다. 혁신창업의 모범 사례가 있긴 하지만 아직도 R&D 성과가 혁신창업 같은 기술 사업화로 이어지기에는 부족한 것이 많다는 얘기다.

정부도 R&D 패러독스 상황을 부인하지 않는다. 김용래 특허청장은 "R&D 투자 규모에 비해 경제적 성과가 저조한 소위 '코리안 R&D 패러독스' 문제를 안고 있어 이를 해결하는 것이 시급하다"고 말해왔다. 문재인 대통령도 2019년 1월 대전 대덕특구를 찾아 "국가 출연연구소의 과제 성공률 99.5%가 자랑스럽지 않다"며 "그만큼 성공률이 높다는 것은 말하자면 성공할 수 있는 과제만 도전한다는 뜻"이라고 지적했다. 한국 경제가 퍼스트 무버형으로 전환하기 위해서는 R&D 패러독스부터 극복해야 한다는 뜻이다.

리셋코리아 혁신창업분과 자문위원들은 "국가 R&D의 산실이라 할 수 있는 대학과 정부 과학기술 출연연구소에서 세계적 연구성과를 내고,

이를 바탕으로 한 혁신적 기술의 창업이 이어져야 한다"고 입을 모았다. 메신저RNA(mRNA) 기반 코로나19 백신을 개발한 바이오벤처 모더나나 자율주행 차량용 칩 시장을 석권하고 있는 모빌아이가 대표적 사례다. 모더나는 매사추세츠공대(MIT) 교수 로버트 새뮤얼 랭어가, 모빌아이는 이스라엘 히브리대 교수 암논 샤슈아가 창업했다.

김영태 KAIST 창업원장은 "이스라엘은 미국 실리콘밸리 다음으로 왕성한 스타트업 생태계를 갖추고 있고, 미국 증시에 상장된 스타트업이 27개에 달한다"며 "그런 창업의 뿌리가 테크니언 공대나 와이즈만연구소와 같은 대학·연구소의 연구개발(R&D)이다. 우리도 대학·출연연의 R&D 기반 창업이 더 많아져야 한다"고 말했다.

2. 코리아 R&D 패러독스의 이유, 원인

한국이 세계 1위 수준의 혁신지표에도 불구하고 'R&D 패러독스'가 계속 언급되는 이유는 무엇일까. 퍼스트 무버 경제를 위한 혁신창업이 늘어나려면 어떻게 해야 할까. 'R&D 패러독스' 극복 해법도 바로 그곳에 있다.

한국이 'GDP 대비 특허출원 세계 1위'를 기록한 이면부터 살펴보자. 우수 연구결과가 특허로 이어지는 경우도 있지만, 기관이나 대학 구성원이 평가를 잘 받기 위해 특허를 남발하는 경우도 적지 않다. 특허 등록을 하고도 실제로 사용하지 않아 '장롱 특허' '장식 특허'라는 조롱을 받기도 한다. 특허청이 지식재산 활동 실태를 조사한 결과에 따르면 국내 특허 14만 1,361건 가운데 활용되는 건수는 57.2%(8만 823건·2018년)에 그쳤다. '잠자는' 미활용 특허는 42.8%(6만 503건)였다. 기업의 특허 활용률은 90.9%였지만 대학과 출연연에선 33.7%에 불과했다.

실제로 대한변리사회가 특허등급 평가시스템을 통해 2022년 19개

출연연이 특허청에 등록한 384건의 특허를 분석해 보니 10개 중 6개는 '장롱 특허'였다. 변리사 446명이 출연연이 출원한 특허의 유효성과 범위·강도를 기준으로 10개 등급으로 나눴더니, 가장 우수한 1등급은 단 한 개도 없었다. 그나마 2등급이 1개(0.3%), 3등급 25개(6.5%), 4등급 136개(35.4%)였다. 절반 이상(57.8%)이 5·6등급이었다. 홍장원 대한변리사회장은 "사실 5·6등급 특허는 기업이 필요해서 사들일 만한 매력이 없는 '장롱 특허' '장식 특허' 수준"이라며 "혈세가 들어가는 국가 연구개발(R&D) 사업이 그만큼 비효율적이라는 의미"라고 지적했다.

특허 등록 자체가 목적이 되다 보니, 기술보호에 허술한 경우도 많다. 배현민 KAIST 전자공학과 교수는 "한국은 특허가 몇 개 있느냐는 식으로 기관 실적을 평가하다 보니 특허를 박리다매식으로 내고 있다. 정작 특허 소송에 들어가면 70% 가깝게 무효로 나온다"고 비판했다.

구슬이 서 말이라도 꿰어야 보배다. 한국과학기술기획평가원(KISTEP)에 따르면 2019년 한국이 발표한 과학기술논문인용색인(SCI)급 논문은 6만 9,618편으로 세계 12위로 나타났다. 1년 전보다 8.47% 늘어난 수치다. 하지만 이런 논문이 성과로 이어지는 '기술사업화'는 여전히 미진하다. 국가 R&D 사업의 건당 기술료 징수액이 2012년 5,170만 원으로 정점을 찍었다가 이후 줄어들며 2019년 2,910만 원으로 내려앉았다. 공공연구기관의 신규확보 기술 건수 중 기술 이전 비율을 뜻하는 '기술활용률'도 2015년 5.9%에서 2016년 11.2%까지 늘었으나 이후 꾸준히 낮아져 2019년에는 3.8%에 머물렀다.

대학에 기술사업화 부서가 있긴 하지만, 주로 행정직원이 돌아가면서 순환보직을 하고 있다. 전문성이 떨어질 뿐 아니라 동기부여도 부족하다. 과학기술 출연연구기관도 사정도 크게 다르지 않다. 금창섭 빅픽처랩 대표는 "출연연에 창업 등 기술사업화를 지원해주는 인력이 있는데, 대부분

창업 경험이 없는 내부 인사들"이라며 "처음부터 혁신기술 전문 액셀러레이터와 연계가 필요하다"고 말했다.

3. 코리아 R&D 패러독스 극복하려면

① 인재가 필요하다

리셋코리아 혁신창업분과 위원장을 맡은 정유신 서강대 교수는 "국내 혁신창업 스타트업들의 R&D 기반 기술은 글로벌 수준인데, 같이 일할 고급 인재를 구하기가 어렵다"며 "뛰어난 인재들이 스타트업보다 안정적이고 고소득인 대기업에 우선 취업하려고 한다. 스톡옵션 제도를 개선해 스타트업에 인재가 몰릴 수 있도록 하자"고 제안했다.

스타트업은 아직 투자를 받는 단계이고, 매출은 본격적으로 일어나지 않고 있기 때문에 높은 연봉을 주기도 어렵고, 직업 안정성도 부족하다. 이를 메울 수 있는 게 스톡옵션이다. "월급은 적지만 열심히 일하면 나중에 스톡옵션을 행사해서 큰돈을 벌 수 있다"는 것이다.

하지만 한국은 미국과 달리 스톡옵션으로 보상하려 해도 과도한 세금 때문에 쉽지 않은 상황이다. 스톡옵션을 행사할 때 근로소득세(또는 기타소득세) 등 45%에 달하는 최고 세율이 적용될 수 있다. 주식을 매각할 때도 양도소득세를 내야 한다. 최근 국내대학에 창업 교육 붐이 일고 있긴 하지만, 학생들은 여전히 스타트업·중소기업보다 대기업을 선호한다. 창업 생태계가 구비된 미국의 경우는 다르다. 미국 실리콘밸리 기반 벤처캐피탈 빅베이슨 캐피털의 윤필구 대표는 "스탠퍼드대나 MIT 등 명문대 학생들은 구글·페이스북 등에 취업하는 것은 누구나 할 수 있다고 생각한다"며 "취직 대신 창업을 해야 좀 쿨(cool)하다고 여기는 경향이 있다"고 말했다.

미국 대학생들의 이런 인식에는 스톡옵션 등 제도적 뒷받침도 있지만, 학부생 때부터 이어지는 창업교육·동아리의 역할도 크다. 세계 최대 스타트업 인큐베이팅 업체인 미국 플러그앤플레이의 송명수 한국총괄은 "미국 주요 대학은 학부생을 중심으로 문제 해결 능력, 비즈니스 교육 등 창업 관련 프로그램을 활발히 운영하고 있다"며 "대학 초년생 때부터 창업과 벤처 문화를 익힐 수 있도록 관련 교육을 필수과정에 넣어야 한다"고 주장했다.

배현민 KAIST 전자공학과 교수는 "내수시장을 넘어 수출형 산업으로 성장할 수 있는 기술벤처가 성공하려면 자본과 기술·노동력, 이 세 가지가 갖춰져야 한다"며 "한국은 논문은 굉장히 잘 쓰기 때문에 기술 수준이 낮다고 말할 수 없는데, 자본과 노동력이 미국의 3분의1 수준"이라고 지적했다. 배 교수는 "스타트업으로 뛰어난 인력이 올 수 있게 하는 제도적 지원이 절실하다"고 덧붙였다.

② 기술사업화 조직을 키워라

리셋코리아 혁신창업분과 위원장을 맡고 있는 정유신 서강대 기술경영전문대학원장은 "혁신창업의 텃밭인 대학과 출연연의 기술사업화 조직을 민영화해 효율성을 높이자"고 제언했다. 정 원장은 "현재의 기술사업화 부서는 순환보직으로 전문성이 떨어지고 관료화돼 있다"며 "기술사업화 부서를 독립시켜 주식회사 형태로 만들고, 글로벌 전문가를 영입할 수 있게 해야 한다"고 말했다.

정부 출연연 연구소기업인 빅피처랩의 금창섭 대표는 "민·관 협력형 출연연 혁신창업 모델을 만들자"고 제언했다. 금 대표는 "출연연 출신 창업가가 보유한 기술의 수준은 글로벌 스타트업에 결코 뒤지지 않는 것으로 평가받는다"면서도 "글로벌 성공 사례를 보면 시장의 생리를 잘 아는 사업화 전문가와 기술 전문가가 함께 연결돼 시너지를 내는 반면, 한국은 출연연 박사 연구원들이 사업에 대한 이해가 전혀 없이 시장의 필요와 무관한 기술 개발에 매달리다 실패로 끝나는 경우가 대부분"이라고 말했다.

김영태 KAIST 창업원장은 "대학 캠퍼스를 기술 샌드박스로 만들자"고 제안했다. 주요 대학별로 거점 기술을 이용한 다양한 기술 아이디어와 시제품을 대학 내 고객을 대상으로 실험하고 검증할 수 있도록 캠퍼스 내에서 일정 시간 또는 공간을 자유롭게 활용할 수 있게 하자는 아이디어다.

③ 스타트업의 세계화

한국 스타트업 생태계는 최근 성장하고 있지만, 여전히 좁은 국내 시장에 국한되고 있다. 스타트업 생태계를 글로벌화하면, 그 자체의 의미도 있지만 좁은 국내 시장의 한계와 규제 혁파라는 이점도 있다. 김영태 KAIST 창업원장은 "해외의 우수 인재를 국내로 유치하여 혁신 스타트업의 주역으로 만드는 인바운드(inbound globalization)형과 우리나라의 젊은 인재와 스타트업을 실리콘밸리, 뉴욕, 보스톤 등 선진 창업생태계로 파견하는 아웃바운드(outbound globalization)형을 동시적으로 추진하는 것이 한 가지 방법"이라고 말한다. 예컨대, 인바운드형 결합 창업 지원모델은 점점 더 ICT 소프트웨어와 AI 중심화하고 있어 하드웨어 전공의 유학생 등이 실리콘 밸리에서는 도전하기 어려운 반도체와 ICT 하드웨어 창업을 국내에서 감행할 수 있도록 출신 대학과 동문을 중심으로 삼성전자, 하이닉스 등 기존 생태계와 정부의 강력한 지원정책을 효과적으로 접목하는 것이다. 역으로 아웃바운드형 글로벌 창조경제센터 모델은 Bio나 AI 분야의 우리나라 젊은이들이 실리콘밸리나 뉴욕, 보스톤 등 잘 갖춰진 선진 생태계에서 관련 스타트업에 도전하고 글로벌 성공의 고지를 등정할 수 있도록 현지에 창업 전진기지(startup base camp)를 구축하는 것이다.

이를 위해 관련 벤처펀드 조성 등은 물론 우리 대학과 미국 대학의 전략적 제휴를 촉진함으로써 상당한 시너지 효과를 가져올 수 있을 것이라 기대한다.

혁신창업분과 위원장을 맡고 있는 정유신 서강대 교수는 "해외 시장 확장성을 위해선 해외의 혁신 기술을 파악할 수 있는 핵심 해외거점을 만들어 해외 기술 동향 및 기술 맵 등의 연구조직과 상시 공유, 협력할 수 있도록 해야 한다"고 말했다. 동시에 핵심 해외 시장에 있는 해외 교포와의 협력을 통해, 글로벌 창업은 물론, '韓商 벤처펀드' 조성을 통해 유망한 혁신 벤처기업들의 해외 시장 확장성을 도와줘야 한다고 주문한다. 실리콘 밸리 등이 핵심 해외거점이라 할 수 있으며, 현재 알토스와 같은 교포 벤처캐피탈펀드의 협력과 성공사례 등이 있기 때문에 이들을 통한 해외 벤처캐피탈·PE의 협력을 이끌어낼 수 있다는 게 정 교수의 설명이다.

④ 자연스런 창업 문화가 아쉽다

최근 들어 대학·연구소 내에 창업 열풍이 불기 시작했지만, 아직도 교수·연구원 또는 학생의 창업을 가로막는 규제와 문화가 적지 않다. 교원 창업의 경우 대부분의 학교에서 창업을 허가받기까지 까다로운 심사가 이어지고, 교수와 최고경영자(CEO)의 이중생활을 하느라 격무에 시달리고 있다.

바이오 스타트업 고바이오랩을 경영하고 있는 고광표 서울대 교수는 "회사 살림을 꾸리는 공동대표를 따로 두고 있지만 그래도 일이 너무 많고 학교 규정상 창업하더라도 교수로서의 일을 소홀히 할 수 없다"며 "미국 대학처럼 연봉을 깎는 대신 강의 수를 줄여주는 '바이아웃(buyout)'이나 휴직을 허용하는 제도가 있으면 좋겠다"고 말했다.

바이오 스타트업 고바이오랩을 경영하고 있는 고광표 서울대 교수는 "실패에 대한 두려움은 창업 실패에 대한 공포로 이어지고 이 공포가 창업의 최대 걸림돌"이라며 "창업이 실패해도 이전 직장으로 복직해서 다시 연구 업무에 매진할 수 있다면, 단순히 연구만 수행하던 이전과 달리 사업화 경험이 큰 자산이 될 수 있다"고 말했다. 금 대표는 "현행 창업 휴직 기한이 6년인데 첨단기술 중심의 기업이 설립 후 상장이나 투자회수에 걸리는 기간이 평균 10년이 넘는 현실에 비춰보면 6년은 성공 혹은 실패를 경험하기에는 너무나 애매한 기간"이라며 "창업 휴직 기간이 적어도 10년은 되어야 심리적 안정감을 가지고 혁신기술창업 도전 길에 좀 더 쉽게 다가설 수 있을 것"이라고 덧붙였다.

4. 스타트업의 국가, 미국·이스라엘

이스라엘은 미국 나스닥 상장기업 배출 순위가 미국·중국에 이어 세계 3위다. 인구라고는 고작 920만 명에 불과한 나라에서 올린 실적이다. 이스라엘의 비결은 철저한 기술사업화와 창업에서 나온다. 이스라엘을 스타트업네이션, 즉 창업국가라고 부르는 이유다.

2021년 7월 기준 이스라엘에서 활발하게 활동 중인 하이테크 스타트업은 9,640개에 달한다. 하이테크라고 하면 주로 소프트웨어나 바이오, 딥테크(deep-tech)와 같이 첨단 기술들이 많이 들어간 영역이다. 비상장기업으로 기업가치가 1조 원 이상인 '유니콘 기업'은 65개다. 스타트업뿐 아니라, 창업 생태계도 두텁다. 엔젤 투자자, 크라우드 펀딩, 벤처 캐피탈 등 투자자가 2,613개에 달한다. 국내 창업보육센터와 비슷한 기능을 하는 엑셀러레이터와 인큐베이터가 420개, 미국 증권거래소에 상장되어 있는 스타트업들이 27개다.

이 같은 이스라엘 혁신창업 기업들의 출발점은 대부분 대학과 연구소다. 특히 이들 기관의 전문화된 기술사업화 조직이 기술이전 또는 창업을 이끌어낸다. 히브리대의 이숨과 와이즈만연구소의 예다로 대표되는 이스라엘 9대 대학 기술지주회사가 그 주인공이다. 1964년 설립된 이숨은 현재 세계 3위의 기술이전회사. 예루살렘 캠퍼스 내 기숙사 옆 소박한 단층 건물에 자리 잡고 있지만 성과는 놀랍다. 히브리어로 '실행(application)'이란 뜻에 걸맞게 실험실 속 우수 연구성과를 발굴해 '사업화'로 이끌어낸다. 지금까지 특허만 1만 750건에 이르며, 180개의 회사가 이숨에서 싹을 틔워 독립했다. 이를 통해 한해 로열티로만 6,500만 달러를 벌어들인다. 대표적 사례가 세계 자율주행 시스템 시장을 석권하고 있는 모빌아이다. 암논 샤슈야 모빌아이 회장은 히브리대 컴퓨터과학과 교수 출신이다. 뇌·인지공학을 전공한 샤슈야 교수는 창업 붐이 일기 시작하던 1999년 이숨의 도움을 얻어 모빌아이를 설립했다. 2014년 미국 나스닥에서 이스라엘 회사로는 최대 규모로 상장에 성공한 모빌아이는 2017년 3월 약 17조 원에 인텔에 인수되는 대박을 터뜨렸다. 5대 기초과학연구소 중 하나인 와이즈만연구소의 기술지주회사 '예다(Yeda)'는 세계 최초와 최대의 타이틀을 모두 거머쥔 곳이다. 히브리어로 '지식'이란 뜻의 예다는 1959년 와이즈만 연구소의 성과를 사업화하기 위해 세계 최초로 설립됐다. 전 세계 기술지주회사의 롤모델이 된 곳이 바로 예다다. 세계 74개국으로 기술수출을 통해 벌어들이는 로열티 수입만 매년 1,000억 원이 넘는다. 이스라엘이 낳은 세계적 제약회사 테바의 대표약품인 다발성 경화증 치료제 코팍손이 와이즈만에서 예다를 거쳐 나왔다.

모데카이 셰베스 와이즈만연구소 부총장 겸 예다 이사회장은 "이스라엘은 기초연구를 포함한 모든 연구에서 기술이전을 목표로 하고 있다"며 "연구자들은 자유롭게 연구할 수 있어야 하지만 기술지주회사는 최고의 기술이전 전문가들로 구성돼야 한다"고 말했다. 미국은 대학 중심으로 창업 붐이 자연스럽게 일어나 창업 생태계가 만들어진 국가다. 대표적 사례가 스탠퍼드대학이다. 이 대학의 프레더릭 터만 교수는 20세기 중반부터 기술 창업의 중요성을 강조하며 기업가정신 교육을 시작했다. 스탠퍼드대학 졸업생들이 창업한 기업이 지금까지 4만여 개에 이르고, 이들 기업이 창출하는 연 매출이 2조 7억 달러. 영국 국내총생산(GDP)에 맞먹고, 우리나라 GDP의 1.5배에 이르는 엄청난 금액이다.

신성철 전 KAIST 총장은 "순수 학문의 상아탑 대학을 고집하던 칼텍·시카고대학 등 세계 명문대학들이 지금은 앞다퉈 기업가정신 교육을 시행하고 있다"며 "이제 한국 대학들도 서둘러 전통적인 교육·연구 중심의 상아탑에서 벗어나 기술사업화를 대학의 중요한 사명으로 받아들여야 한다"고 역설한다.

5. 싹 트는 한국 혁신기술 기반 창업

'메탄 기반 액체 우주로켓을 개발하는 학부생' '2차전지 양극재 생산기업을 설립한 배터리 석학교수' '자율주행 물류로봇 만드는 쌍둥이 형제' '기업인과 교수가 힘을 합쳐 만든 바이오 신약 벤처'…. 중앙일보가 2021년 6월부터 격주 연재 중인 '연중기획 혁신창업의 길'에 소개된 기업 가운데 일부다. 대학교수와 학생, 정부 출연연구소가 연구·개발(R&D)해온 세계 수준의 혁신기술을 바탕으로 창업에 나선 모범 사례다.

한국의 R&D 패러독스가 극심하긴 하지만, 최근 들어 서울대·KAIST 등 주요 대학을 중심으로 연구개발(R&D)과 이를 통한 기술개발을 바탕으로 한 혁신기술 창업 사례가 늘어나고 있다. 국가과학기술연구회에 따르면 출연 연구소 창업은 2021년 말 기준으로 509개였다. 이 가운데

380개 기업이 현재 운영 중이다. 최근 10년 새 꾸준히 창업 건수가 늘어나고 있다.

대학과 자본이 결합한 대규모의 벤처요람도 생겨나고 있다. 포스코가 2021년 7월 포스텍(포항공대)에 구축한 벤처기업 육성센터 '체인지업 그라운드 포항'에는 창업기업 81개, 고용 540여 명을 달성하는 등 개관 8개월 만에 벤처기업의 요람으로 자리매김하고 있다. 체인지업 그라운드 포항은 포스코가 830억 원을 들여 포스텍 캠퍼스 안에 마련한 창업 공간이다. 벤처기업에게 연구개발(R&D)이나 사무 공간을 제공하고 투자 연계, 사업 네트워크 등을 지원한다.

KAIST는 교수·학생 창업을 더 활성화하고, 기술이전도 대폭 늘리기 위해 주식회사 형태의 기술사업화(TLO) 조직, KAIST홀딩스를 2022년 초 출범시켰다. 이광형 KAIST 총장은 "기존의 경직된 조직문화를 탈피하려면 민간 기업이 기술이전전담조직(TLO·Technology Licensing Office)을 담당하는 게 좋다고 판단했다"고 말했다.

서울대 역시 2021년 3월 서울대가 지주회사인 'SNU홀딩스' 법인 설립을 마쳤다. 서울대 관계자는 "학교의 자율화와 다양한 수익 사업을 지원하기 위한 중장기적 계획으로 SNU홀딩스를 설립하고 최고경영자(CEO) 등 인적 구성을 마쳤다"며 "학내 구성원들의 창업을 보다 적극적으로 돕기 위해 SNU벤처스라는 투자 전문 자회사도 함께 설립했다"고 밝혔다.

4
불평등해소분과

기초연금 올리고 청년수당 신설 … 소득격차 줄여야

시장 종사자 전체를 대상으로 매일 코로나19 검사를 하는 서울 동작구 노량진 수산시장이 지난달 30일 한산한 모습이다. [뉴시스]

델타 변이보다 전파력이 강한 변이 바이러스 '오미크론'으로 세계가 다시 비상이 걸린 데에서 보듯 코로나19 위기는 장기화하고 있다. 지난해 10월 서울대 보건대학원 유명순 교수팀이 성인 1000명을 상대로 코로나19 관련 국민 인식조사를 했다. 코로나 장기화로 심각해질 수 있는 문제 1순위로 '경제적 불평등'을 꼽은 응답이 53%로 가장 많았다.

소득 불평등은 현실화하고 있다. 지난 5월 한국은행(고용분석팀 송상윤) 자료에 따르면 지난해 2~4분기 상위 20%인 5분위 가구의 소득은 전년 대비 1.5% 줄어든 반면 하위 20%인 1분위 소득은 17.1%나 감소한 것으로 나타났다.

불평등의 원인은 일자리 불안이었다. 소득 1분위 중 비취업 가구 비중이 전년 대비 8.7% 늘었는데, 특히 한창 일할 30~54세 저소득층의 실직이 두드러졌다. 특히 대면 접촉이 잦은 업무를 하던 임시·일용직이 일자리를 잃은 경우가 많았다. 영세 자영업자의 소득 감소도 뚜렷했고, 양육 부담이 큰 여성과 유자녀 가구가 고용 충격에 취약했다. 위기에 처한 저소득층의 소득은 최근 재난지원금이 지급되면서 반짝 오르는 양상을 보이고 있다.

한편에선 코로나 극복을 위해 각국이 쏟아낸 유동성을 바탕으로 자산시장이 기형적으로 커졌다. 코로나 충격에서 벗어나는 데에서도 직종·학력에 따라 차이가 나는 'K자형 양극화'가 나타날 것이라는 예측이 많다. 집값이 폭등한 국

코로나19로 경제불평등 깊어져 'K자형 양극화'가 사회불안 유발

노인·청년·아동 포괄적 정책 시급 한시적 사회연대세로 재원 마련

아동기 주거·건강이 평생을 좌우 정부 각 부문 협력체제 마련해야

소득분위별 가구소득 감소율

※소득감소율은 전년동기대비 2020년 2~4분기감소율의 분기별 평균값. 단위: %

	-5.6	-3.3	-2.7	-1.5
-17.1				
1분위 (하위 20%)	2분위	3분위	4분위	5분위 (상위 20%)

자료: 가계동향조사, 한국은행 고용분석팀 분석

내에서도 '자산 격차'가 커지면서 경제적 불평등이 사회적 갈등으로 확대될 가능성을 배제하기 어렵다.

청년수당 분기별 50만원 지급 고려

리셋코리아 자문위원들은 코로나의 영향이 1997년 외환위기나 2008년 금융위기 등과 차이가 있다고 진단했다. 기존 취약 계층과 갑작스러운 대유행 상황에 대응하지 못하는 임시·일용직, 1인 자영업자 등 근로 빈곤계층뿐만 아니라 중견기업 근로자 등 중간계층의 고용과 소득에까지 영향을 미치기 때문이다. 이에 따라 소득 불평등 정책의 방향 역시 노인·장애인 등 취약계층 중심에서 나아가 보편적이고 포괄적인 소득보장 정책으로 확대해야 한다는 것이다.

김안나 대구가톨릭대 사회복지학과 교수는 "부의 세습이나 '흙수저' 논란에서 보듯 최근의 불평등은 상대적 빈곤을 뜻한다"며 "모두가 함께 행복한 국가'를 목표로 공정하고 신뢰를 줄 수 있는 제도가 필요하다"고 말했다.

리셋코리아 불평등분과는 이를 위해 차기 정부에 제안할 과제를 꼽았다. ▶기초연금 10만원 추가 지급 고려 ▶코로나 같은 위기 시 생계·의료·주거 보장을 받을 수 있는 긴급복지지원제도 중위소득 90% 이하까지 확대 고려 ▶청년희망수당 1인당 분기별 50만원 지급 고려 ▶교육 단계별로 만12세 미만, 만15세 미만, 만18세 미만 등 아동수당 확대 고려 등이다.

자문위원들은 노인의 최저생활을 보장하기 위한 기초연금이 최대 30만원으로 확대됐지만 여전히 노인 40%가 빈곤 상태임을 고려하자고 했다. 조건을 하나라도 충족하지 못하면 탈락하는 다른 제도와 달리 긴급복지지원제도가 그나마 가장 빠르게 지원받을 수 있는 거의 유일한 제도이므로 이를 확대하자는 데

의견을 모았다.

청년희망수당제도와 아동수당 제도 확대는 국민통합을 위한 사회연대 수당제의 성격을 띤다. 젊은층에 공정한 기회의 사다리를 다시 놓아주기 위한 수당은 고교 졸업 등 자격을 갖추고 범죄 이력이 없는 청년에게 첫 취업 전 30세까지 국가가 지급하는 방안을 제시했다. 아동수당은 현재 7세 미만인데 보육의 국가적 책임을 분담하자는 취지다.

재원 마련 방안으로는 한시적 사회연대세를 걷는 방안이 제시됐다. 김 교수는 "다른 곳 예산을 줄여 복지를 확대하는 것은 어려우므로 포괄적 사회안전망을 구축하려면 사회연대세를 목적세로 걷는 방안을 검토하지 않을 수 없을 것"이라며 "지금과 같은 코로나 상황이 있을 때 한시적으로 5년 아니면 10년 기금 형태로 모으는 게 필요하다"고 말했다. 송인한 연세대 사회복지대학원 교수도 "기본적으로 증세 없는 복지는 불가능하다"고 봤다.

가구원수 중심 지원정책 재검토를

불평등은 순환 고리 형태로 가속하는 속성을 보인다. 소득 격차 증가→자산 불평등→거주 지역과 주거 형태의 불평등→교육 불평등이 다시 소득 격차 증가로 이어지는 구조다. 자문위원들은 특히 한국에서 거주 지역과 주거 형태의 불평등이 나머지 모두를 결정하는 양태를 보인다고 설명했다. 서울 강남에 살면 더 좋은 대학에 갈 가능성이 커지고 그러면 소득을 더 얻을 수 있어 자산의 불평등으로 연결되는데, 그 결과 또다시 강남에 살게 된다는 것이다. 이번 대선의 가장 큰 이슈가 부동산인 것도 한국적 불평등 구조와 무관치 않다.

송아영 가천대 사회복지학과 교수는 "주거 불평등은 아동기에서 시작되는 고질적인 특성이 있다"며 "최근 청년 주거 불평등에 많은 관심이 쏠리지만, 실제 주거 빈곤 청년층을 만나보면 대부분 이미 아동기 때부터 주거 빈곤을 경험했다"고 전했다. 송 교수는 "한국은 주거급여를 줄 때 단순히 가구원수만 따지는데 핀란드·영국·독일 등은 아동이 있는 가구를 따로 고려한다"며 "국내는 주거상실 위기 가구에 대한 긴급복지제도도 대부분 1인 가구를 중심으로 디자인돼 있어 아동이 있는 가구가 위급할 때 도움받을 곳이 없다"고 지적했다.

영·유아 건강관리 확대해야

건강 불평등과 관련해서도 초기 아동기 관리가 중요하다. 정혜주 고려대 보건정책관리학부 교수는 "미숙아·저체

중 발생률은 부모 학력에 따라 다르게 나타나는데, 두 가지가 겹치면 사망률이 15배 높아진다"며 "초기 아동기 사망 불평등은 생후 1달에서 만 5세까지 지속해서 증가한다"고 설명했다. 태내 영양 결핍은 노년기 당뇨병 발생률에 영향을 주고, 똑똑하게 태어난 아이들도 사회경제적 여건에 따라 시간이 흐르면서 달라진다는 것이다.

정 교수는 "이런데도 국내에선 보육과 교육 부문에서만 다룰 뿐 만2세 이하 초기 아동기 발달 건강 관리가 공백 상태"라고 말했다. ▶보편적 방문형 산모·영유아 건강관리 사업 확대를 통한 위험 아동 조기 발굴 및 관리 ▶발달 장애 아동 조기 개입을 위한 전문서비스 구성 및 건강보험 급여화 등이 과제로 꼽혔다.

이번 대선에선 20대를 중심으로 한 젠더 갈등이 선거 이슈로 불거졌다. 공정이나 불평등 이슈와 맞물리면서 온라인에는 차별과 혐오 표현이 넘쳐난다. 임소연 숙명여대 인문학연구소 교수는 "20대 남녀는 소통 공간 자체가 온라인에서 양분돼 있고, 추천 알고리즘을 통해 편향이 강화되므로 디지털 기술에도 문제가 있다"며 "빅데이터, 인공지능, 메타버스 등의 분야에서도 혐오와 편향이 논란이 뜨거워 정부가 주도적으로 기준을 제시해야 한다"고 말했다.

20대가 태어나던 시기에 여아 낙태가 많이 일어났다는 분석도 나왔다. 이 여파로 남녀가 짝을 맺기 어려워졌고, 남성 간에 경쟁이 격화했다. 일자리를 둘러싼 남녀 갈등 와중에 20대 여성들은 이런 경쟁을 겪으면 자살을 택하는 비율이 높다. 정 교수는 "단순한 성별 갈등을 넘어 심각한 사회적 과제로 젠더 불평등 갈등을 다뤄야 한다"고 했다.

모든 정책에 통합사회영향평가 도입

자문위원들은 부처별 통합과 협업이 안 돼 예산만 낭비되고 정책 효과가 떨어진다고 지적했다. 가령 취약계층 주거 공급은 국토부가 맡고, 사회복지는 복지부 담당인데 협업은 전혀 이뤄지지 않는다. 이런 비효율을 막기 위해 부처를 초월한 불평등과 다양성 이슈를 추진할 주체로서 가칭 '평등과 다양성 위원회'를 대통령 직속이나 국무총리 산하에 설치할 것을 권고했다.

위원회는 불평등을 만들어내는 기저를 핵심 과제로 삼고 다부처적인 협력을 주도해야 한다고 제안했다. 또 모든 정책에서 불평등이나 차별, 환경 등에 미치는 영향을 종합 점검하는 '통합사회영향평가'를 도입할 필요가 있다.

정리=김성탁 논설위원, 배정원 인턴기자
sunty@joongang.co.kr

불평등분과 위원들의 제언

송인한 연세대 사회복지대학원 교수·분과장

"사회 전체의 부가 늘어나는 것보다 불평등과 불공정을 줄이는 게 중요하다. 정책 설계 시 취약 집단에 미치는 영향을 과학적으로 검토하는 등 정밀한 접근이 필요하다."

김안나 대구가톨릭대 사회복지학과 교수

"21세기의 불평등은 상대적 빈곤, 기회의 불평등이 핵심이다. 정규직과 비정규직, 세대 갈등, 정년 연장, 청년 일자리, 여성, 이민자 문제 등에 대한 국민적 대타협이 시급하다."

정혜주 고려대 보건정책관리학부 교수

"새 정부에선 불평등과 빈곤, 차별까지 측정하는 '통합사회영향평가'를 도입하자. 런던시는 모든 정책에 건강영향평가, 성 평등, 환경영향평가, 지역사회 안전 등 4가지를 본다."

송아영 가천대 사회복지학과 교수

"성인이 겪는 여러 불평등은 아동기 때부터 시작된다. 주거 빈곤 아이들이 사는 곳은 지역 빈곤율이 높고 교통이 불편하며 놀이터도 부족하다. 아동기 주거 문제부터 해결해야 하는 이유다."

임소연 숙명여대 인문학연구소 교수

"인공지능·메타버스 기술도 기존 불평등을 증폭시킨다. 많은 예산을 받는 과학기술 분야는 돈 되는 개발 경쟁보다 성숙한 사회를 위한, 평등을 위한 포용적 기술에 주목해야 한다."

홍영표 시카고 로욜라대 사회복지학과 교수

"'모두 함께 잘 사는 사회'를 비전으로 삼자. 흔히 말하는 기득권층도 소외 계층으로 빠져나가 사회통합에 참여하지 못하면 그들이 가진 자본을 사회에 투자하지 않게 되는 문제가 생긴다."

1. 기초연금 올리고 청년수당 신설··· 소득 격차 줄여야

델타 변이보다 전파력이 강한 변이 바이러스 '오미크론'으로 세계가 다시 비상이 걸린 것처럼 코로나19 위기는 장기화하고 있다. 2020년 10월 서울대 보건대학원 유명순 교수팀이 성인 1,000명을 상대로 코로나19 관련 국민 인식조사를 했다. 코로나 장기화로 심각해질 수 있는 문제 1순위로 '경제적 불평등'을 꼽은 응답이 53%로 가장 많았다.

소득 불평등은 현실화하고 있다. 2021년 5월 한국은행(고용분석팀 송상윤) 자료에 따르면 2020년 2~4분기 상위 20%인 1분위 가구의 소득은 전년 대비 1.5% 줄어든 반면 하위 20%인 1분위 소득은 17.1%나 감소한 것으로 나타났다.

이 같은 불평등의 원인은 일자리 불안이었다. 소득 1분위 중 비취업 가구 비중이 전년 대비 8.7% 늘었는데, 특히 한창 일할 30~54세 저소득층의 실직이 두드러졌다. 특히 대면 접촉이 잦은 업무를 하던 임시·일용직이 일자리를 잃은 경우가 많았다. 영세 자영업자의 소득 감소도 뚜렷했고, 양육 부담이 큰 여성과 유자녀 가구도 고용 충격에 취약했다. 위기에 처한 저소득층의 소득은 재난지원금이 지급될 때 반짝 오르는 양상을 보인다.

한편에선 코로나 극복을 위해 각국이 쏟아낸 유동성을 바탕으로 자산시장이 기형적으로 커졌다. 코로나 충격에서 벗어나는 데에서도 직종·학력에 따라 차이가 나는 'K자형 양극화'가 나타날 것이라는 예측이 많다. 집값이 폭등한 국내에서도

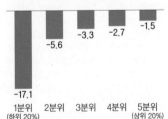

소득분위별 가구소득 감소율
※소득감소율은 전년동기대비 2020년 2~4분기감소율의 분기별 평균값. 단위: %

자료: 가계동향조사, 한국은행 고용분석팀 분석

'자산 격차'가 커지면서 경제적 불평등이 사회적 갈등으로 확대될 가능성을 배제하기 어렵다.

송인한 연세대 사회복지대학원 교수는 "불평등이 심화할수록 공정성에 대한 사회적 신뢰가 약해지고 사회공동체가 무너진다"며 "사회 전체의 부가 늘어나는 것보다 사회 내의 불평등과 불공정을 줄이는 게 중요하다"고 말했다. 송 교수는 "사회정책을 설계하고 실행할 때 취약한 집단에 미치는 영향을 과학적으로 검토해야 하며, 불평등 격차를 해소할 정밀한 접근이 필요하다"고 덧붙였다.

리셋코리아 자문위원들은 코로나의 영향이 1997년 외환위기나 2008년 금융위기 등과 다르다고 진단했다. 기존 취약 계층과 갑작스러운 대유행 상황에 대응하지 못하는 임시·일용직, 1인 자영업자 등 근로 빈곤계층뿐만 아니라 중견기업 근로자 등 중간계층의 고용과 소득에도 영향을 미치기 때문이다. 이에 따라 소득 불평등 정책의 방향도 노인·장애인 등 취약계층 중심에서 나아가 보편적이고 포괄적인 소득보장 정책으로 확대해야 한다는 것이다.

김안나 대구가톨릭대 사회복지학과 교수는 "부의 세습이나 '흙수저' 논란에서 보듯 최근의 불평등은 상대적 빈곤을 뜻한다"며 "'모두가 함께 행복한 국가'를 목표로 공정하고 신뢰를 줄 수 있는 제도가 필요하다"고 말했다.

리셋코리아 불평등분과는 이를 위해 차기 정부에 제안하는 과제를 꼽았다. 기초연금 10만 원 추가 지급 고려, 코로나 같은 위기 시 생계·의료·주거 보장을 받을 수 있는 긴급복지지원제도 중위소득 90% 이하까지 확대 고려, 청년희망수당 1인당 분기별 50만 원 지급 고려, 교육단계별로 만 12세 미만, 만 15세 미만, 만 18세 미만 등 아동수당 확대 고려 등이다.

자문위원들은 노인의 최저생활을 보장하기 위한 기초연금이 최대 30

만 원으로 확대됐지만 여전히 노인 40%가 빈곤 상태인 만큼 정책을 보완해야 한다고 했다. 긴급복지지원제도는 조건을 하나라도 충족하지 못하면 탈락하는 다른 제도와 달리 그나마 가장 빠르게 지원받을 수 있는 거의 유일한 제도이므로 확대하자는데 의견을 모았다.

청년희망수당제도와 아동수당 제도 확대는 국민통합을 위한 사회연대 수당제도 성격을 띤다. 젊은 층에 공정한 기회의 사다리를 다시 놓아주기 위한 수당은 고교 졸업 등 자격을 갖추고 범죄 이력이 없는 청년에게 첫 취업 전 30세까지 국가가 지급하는 방안을 제시했다. 아동수당은 현재 7세 미만인데 보육의 국가적 책임을 분담하자는 취지다.

2. 정규직·비정규직, 세대 갈등, 정년 연장 등 국민적 대타협 거쳐야

김 교수는 "기회의 불평등과 관련해 정규직과 비정규직, 세대 갈등, 정년 연장, 청년세대의 사회 진입, 여성, 이민자, 외국인 문제 등에 대해 우리 사회가 국민적 대타협의 과정을 거치는 게 시급하다"고 강조했다. "코로나 대유행이라고 하는 예상하지 못했던 충격으로 모두가 충격을 받고 있지만 특히 취약 계층에게 크게 나타났기 때문에 지금이 바로 적기다. 본인 의지와 관계없이 더 이익을 얻은 계층도 있고 방역 정책으로 가게 문을 닫아야 하는 사람들도 있기 때문에 대통합을 이룰 수 있는 타협의 과정을 진행할 필요가 있다."

3. 한시적 사회연대세로 재원 마련

재원 마련 방안으로는 한시적 사회연대세를 걷는 방안이 제시됐다. 김 교수는 "다른 곳 예산을 줄여 복지를 확대하는 것은 어려우므로 포괄적 사회안전망을 구축하려면 사회연대세를 목적세로 걷는 방안을 검토하지 않을 수 없을 것"이라며 "사회연대세를 계속할 필요는 없고 지금과 같은 코로나 상황이 있을 때 한시적으로 5년 아니면 10년 이런 식으로 기금 형태로 모으는 게 중요하다"고 말했다. 이에 더해 기부금을 받거나 기업들에 기금을 받는 식으로 해서 한시적으로 진행하자는 아이디어다. 송인한 교수도 "기본적으로 증세 없는 복지는 불가능하다"고 봤다.

불평등은 순환 고리 형태로 가속하는 속성을 보인다. 소득 격차 증가→자산 불평등→거주 지역과 주거 형태의 불평등→교육 불평등이 다시 소득 격차 증가로 이어지는 구조다. 자문위원들은 한국에서 거주 지역과 주거 형태의 불평등이 나머지 모두를 결정하는 양태를 보인다고 설명했다. 강남에 살면 더 좋은 대학에 갈 가능성이 커지고 그러면 소득을 더 얻을 수 있어 자산의 불평등으로 연결되는데 그 결과 또 강남에 살게 된다는 것이다. 이번 대선의 가장 큰 이슈가 부동산인 것도 한국적 불평등 구조와 무관치 않다.

송아영 가천대 사회복지학과 교수는 "주거 불평등은 아동기에서 시작되는 고질적인 특성이 있다"며 "최근 청년 주거 불평등에 많은 관심이 쏠리지만 실제 주거 빈곤 청년층을 만나보면 대부분 이미 아동기 때부터 주거 빈곤을 경험했다"고 전했다. 주거 빈곤 아이들이 사는 곳은 지역 자체도 빈곤율이 높고 다가구 밀집지역이거나 최저주거기준을 만족하지 못하는 가구들이 사는 지역인 경우가 많다. 교통이 불편하고 놀이터가 부족하며 가로등 같은 시설이 미비하다. 학습 환경도 주어지지 않기 때문에 아동기 주거 문제를 적극적으로 다뤄야 한다.

주거는 아이들의 건강에도 영향을 미친다는 게 정혜주 고려대 보건정책관리학부 교수의 설명이다. "연구에 따르면 주거 빈곤 가구의 아이들은 심장 천공을 가진 아이들이 많았다. 2013년 출생 자료를 보면 아이들이 태어나자마자 28일 이내에 많이 사망하고 갑자기 두 돌 전후로 많이 죽는다. 사실 집 안이나 집 밖에서 사고사로 죽는 경우가 대다수다. 그래서 아이를 키우기에 안전한 환경이 중요하다."

송 교수는 "주거급여를 줄 때 한국만큼 단순한 나라는 없는데, 가구의 구성이라든지 아동의 연령 등이 전혀 고려되지 않는 상태"라며 "핀란드 같은 북유럽, 영국·독일 등은 아동이 있는 가구에 대한 별도의 주거급여 산식이 있는 반면 한국은 단순히 가구원 수만 고려한다"고 지적했다.

최저주거기준과 적정주거기준도 재구성해야 한다. 송 교수에 따르면 아동 빈곤 가구를 방문해 보면 반지하, 옥탑은 기본이고 농어촌 지역에선 비닐하우스나 컨테이너, 움막에서도 아이들이 생활하고 있는데 아이들이 어디에서 자라는 것이 적정한지에 대한 기준 자체가 마련돼 있지 않은 실정이다. 주거기본법으로 법은 마련돼 있는데 아무런 움직임이 없는 상태인데 이런 것들이 기본적으로 되지 않는 한 특히 아동기 주거 불평등은 해결하기 어렵다.

송 교수는 "국내에선 주거상실 위기 가구에 대한 긴급복지제도도 대부분 1인 가구를 중심으로 디자인돼 있어 아동이 있는 가구가 주거상실 위기에 처해있을 때 실질적으로 도움받을 곳이 없다"고 우려했다.

건강 불평등과 관련해서도 초기 아동기 관리가 중요하다. 정혜주 교수는 "미숙아·저체중 발생률은 부모 학력에 따라 다르게 나타나는데, 두 가지가 겹치면 사망률이 15배 높아진다"며 "초기 아동기 사망 불평등은 생후 1달에서 만 5세까지 지속해서 증가한다"고 설명했다.

"태내 영양 결핍은 노년기 당뇨병 발생률에 영향을 미치고, 타고난 지적 능력이 소득수준에 따라 변화하기 때문에 굉장히 똑똑하게 태어난 아이들도 사회경제적 여건에 따라 시간이 흐르면서 달라진다. 초기 발달을 사람들은 그냥 타고난 영역이라고 생각하는데 굉장히 사회적인 영향을 많이 받는 영역이다. 아동기 방임을 포함해 6가지 이상의 위험한 환경에 노출돼 있으면 99%는 발달 장애가 일어난다는 보고서가 있다."

　정 교수는 "사실 생물학적인 부분은 우리가 어떻게 할 수 없는 부분이 많은데 사회적인 부분은 뭔가를 할 수 있으니 어떻게 보면 좋은 것"이라며 "그런데 한국에선 보육과 교육 부문에서만 이 시기를 다룰 뿐 만 2세 이하 초기 아동기 발달 건강 관리가 공백 상태로 남아있다"고 했다. 영유아 건강검진은 보통 엄마들이 체크하는데 문제는 발달 장애가 있는 아이들 대부분이 부모가 어떻게 해야 할지를 모른다는 점이다. 이에 대한 대응 서비스조차 구성 돼 있지 않아 가정에서 큰 부담에 시달리고 있다. 이런 요소가 장애로 연결되는 경우 의료비에 대한 보장이 전혀 안 돼 있어 의료비가 많이 들면 아이를 포기하는 경우도 발생한다.

　이런 점을 고려해 보편적 방문형 산모-영·유아 건강관리 사업 확대를 통한 위험 아동 조기 발굴 및 관리 발달 장애 아동 조기 개입을 위한 전문 서비스 구성 및 건강보험 급여화 등이 과제로 꼽혔다.

4. 지역 기반 복지 서비스 확대 통한 지역 일자리 창출

김안나 교수는 노인 돌봄에서 보이는 것처럼 사람들은 자기가 살고 있던 곳에서 사회 서비스를 받고 싶어 하는 만큼 사회 복지 서비스를 전문직으로 육성해 나가면서 지역사회를 기반으로 한 통합시스템을 만들자고 제안했다.

"지역 기반 통합 서비스를 구축해 일자리나 주거, 건강, 돌봄 등을 다 포함해 지역사회 안에서 해결할 수 있도록 하면 좋겠다. 우리 국민은 체감 복지가 매우 낮은데, 지역 기반 사회 서비스를 정착시키면 체감 복지를 극대화하고 여성 일자리나 취약계층의 일자리 문제도 같이 해결할 수 있다. 기존 사회 서비스들은 거의 민간 주도로 이뤄져 왔고 질적인 평가도 잘 돼 있지 않기 때문에 지역이 중심이 되는, 지역 내에서 역량을 강화하는 방향으로 사회 서비스를 갖춰나갈 필요가 있다."

송아영 교수도 "지방 분권이 차기 정부에서 중요한 어젠다가 될 것 같은데 현재 지방분권의 경우 예산 등이 사업 단위로 내려가다 보니 지자체의 권한이 별로 없다"며 "중앙정부에서 계획이 이뤄져 지방 상황에 맞게 진행되기 어렵다"고 했다. 이런 이유로 지방분권과 관련해 포괄적 예산, 재정 부분에 대한 이슈, 지방세와 중앙정부의 세금 비율을 바꾸는 것 등이 포럼 등에서 논의되고 있다.

5. '이대남' '이대녀' 젠더 갈등 원인과 해법은

이번 대선에선 20대를 중심으로 한 젠더 갈등이 선거 이슈로 불거졌다. 정혜주 교수는 20대 남녀 갈등에는 몇 가지 근본적인 사유가 있는 것 같다고 했다.

"우선 20대가 태어났을 시기에 여아 낙태가 가장 많이 나타났다. 이로 인해 90년대생들이 태어났을 때 남녀 성비 차이가 가장 컸다. 기술과 결합하면서 일어난 일인데 그 과정에서 생겨난 가부장적 특성이 드러난 면이 있는 것 같다. 또 다른 하나는 지금 청년들은 그 이전 세대보다 훨씬 못 살게 되는 첫 세대다. 그래서 지금 청년들이 겪고 있는 열패감과 무력감, 흙수저론이 대두하는 것 같다. 이 문제를 이야기하면서 20대 남성들은 거의 인정하지 않겠지만, 남성이 여성보다 사용할 수 있는 폭력적인 양식이 있기 때문에 20대 여성에게 투영되는 게 아닌가 싶다. 단순한 성별 갈등으로 보기에는 훨씬 더 사회적인 문제이다. 한편으로 일대일 짝을 만들기가 굉장히 어려운 세대이기도 하다. 남성들 안에서 경쟁이 격화되고 거기에서 소외되는 아이들의 문제도 생기는데, 이런 문제를 누구에게 이야기할 수 있나. 20대 여성은 여성 중에서도 가장 취약한 계층이다. 이들은 이런 문제를 해소할 대상이 없다. 20대 남성들은 '여성이 우리와 경쟁해서 힘든 것이다'라고 하지만 20대 여성은 그 대상이 없다. 그래서 엄청난 자살률로 문제가 드러나고 있다. 공격적인 방식으로 해소하는 게 아니라 자기의 문제로 받아들이고 무너지는 것이다."

6. 온라인 차별과 혐오 표현, 정부가 가이드라인 제공해야

공정이나 불평등 이슈와 맞물리면서 온라인에는 차별과 혐오 표현이 넘쳐난다. 임소연 숙명여대 인문학연구소 교수는 "젠더 갈등의 원인 중 하나는 디지털 기술의 문제"라며 "20대 남녀는 자기들끼리 소통하는 공간 자체가 온라인에서 분리돼 있고, 추천 알고리즘을 통해 편향이나 선호가 강화되다 보니 혐오와 편향이 증폭되는 현상이 생긴다"고 진단했다.

임 교수는 기술적인 개입을 할 필요가 있다고 했다. "메타버스 같은 것을 만들 때 젠더 갈등을 해소하고 서로 간의 소통을 촉진하면서 이상적으로 바라는 사회의 모습을 디지털 공간에서 구현해 낼 수도 있다. 지금은 문제가 안 일어나게 하려는 소극적인 방식인데, 디지털에서 우리가 어떤 사회를 원하는 것인지 등 더 전향적으로 가야 한다. 빅데이터, 인공지능, 메타버스 등과 관련해 업계에선 윤리적인 것을 만들고 싶지만 무엇이 편향이고 혐오인가에 대해 정부에서 최소한의 가이드라인을 만들어 주길

강하게 원하고 있다. 그래야 그걸 가지고 세부적으로 기술에 반영할 수 있기 때문이다. 차별금지법과 무관하게 개별 기업에 책임을 맡겨선 안 되고 선제적으로 정부가 가이드라인을 제공하는 게 필요하다."

송인한 교수는 지속 가능한 발전이라는 목표의 전제는 다음 세대가 누릴 행복을 해치지 않는 범위 안에서 우리 세대도 번영을 갖는 것이어야 한다고 강조했다. 젊은 세대들이 나중에 누려야 될 것을 이전 세대가 착취하는 구조 속에서 부족한 자원을 놓고 성별 간 갈등이 심화하는 모습인 만큼 세대 간 갈등 문제를 돌아보자는 제안이다.

송아영 교수는 "불평등과 차별이라는 것은 성별이든, 장애가 있든, 경제적 수준에 따라서든 본인의 능력을 충분히 발휘할 수 있는 장이 만들어지고 있는가가 중요하다"며 "이런 기회의 장을 보장해줄 수 있는 제도나 장치를 잘 마련해야 한다"고 했다. 특히 함께 하는 교육을 받은 적도 없고 나와 다른 사람과 의사소통을 하거나 의견을 공감할 것인지에 대해 교육받은 경험도 없는 만큼 이런 기회를 교육 과정에서 제공해야 한다. 송인한 교수에 따르면 덴마크에선 11년 공교육 기간 동안 공감에 대한 훈련이 있어서 어렸을 때부터 내가 이런 얘기를 하면 상대방은 어떻게 이해할까, 내가 이런 행동을 하면 상대방은 어떻게 느낄까를 체계적인 교육을 통해 학습하고 있다.

7. 부처 통합 관할할 '평등과 다양성 위원회' 설치
모든 정책에 통합사회영향평가 도입

자문위원들은 부처별 통합과 협업이 안 돼 예산만 낭비되고 효과는 떨어진다고 지적했다. 가령 취약계층 주거 공급은 국토부가 맡고 사회복지는 복지부 담당이라 통합 협업이 중요한데 전혀 이뤄지지 않는다는 것이다.

이 같은 비효율을 막기 위해 부처를 초월해 불평등과 다양성 이슈를 추진할 주체로서 '평등과 다양성 위원회'를 대통령 직속이나 국무총리 산하에 설치할 것을 권고했다. 위원회는 불평등을 만들어내는 기저를 핵심 과제로 삼고 다부문적인 협력을 이끌어야 한다. 또 모든 정책에서 불평등이나 차별, 환경 등에 미치는 영향을 종합 점검하는 '통합사회영향평가'를 도입하자고 제안했다.

정혜주 고려대 보건정책관리학부 교수의 설명이다. "런던시가 2021년 뉴 런던플랜을 확정했는데 거기에 통합영향평가라는 부분이 있다. 국내에선 현재 정책 관련해선 예비 타당성 조사와 환경영향평가를 하고 있는데, 사회적 영향평가가 따로 안 되고 있어서 그런 부분들이 통합적으로 될 필요가 있다. 모든 사회적인 결과가 건강으로 나타나기 때문에 보건 쪽에서는 사회적 결정요인 위원회 같은 얘기를 많이 해왔다. 사회적인 영향이나 사회적 불평등을 모니터링하고 측정할 수 있는 통합적인 위원회가 필요하다. 런던 플랜은 모든 정책을 건강영향평가, 젠더 평등, 환경영향평가, 지역사회 안전 등 4가지 지표로 평가하게 돼 있다. 국내에서도 정책을 마련할 때 불평등과 빈곤, 차별 등의 부분에 대한 영향평가가 이뤄져야 한다."

이런 통합평가를 위해 새 정부에서는 대통령 직속이든 국무총리 산하든 위원회로 만드는 방안을 자문위원들에게 권고했다. 송아영 교수 역시 각 부처가 자신들의 정책만 신경 쓰면서 시너지가 일어나지 않는 현실을 바꿔야 한다고 말했다. "한국사회의 불평등을 다루는 과정에서 여러 정부가 다양한 정책을 시도하기도 했고 노력이 아예 없었던 것은 아니다. 하지만 이게 한 부처에서 담당할 수 있는 게 아니다. 국가 어젠다를 정하고 끌고 나가는 데 있어서 가장 중요한 것인 부처 간 통합이고 협력이다. 그런데 그게 제일 안 된다."

주거 부분만 봐도 취약계층을 다루는데 주거 자원은 국토교통부이다 보니 사회복지적 마인드가 없다는 것이다. 취약계층과 관련해선 보건복지부 등 다른 부처와 협력해야 하는데 이게 이뤄지지 않는다. 결국 정책은 만들어지지만 다른 부처에서 무슨 일이 일어나고 있는지 전혀 몰라 제대로 효과가 나지 않게 된다. 김안나 교수는 "차별을 금지하자는 데에서 나아가 이제는 사회통합청이나 사회통합위원회를 두고 어젠다를 마련하고 정책을 제안, 평가하고 재제 영역까지 갈 수 있는 더 적극적인 사회 시스템을 구축하자"고 제안했다.

과학기술 분야에서 나타나고 있는 불평등 역시 통합적인 대응이 필요하다. 임소연 교수는 디지털 기술에 대한 접근성과 이용 부분에서도 이미 젠더 격차, 연령 격차, 소득 격차에 따른 불평등이 발생하고 있다고 우려했다. "과학기술 분야는 과학기술정보통신부가 주관하는데 놀라울 정도로 불평등에 대한 관점이 없다. 특히 젠더적인 관점은 많이 부족하다. 정부에서 인공지능 국가전략을 발표하기도 했는데 두루뭉술하게 윤리적인 것을 추구하는 것처럼 하지만 구체적인 내용이 없다. 인공지능이나 메타버스 같은 과학기술이 기존 불평등을 증폭시키기도 한다. 경제발전의 도구로 많은 예산을 받는 과학기술 분야에서는 불평등 문제에 신경을 쓰기보다 어떻게 하면 빨리 개발해 돈을 더 많이 벌 수 있을지에 집중한다. 이제는 경제발전을 위한 과학기술이 아니라 성숙한 사회를 위한, 평등을 위한 포용적 기술이란 개념도 나오고 있는 만큼 디지털 기술, 인공지능, ICT 같은 분야에서 불평등에 대한 많은 고려가 필요하다."

홍영표 미국 조지아대 사회복지학과 교수는 "'모두 함께 잘 사는 사회'를 비전으로 삼자"며 "흔히 말하는 기득권층도 소외 계층으로 빠져나가 사회통합에 참여하지 못하면 그들이 가진 자본을 사회에 투자하지 않게 되는 문제가 생긴다"고 말했다.

홍 교수는 또 비인지적 영역에서도 불평등이 존재한다는 점에 주목했다. "윤리나 성공 의지를 키우는 과정이 가정교육이나 사회적 네트워크, 학군을 통해 이뤄진다. 자신의 위기 요소를 발전하는 쪽으로 전환하는 능력이 중요한데, 불평등을 줄이려는 사회 정책과 개인 역량 강화가 공교육을 통해 이뤄질 때 효과가 극대화할 수 있다."

5

감염병대응분과

팬데믹 대응 공공의료론 한계,
민간 공조 체계 만들자

12일 서울 송파구 보건소 선별진료소에서 시민들이 코로나19 검사를 받기 위해 기다리는 가운데 방호복을 입은 의료진이 걷고 있다.　[연합뉴스]

국내 첫 신종 코로나바이러스 감염증(코로나19) 확진자가 나온 이후 1년 9개월이 지났다. 백신 접종이 이뤄지고 경구용 치료제가 등장하면서, 인류는 길고도 잔혹했던 코로나19와의 전쟁이 곧 끝날 거란 희망을 갖게 됐다.

코로나19는 대한민국이 21세기 들어 만난 네 번째 신종 감염병이다. 앞서 2003년 사스(SARS·중증급성호흡기증후군), 2009년 신종플루, 2015년 메르스(MERS·중동호흡기증후군)가 있었다. 전문가들은 코로나19와의 공존(with corona)을 이룬다 해도 앞으로 5~10년 이내 새로운 감염병이 들이닥칠 것이라고 경고한다. 머지않아 또 다른 팬데믹을 맞닥뜨릴 때를 대비해 우리는 어떤 준비를 해야 할까. 국내 최고의 감염병·방역 전문가들로 구성된 리셋코리아 감염병 대응분과 위원 6인의 진단을 들어봤다.

대한민국 보건의료 청사진 그려야

리셋코리아 자문위원들은 "현재 정부의 보건의료 거버넌스는 신종 감염병 대응에 한계가 있다"고 한목소리로 말했다. 전병율 차의학전문대학원 예방의학교실 교수(리셋코리아 감염병분과 위원장)는 "코로나19 와중에 질병관리청이 만들어졌지만 질병청은 아주 제한적인 부분만 다룰 수 있어서 보건의료를 전문화해서 다루는 정부 조직이 만들어져야 한다"고 주장했다. 전 교수는 "전체 보건의료 분야를 총괄하는 조직이 있어야 감염병 등 재난 사태에 중앙 정부 전체가 참여하는 정책을 마련할 수 있다"고 주장했다. 그는 "보건부를 만들

어 그 안에서 보건의료 전체에 대한 청사진을 만들고, 국가의 모든 자원을 관리하고, 질병청과 광역·기초지방자치단체까지 다 함께 어우러지는 정부 조직이 돼야 한다"라고 설명했다.

이혁민 세브란스병원 진단검사의학과 교수는 "코로나19가 사회 전반에 미치는 영향을 계산하고 시뮬레이션해서 정책 방향을 정해야 하는데 질병청에는 그런 자원이나 능력이 없다"고 진단했다. 방

질병청은 역부족, 보건부 신설해야
과학적 근거 둔 방역 의사결정 필요
대통령 직속 자문위원회 상설화를
백신구매 땐 공무원에 면책권 줘야

역과 사회경제 여파를 큰 그림에서 조망하고 정책 방향을 결정할 수 있을 만큼 질병청 조직을 강화해야 한다는 얘기다.

정재훈 가천대길병원 예방의학과 교수도 "감염병 정책에서 거버넌스를 잘 잡아주는 것이 필요하다"라는 의견을 제시했다. 정 교수는 "앞으로 신종 감염병 위기가 생겼을 때 위기 대응하는 컨트롤타워, 거버넌스가 어떻게 구성이 되고, 누가 최종적인 책임을 지고, 거시적인 정책 판단이 틀렸을 때 책임질 수 있는 주체가 누구인지 명시돼야 한다"고 말했다.

건강·보건·과학 분야 최고위원회

코로나19와 같은 국가 재난 상황 속

에서 정부와 대통령에 상시 조언할 수 있는 전문가 중심의 공식적인 자문위원회가 절실하다는 제언도 나왔다. 전병율 교수는 "현재 청와대에서 대통령에 전문적인 조언을 해주는 사람이 전혀 눈에 띄지 않는다"며 "질병청이 있고 각각의 학회가 있지만 과연 그들의 목소리가 지속적으로 대통령에게 전달되는지 의문이다"고 지적했다. 전 교수는 "이런 국가 재난 상황 속에서 대통령에게 상시 조언해줄 수 있는 전문가 중심의 자문위원회가 필요하다"라며 "그 자문위원회는 보건의료 재난에 대해 사견을 배제하고 전문적인 내용을 전달할 수 있어야 한다"고 말했다.

최재욱 고려대의대 예방의학교실 교수는 "과학적 근거가 불충분한 불확실성 위험에 대응하는 것은 현행 의사결정 체계로는 한계가 명확하게 드러났다"며 "감염병을 포함한 건강·보건·과학 분야의 최고 위원회를 국가과학기술위원회처럼 대통령 신하 직속기구로 만들어 과학적 근거에 기반을 둔 의사결정기구를 제도화해야 한다"라고 제언했다.

공공의료만으론 전염병 감당 못해

김윤 서울대의대 예방의학교실 교수는 지난 1~4차 대유행 때 드러난 우리나라 감염병 진료 체계의 문제를 지적했다. 김 교수는 "1차 유행 때 대구 신천지발 집단감염으로 병원에 못 가는 확진자 수가 1300명이 넘어가는 상황이었는데, 당시 대구 지역의 병원 상황을 보면 피크(정점)때 병상가동률은 25.4%로 사실상 병상이 비어 있었고, 중환자실은

절반이 비어 있었다"고 설명했다.

그는 "병상이 부족했던 것이 아니고 정부가 비어 있는 (민간) 병상을 동원할 능력이 없었고, 병원들도 병상을 안 내줬던 것"이라며 "그렇게 되니까 대부분의 공공병원이 코로나 환자를 진료하는 상황이 벌어지고 인공호흡기나 고농도 산소요법을 필요로 하는 중증 환자의 55%가 일반 병동에서 부적절한 치료를 받게 됐다"라고 주장했다.

김 교수는 "감염병 진료 영역에서 민간과 공공을 다 아우르는 체계가 있어야 한다. 선진국은 확진자가 많이 발생하면 공공과 민간을 가리지 않고 함께 환자를 진료할 수 있는 체계를 갖추고 있다"라고 말했다.

정두련 삼성서울병원 감염내과 교수는 "공공의료만 강화해서는 이런 대규모의 감염병 국가 재난을 감당할 수 없다는 것을 이번에 확실히 알았고, 따라서 민간의료와의 협력이 필요하다"라며 김 교수 주장에 공감했다. 그는 "감염병 위기 상황에서 민간과 공공의 협력을 통해서 민간을 감염병 위기 대응에 얼마나 끌어들일 수 있을지 사전에 법제화하는 과정이 필요하다"고 말했다.

최재욱 교수는 "코로나19 감염병 확산에 대한 두려움과 사회적 거리두기로 동네의원, 즉 1차 의료체계의 약화를 초래했다. 감염병뿐만 아니라 필수 의료를 담당하는 동네의원·종합병원을 이우르는 국가의료 전달 체계의 종합적인 개편이 시급하다"고 지적했다.

감사원 의식해 결정 미루는 공무원

김윤 교수는 감사원의 감사가 감염병과 같은 위기상황, 불확실성이 큰 상황에서도 통상적인 상황과 다름없이 이뤄지는 건 문제라고 꼬집었다. 그는 대표적인 사례로 '백신 도입'을 들었다. 김 교수는 "2020년 9월 15일 정부 브리핑에서 '많은 국가가 이미 백신 선 구매 계약을 체결했는데 한국은 너무 늦은 것 아니냐'는 질문에 정부는 '선 구매 계약은 해당 백신의 안전성이 입증되지 않으면 날리는 돈이 된다. 전문가 평가를 통해 안전성·유효성을 충분히 검토한 뒤 구매계약을 체결하겠다'고 답변했다. 그런데 사실 지난해 8월 말에 이미 선진국들은 전 국민에게 백신을 접종할 수 있는 20억 회분의 백신 구매계약을 마친 상태였다"고 말했다.

김 교수는 "우리나라 정부는 11월 말 감사원으로부터 '(백신 계약에 대한 책임을) 면책한다'는 회신을 받은 후에 백신 구매계약을 체결했다"고 설명했다. 그러면서 "이런 일이 벌어진 이유는 2009년 신종플루 때의 기억 때문이다. 당시 질병관리본부장이 직접 백신을 확보하러 미국에 다녀 왔는데 이렇게 확보한 백신이 나중에 남게 됐고, 감사원이 이 일을 문제 삼았다"고 말했다. 김 교수는 "공무원들을 소극적으로 만든 중요한 원인이 현재 감사원의 감사 체계이고, 그 결과 백신 구매가 늦어지는 문제가 발생한 것"이라며 "감사와 관련, 방역이나 재난과 같은 위기 상황에서 공무원의 정책 결정에 대한 면책조항이나 예외를 인정하는 것이 제도화돼야 한다"고 제언했다.

이혁민 교수는 "코로나19가 끝나면 가장 문제가 될 것이 항생제 내성"이라고 경고했다. 이 교수는 "항생제 내성에 대해서 길게는 20년 전부터 짧게는 5년 전부터 여러 얘기가 나왔었지만 지금 개선되는 것이 전혀 눈에 보이지 않고 있다. 지속적인 노력은 하고 있는데 눈에 확 보이는 개선은 없는 상황"이라고 진단했다. 그는 "그 이유 중 거버넌스 문제가 제일 크다"며 "최근 들어서 질병청 내에 '항생제내성관리과'가 생기긴 했지만, 질병청의 한 과에서 할 수 있는 일은 아니다. 훨씬 더 복합적인 접근을 해야만 해결되는 문제"라고 말했다.

백신 개발은 국가 안보의 문제

정두련 교수는 "과연 그다음에 뭐가 또 올 것인가 생각해보면 조류 인플루엔자처럼 치명률이 60% 넘는 가장 안 좋은 팬데믹이 오지는 않을지 생각해할 것"이라고 경계했다. 정 교수는 "그러면 2009년 신종 인플루엔자 때와 같이 과연 항바이러스제를 우리가 비축하고 있는지가 문제가 될 수 있다"고 지적했다. 그는 "지금 코로나19와 똑같은 상황만 대처할 것이 아니라 그동안 경험했던 여러 가지 감염병 위기 상황을 잘 대처할 수 있는 다방면의 개선이 필요할 것 같다. 이번에 다양한 신기술의 백신이 중요하다는 것을 알게 되었다. 신기술 백신 개발 역량이 무엇보다도 시급하다고 생각한다. 여러 가지 인플루엔자를 포함한 항바이러스제의 확보와 백신 개발 역량이 필요하다"고 지적했다.

정재훈 교수는 "백신·치료제나 진단검사 개발하는 능력은 사실상 국방의 개념에 가깝다고 본다. 국산 백신을 개발하고 보급할 수 있는 국가가 빠르게 접종하고, 빠르게 경제적으로 회복할 수 있는 것을 보면, 의학이나 과학의 영역을 넘어서서 국가 안보와 직결된 것들이 백신과 진단검사, 치료제 개발이다. 그러한 개발 능력을 경제성이 없더라도 정부가 장기적으로 육성해야 한다"고 강조했다.

정리=이에스더 기자, 배정원 인턴기자
etoile@joongang.co.kr

2 감염병대응분과 제언-제2, 제3의 코로나

감염병분과 위원들의 제언

전병율 차의학전문대학원 예방의학교실 교수, 감염병분과 위원장
"보건부를 신설해야. 그 안에서 보건의료 전체에 대한 청사진을 만들게 해야"

김윤 서울대의대 예방의학교실 교수
"감염병 등 위기 상황에서 공무원 정책 결정에 대한 면책조항이나 예외 인정해야"

이혁민 세브란스병원 진단검사의학과 교수
"코로나19가 끝나면 가장 문제가 될 항생제 내성 문제, 범정부적인 대책 마련해야"

정두련 삼성서울병원 감염내과 교수
"신기술의 백신 개발 역량과 항바이러스제 확보가 무엇보다 시급"

정재훈 가천대길병원 예방의학교실 교수
"백신·치료제나 진단검사 개발하는 능력은 국가 안보와 직결, 장기적으로 육성해야"

최재욱 고려대의대 예방의학교실 교수
"감염병을 포함한 건강, 보건, 과학 분야 최고 위원회를 대통령산하 직속기구로 만들어야"

국내 첫 신종 코로나바이러스 감염증(코로나19) 확진자가 나온 이후 1년 9개월이 지났다. 백신 접종이 이뤄지고 경구용 치료제가 등장하면서, 인류는 길고도 잔혹했던 코로나19와의 전쟁이 곧 끝날 거란 희망을 갖게 됐다. 코로나19는 대한민국이 21세기 들어 만난 네 번째 신종 감염병이다. 앞서 2003년 사스(SARS·중증급성호흡기증후군), 2009년 신종플루, 2015년 메르스(MERS·중동호흡기증후군)가 있었다. 전문가들은 코로나19와의 공존(with corona)을 이룬다 해도 앞으로 5~10년 이내 새로운 감염병이 들이닥칠 것이라고 경고한다. 머지않아 또 다른 팬데믹을 맞닥뜨릴 때를 대비해 우리는 어떤 준비를 해야 할까. 국내 최고의 감염병·방역 전문가들로 구성된 리셋코리아 감염병대응분과 위원 6인의 진단을 들어봤다.

1. 보건부를 만들어 대한민국 보건의료 청사진 그려야

리셋코리아 자문위원들은 "현재 정부의 보건의료 거버넌스는 신종 감염병 대응에 한계가 있다"고 한 목소리로 말했다. 전병율 차의학전문대학원 예방의학교실 교수(리셋코리아 감염병분과 위원장)는 "코로나19 와중 질병관리청이 만들어졌지만 질병청은 아주 제한적인 부분만 다룰 수 있다"라며 "보건의료를 전문화해서 다루는 정부 조직이 만들어져야 한다"라고 주장했다. 전 교수는 "전체 보건의료 분야를 총괄하는 조직이 있어야 중앙 정부 전체를 아우르는 감염병 등 보건의료 분야 국가 정책 마련이 가능하다"라고 설명했다. 이를 위해 그는 "보건부를 만들어 그 안에서 보건의료 전체에 대한 청사진을 만들고, 국가의 모든 자원을 관리하고, 질병청과 광역·기초지방자치단체까지 다 함께 어우러지는 정부 조직이 돼야 한다"라고 제언했다.

이혁민 세브란스병원 진단검사의학과 교수는 "질병청이 최근 (질병관리본부에서 청으로) 승격됐지만 한 번 더 승격되거나, 최소한 기능이 강화돼야 한다"라고 지적했다. 이 교수는 "코로나19 초기 질병청의 업무가 방역이나 의료 자원 분배였지만 점차 바뀌었다"라며 "코로나19가 사회 전반에 미치는 영향을 계산하고 시뮬레이션해서 정책 방향을 정해야 하는데 질병청에는 그런 자원이나 능력이 없다"라고 말했다. 방역과 사회경제 여파를 큰 그림에서 조망하고 정책 방향을 결정할 수 있을 만큼 질병청 조직을 강화시켜야 한다는 얘기다.

정재훈 가천대길병원 예방의학과 교수도 "감염병 정책에서 거버넌스를 잘 잡아주는 것이 필요하다"라는 의견을 제시했다. 정 교수는 "앞으로 신종 감염병 위기가 생겼을 때 위기 대응하는 컨트롤타워, 거버넌스가 어떻게 구성이 되고, 누가 최종적인 책임을 지고, 거시적인 정책 판단이 틀렸을 때 책임질 수 있는 주체가 누구인지 명시돼야 한다"라고 말했다. 정 교수는 "예를 들어 백신 도입이 늦게 되었거나 접종하는 과정에서 문제가 생겼다면, 이런 것들이 실무 관료나 기술 관료의 문제는 아니라고 생각한다"라며 "그보다 윗선에서 책임질 건 책임지고 방향을 제시해야 한다"라고 지적했다. 보건부 독립만으로 해결될 수 있는 문제가 아니라는 의견도 나왔다. 김윤 서울대의대 의료관리학교실 교수는 "정부 조직 내에서 권한과 책임의 인플레이션(상향) 경향이 생기면서 산하 조직의 역량이 약화됐다"는 진단을 내렸다. 김 교수는 "중앙 부처가 가지고 있어야 하는 권한을 기재부가 가지고 있고, 기재부나 행안부가 가져야 할 권한을 청와대가 가지고 있고, 산하기관이 가지고 있어야 하는 권한을 중앙부처가 가지는 식이다"라고 말했다. 그는 "(정부 조직의)권한과 책임의 정상화, 그리고 그 안에서 전문가들이 성장할 수 있는 구조를 만들어 주는 게 보건부 독립 등 조직 변화와 함께 담보돼야 하는 중요한 부분이라고 생각한다"라고 덧붙였다.

질병청에 조직 규모나 역량에 비해 너무 과도하게 많은 업무가 집중된다는 문제 의식도 있었다. 정재훈 교수는 "질병관리청이 청으로 승격된 지 얼마 되지도 않았고, 생각보다 조직이 그렇게 크지도 않은데 과도한 업무를 질병청 한곳의 몇몇 사람들이 짊어지고 있는 것이 아닌가 하는 문제의식이 강하게 있다"라고 말했다. 그는 "예를 들어서, 대부분의 다른 나라를 보면 방역 정책과 백신 접종 정책이 같은 부처에서 일어나는 경우가 거의 없다. 그래서 백신의 공급이나 확보 전략에 있어서는 방역 부서와 분리될 필요가 있는데 우리나라에서는 하나로 붙어 있다. 그러다 보니 질병청에서 감염병을 감시하고, 역학 조사하는 사람들이 이상반응 조사도 하는 것이고, 이상반응 조사를 하는 사람들이 백신 도입 계획도 해야 된다"라고 말했다. 정 교수는 "정은경 청장을 비롯한 몇몇 국·과장들이 거의 모든 일을 전담하다시피 하고 있다"라며 "우리나라 정도의 국력이라면 조금 더 많은 사람들이 여유 있게 할 수 있는 일이라고 생각한다. 이렇게 몇몇 사람들이 지속적으로 일을 하게 되면, 아무래도 지속성이 떨어질 것"이라고 우려했다.

2. 대통령에 상시 조언할 수 있는 전문가 자문위원회

코로나19와 같은 국가 재난 상황 속에서 정부와 대통령에 상시 조언할 수 있는 전문가 중심의 공식적인 자문위원회가 절실하다는 제언도 나왔다.

전병율 교수는 "현재 청와대에서 대통령에 전문적인 조언을 해주는 사람이 전혀 눈에 띄지 않는다"라며 "질병청이 있고 각각의 학회가 있지만 과연 그들의 목소리가 지속적으로 대통령에게 전달이 되는지 의문이다"라고 지적했다. 전 교수는 "이런 국가 재난 상황 속에서 대통령에게 상시 조언해줄 수 있는 전문가 중심의 자문위원회가 반드시 필요하다"라며 "그 자문위원회는 보건의료의 재난에 대해 사견을 배제하고 전문적인 내용을 전달할 수 있어야 한다"라고 말했다.

정두련 삼성서울병원 감염내과 교수는 "감염병 전문가의 의견을 투명하게 받아들여서 정책 결정에 활용할 수 있는 시스템이 더 체계화돼야 한다"라고 제언했다. 그는 "감염병 대응 관련 정책 결정을 할 때 전문가의 의견을 경청하고, 공식적인 자문위원회를 통해 받아들일 수 있는 시스템이 필요하다"라고 말했다. 그는 "전문가의 의견을 1순위로 정책 결정에 반영할 수 있는 것은 아닌 만큼 우선순위에 따라서 각 분야 의견을 경청하고 정책을 결정할 수 있어야 한다"라고 덧붙였다.

김윤 교수는 "영국의 SAGE(세이지·과학자문그룹)는 객관적인 분석에 기반한 사회적 합의를 도출할 수 있는 논의 구조를 통해 국가의 대응 전략을 수립한다"라며 "우리나라에도 이런 조직이 있어야 한다"라고 동조했다.

정재훈 교수는 "과학적으로 근거 기반의 의사결정을 하기 위해서 많은 전문가들이 노력을 하고 있다"라며 "근거 기반의 전문가 의견을 존중할 수 있는, 정책 판단에서 전문가 의견이 들어갈 수 있는 구조를 확립하는 것이 중요하다"라고 말했다. 그러면서 "미국에 국가과학위원회가 있고, 영국에는 왕립자문기구가 있는데 그런 자문기구를 방역이나 감염병, 과학 전반에 유지할 필요가 있다"라고 말했다.

최재욱 교수는 "과학적 근거가 불충분한 불확실성 위험에 대응하는 것은 현행 의사결정체계로는 한계가 명확하게 드러났다"며 감염병을 포함한 건강, 보건, 과학 분야의 최고 위원회를 "국가과학기술위원회처럼 대통령 산하 직속기구로 만들어 과학적 근거에 기반한 의사결정기구를 제도화하여야 한다"라고 말했다.

3. 민간·공공 병원을 아우르는 진료 체계

김윤 교수는 지난 1~4차 대유행 때 드러난 우리나라 감염병 진료 체계의 문제를 지적했다. 김 교수는 "1차 유행 때 대구 신천지발 집단감염으로 병원에 못가는 확진자 수가 1,300명이 넘어가는 상황이었는데, 당시 대구 지역의 병원 상황을 보면 피크(정점) 때 병상가동률은 25.4%로 사실상 병상이 비어 있었고, 중환자실은 절반이 비어 있었다"라고 말했다. 그는 "병상이 부족했던 것이 아니고 정부가 비어 있는 (민간) 병상을 동원할 능력이 없었고, 병원들도 병상을 안내줬던 것"이라며 "그렇게 되니까 대부분의 공공병원이 코로나 환자를 진료하는 상황이 벌어지고 인공호흡기나 고농도 산소요법을 필요로 하는 중증 환자의 55%가 일반 병동에서 부적절한 치료를 받게 됐다"라고 설명했다.

2020년 말부터 2021년 초까지 이어진 3차 대유행 때 갑자기 치명률이 2.8%까지 올라간 원인에 대해서도 언급했다. 김 교수는 "당시 환자들이 치료를 받지 못하고 대기하다가 사망했다. '병상이 부족하면 민간 병원을 동원해야 하지 않느냐'고 질문했더니 정부 당국자는 '극단적인 계획을 벌써 검토할 상황은 아니다. 수도권은 아직 안정적인 상황을 유지하고 있다'고 답변했다"라고 전했다. 김 교수는 "당시 서울과 경기도에서 병상을 배정받지 못하고 집과 요양병원에서 대기하던 환자 4명이 사망했고, 경기도에서는 251명의 환자가 입원을 못하고 있던 상황이었다"라며 "그리고 나서 사흘 뒤에 정부가 상급종합병원을 대상으로 1%의 병상을 동원하는 행정명령을 내렸다. 사흘 앞을 내다보지 못한 정부인 것"이라고 꼬집었다.

김 교수는 "감염병 진료 체계에 있어 민간과 공공을 다 아우르는 체계가 있어야 한다. 선진국은 확진자가 많이 발생하면 공공과 민간을 가리지 않고 함께 환자를 진료할 수 있는 체계를 갖추고 있다"라고 말했다. 그는 "권역 감염병전문병원이나 공공병원만으로 모든 환자를 감당할 수 없다는 걸 코로나19 사태로 알게 됐다. 중앙감염병전문병원이나 권역별 감염병전문병원을 세우더라도, 감염병 센터를 지정하고 이런 센터들이 중증도 환자가 생겼을 때 적절한 시점에서 환자 진료를 참여하는 시스템이 마련돼야 한다"라고 설명했다. 김 교수는 "지금처럼 몇 개 병원을 지정해 놓고 병상을 고정으로 확보해 놓는 방식은 대단히 비효율적"이라며 "지금 발생하는 확진자 규모를 기준으로 일주일 후 환자가 몇 명 생길지 충분히 예측할 수 있으니, 일주일 전 민간 병원에 이를 알려 비응급환자 입원을 줄이게 하고 병상을 확보하는 시스템을 갖춰야 한다"라고 대안을 제시했다.

정두련 교수는 "공공의료만 강화해서는 이런 대규모의 감염병 국가 재난을 감당할 수 없다는 것을 이번에 확실히 알았고 따라서 민간의료와의 협력이 필요하다"라며 김 교수 주장에 공감했다. 그는 "감염병 위기 상황에서 민간과 공공의 협력을 통해서 민간을 감염병 위기 대응에 얼마나 끌어들일 수 있을지 사전에 법제화하는 과정이 필요하다"라고 말했다.

정 교수는 대선 공약으로 자주 거론되는 감염병 전문 병원에 대해서도 설립 자체보다는 내실을 키워야 한다는 입장이다. 그는 "감염병 전문 병원의 숫자도 중요하지만 현실적으로 우리나라에서 감염병 전문 병원으로 지정이 된 병원들이 평상시에는 어떤 역할을 할 것이며, 감염병 위기 대응이 필요할 때 어떤 식으로 전환이 될지 시스템을 만들어야 한다"라고 말했다. 이어 "공공 의료만으로 감염병 전문 병원이 감염병 위기 상황에서 제대로 대응할 수 있을 것이냐를 보면 현재는 안 되고 있다. 결국 민간 병원들, 민간 의료인들과 협력이 이루어져야 하는데, 너무 전시처럼 이루어지는 이 시스템이 민간 의료 입장에서는 너무 강제적이고 사전에 예측하기 힘든 상황에 힘이 든다. 사전에 여러 시나리오에 대비해서 이런 상황이 있을 때 국가와 민간 의료 사이에 어떤 협력이 필요하다는 것들이 사전에 약속이 되어 있고, 매뉴얼에 따라서 돌아가면 민간병원에서 민간 전문 인력도 좀 더 쉽게 협력할 수 있을 것이라고 생각한다"라고 제안했다.

또 정 교수는 "공공의료의 경우에는 사실 코로나 환자를 치료할 수 있는 병상이 있는데도 불구하고 인력이 지치고 자꾸 떠나고, 그러다 보니 (환자를) 입원시키지 못하는 어려움도 있다"라며 "결국은 공공의료와 민간의료 간의 격차를 줄이는 것도 중장기적으로 풀어야 할 난제 중 하나"라고 지적했다.

최재욱 교수는 "코로나19 감염병 확산에 대한 두려움과 사회적 거리두기 강화로 동네의원, 즉 소아청소년과, 내과, 이비인후과 등 1차 의료 체계의 약화를 초래했다. 감염병뿐만 아니라 필수 의료를 담당하는 동네의원, 종합병원을 아우르는 국가의료전달체계의 종합적인 개편이 필요하다"라고 지적했다.

4. 지자체의 감염병 대응역량 키워야

김윤 교수는 "질병청 산하에 권역 질병관리본부가 있어야 한다. 또 지역 보건소의 감염병 관리 역량이 강화돼야 한다"라고 말했다. 김 교수는 "코로나19 사태를 거치면서 복지부와 질병청의 조직은 강화됐지만 지방 조직은 강화되지 않은 건 큰 문제"라며 "최근에 나타나는 보건소 직원들의 높은 이직률, 사망(과로사), 역학조사 실패 등이 그런 문제를 보여준다"라고 지적했다.

2020년 코로나19 사태 이후 보건복지부는 복수 차관제가 도입돼 보건 분야만 담당하는 2차관이 임명됐다. 질병청은 질병관리본부에서 청으로 승격됐다. 이에 따라 인사와 예산안 편성을 직접하게 됐다. 김 교수는 "지방 조직인 시·도 질병관리본부가 강화돼야 시·도의 대응역량이 강화된다"라고 강조했다. 그는 "보건소에는 감염병관리센터를 설치해야 한다"라며 "진단검사, 역학조사 등의 관리 역할을 하는데 필요한 인력이 전국적으로 약 1,800명 정도 된다고 (정부에) 제안했는데 실제로 충원된 인력은 200명 정도 였다"라고 말했다.

5. 감사 두려워 '백신 도입' 적극적으로 못하는 공무원

김윤 교수는 감사원의 감사가 감염병과 같은 위기상황, 많은 불확실성이 있는 상황에서도 통상적인 상황과 다름없이 이뤄지는 건 문제라고 꼬집었다. 그는 대표적인 예시로 '백신 도입'을 들었다. 김 교수는 "2020년 9

월 15일 정부 브리핑에서 '많은 국가들이 이미 백신 선구매 계약을 체결했는데 한국은 너무 늦은 것 아니냐'는 질문에 정부는 '선구매 계약은 해당 백신의 안전성이 입증되지 않으면 날리는 돈이 된다. 전문가 평가를 통해 안전성, 유효성을 충분히 검토한 뒤 구매계약을 체결하겠다'고 답변했다. 그런데 사실 8월 말에 이미 선진국들은 전 국민에게 백신을 접종할 수 있는 20억 회분의 백신 구매계약을 마친 상태였다"라고 말했다.

2020년 9월 15일 복지부는 '코로나19 백신 도입방안' 보도자료를 냈다. 당시 복지부는 "세계 각국이 선구매 계약을 맺는 상황에서 한국이 늦고 있는 건 아니냐"는 질문에 정부는 백신 종류가 다양하기 때문에 종류별로 협상을 진행하고 있다면서도, 선구매 계약은 신중하게 진행하겠다는 입장이었다. 복지부 관계자는 기자단 설명회에서 "얼마 전에도 아스트라제네카의 임상시험이 중단되기도 했다. 아직 백신의 안전성, 유효성이 완전히 확보되지 않았기 때문"이라며 "서둘러 선구매 계약을 하면 우를 범할 수 있는 만큼 전문가 평가를 통해 안전성, 유효성을 충분히 검토한 뒤 구매 계약을 체결하겠다"고 설명했다. 미국, 영국, 유럽연합(EU), 캐나다 등이 앞다퉈 백신 선구매 계약을 맺은 상태였다.

김 교수는 "우리나라 정부는 11월 말 감사원으로부터 '(백신 계약에 대한 책임을)면책한다'는 회신을 받은 후에 백신 구매계약을 체결했다"라고 설명했다. 그러면서 "이런 일이 벌어진 이유는 2009년 신종플루때의 기억 때문이다. 당시 질병관리본부장이 직접 백신을 확보하러 미국에 다녀왔는데 이렇게 확보한 백신이 나중에 남았고, 감사원이 이 일을 문제 삼았다"라고 말했다. 김 교수는 "공무원들을 소극적으로 만든 중요한 원인이 현재 감사원의 감사체계이고, 그 결과 백신 구매가 늦어지는 문제가 발생한 것"이라며 "감사와 관련, 방역이나 재난과 같은 위기 상황에서 공무원의 정책결정에 대한 면책조항이나 예외를 인정하는 것이 제도화돼야 한다"라고 제언했다.

이에 대해 최재욱 교수는 "전적으로 동감한다"라며 "감염병 예방이라는 행정적 업무, 정책적 업무에서 근무하고 계신 모든 이들, 공무원뿐만 아니라 민간분야도 똑같다. 사고가 나기 전에는 '왜 이걸 해야 하느냐'고 감사원의 지적을 받거나 안 좋은 평가를 받기도 한다. 그런데 막상 사고가 나면 '왜 미리 대비를 하지 않았느냐'고 질책을 받는다"라고 진단했다. 최 교수는 "근본적으로 감사원에서 감사를 하는 방식과 절차와 기준에 대한 보완책이 정말 필요하다고 생각한다. 정부 조직법상의 모든 부처에서 예방 직렬이라고 할 수 있는 업무를 규정하고 예방 직렬에 종사하거나 근무하는 사람들의 신분 보장과 업무 평가 기준, 감사 기준 등이 종합적으로 바뀌고 체계가 정비되어야지만 예방 업무에 종사하시는 분들이 소신을 갖고 일을 할 수 있는 환경이 만들어지지 않을까 생각한다"라고 밝혔다. 그는 "어떤 면에서는 독립성과 자율성, 그것을 뒷받침할 수 있는 업무 평가 기준, 감사원의 평가 기준에 대해 전반적으로 큰 틀에서 다뤄야 한다. 질병청에만 해당되는 문제가 아니며, 근본적으로 정부조직과 공무원에 대한 법, 감사원법이 다 바뀌어야 한다"라고 말했다.

6. 코로나19 종식 이후 바로 닥칠 '항생제 내성' 문제

이혁민 교수는 "코로나19가 끝나면 가장 문제가 될 것이 항생제 내성"이라고 경고했다. 이 교수는 "항생제 내성에 대해서 길게는 20년 전부터 짧게는 5년 전부터 여러 얘기가 나왔었지만 지금 개선되는 것이 전혀 눈에 보이지 않고 있다. 지속적인 노력은 하고 있는데 눈에 확 보이는 개선은 없는 상황이다"라고 진단했다. 그는 "그 이유 중 거버넌스 문제가 제일 크다"라며 "최근 들어서 질병청 내에 '항생제내성관리과'가 생기긴 했지만,

질병청의 한 과에서 할 수 있는 일은 아니다. 훨씬 더 복합적인 접근을 해야지만 해결되는 문제"라고 말했다. 정두련 교수는 "항생제 내성으로 인해 숨겨진 심각한 문제들도 많은데 그게 드러나지 않기 때문에 여전히 우선순위에 밀려있는 상태"라고 지적했다. 이 교수는 국내 코로나19 희생자가 집중적으로 발생한 요양병원 감염 관리 문제도 중장기적으로 해결해야 할 과제라고 강조했다. 이 교수는 "요양병원의 감염 관리는 아직 부족하다. 어제 오늘 있었던 일은 아니고 예전부터 요양병원에서 감염 관리의 문제가 있다는 점은 있어 왔다"라고 언급했다. 이어 "그런데 그게 이번에 결국 코로나19를 마주하면서 요양병원에서의 부족한 감염 관리를 뚫고 집단감염이 발생했고 많은 피해를 야기했다. 그래서 이런 부분들에 대한 중장기적인 지원이 절실하다"라고 말했다.

7. 백신·치료제·진단검사법 개발은 국가 안보

정두련 교수는 "과연 그 다음에 뭐가 또 올 것인가 생각해보면 조류 인플루엔자처럼 치명률이 60% 넘는 가장 안 좋은 팬데믹이 과연 또 오지는 않을까. 그런 것들도 생각해야 할 것"이라고 말했다. 정 교수는 "그러면 역시 2009년 신종 인플루엔자 때와 같이 과연 항바이러스제를 우리가 비축하고 있는가. 그런 것들이 또 문제가 될 수 있다"라고 지적했다. 그는 "지금 코로나19와 똑같은 상황만 대처할 것이 아니라 그동안 경험했던 여러 가지 감염병 위기 상황들을 잘 대처할 수 있는 다방면의 개선이 필요할 것 같다. 이번에 저희가 경험한 것이 예전에는 불활성화백신(Inactivated Virus Vaccine)이었지만, 이제 다양한 신기술의 백신이 중요하다는 것을 알게 되었다. 국내에서도 거의 무기와도 같은 백신이다. 신기술 백신 개발 역량이 무엇보다도 시급하다고 생각한다. 여러 가지 인플루엔자를 포함한 항바이러스제의 확보와 백신 개발 역량이 필요하다"라고 지적했다.

정재훈 교수는 "백신·치료제나 진단검사 개발하는 능력은 사실상 국방의 개념에 가깝다고 본다. 국산 백신을 개발하고 보급할 수 있는 국가가 빠르게 접종하고, 빠르게 경제적으로 회복할 수 있는 것을 보면, 의학이나 과학의 영역을 넘어서서 국가 안보와 직결된 것들이 백신과 진단검사, 치료제 개발이다. 그러한 개발 능력을 경제성이 없더라도 정부가 장기적으로 육성해야 한다"라고 말했다.

이혁민 교수는 "국내에 코로나19를 검사하는 기관이 굉장히 많은데, 검사실에서 가장 중요한 것 중 하나인 검사실 내부의 전파를 차단하는 생물 안전 부분이다. 특히 의료기관의 생물 안전에 대한 규정이나 지원이 아직까지도 굉장히 미비하다"라고 지적했다. 그는 "대부분의 의료기관이 생물 안전 부분에 있어서 등급이나 이런 것들이 부족한 것이 많은데, 문제는 이런 생물 안전 시설을 유지하기 위해서는 많은 돈이 들어간다는 점"이라며 "이게 과연 의료기관만의 비용으로 처리를 해야 하는 부분인가, 이번 코로나19의 검사 기여도를 봤을 때 분명히 그런 부분에 있어 지원이 있어야 한다고 생각한다"라고 말했다.

이 교수는 K방역을 이끈 국산 코로나19 진단 키트와 관련해서도 "고부가가치 플랫폼을 만들기 위한 투자가 필요하다"고 지적했다. 그는 "사실 이번에 진단 키트를 많이 판 것도 맞지만, 문제는 더 고부가 가치의 플랫폼을 가지고 있지 않다는 것"이라며 "앞으로 나올 기술들을 고려했을 때 앞으로는 좀 더 고부가 가치로 나아갈 수 있는 플랫폼에 대한 투자가 중장기적으로 감염병 진단, 치료를 위한 플랫폼 투자가 이루어져야 한다고 본다"라고 짚었다.

6

교육분과

학교는 19세기, 학생은 21세기… AI 맞춤형 학습하자

모든 강의를 온라인으로 진행하는 미네르바스쿨(왼쪽). 호주 애덜레이드의 한 유치원에선 휴머노이드 로봇(모델명 나오)를 실제 수업에 활용한다. 학교에서 광범위하게 디지털교육을 실행중인 선진국과 달리, IT선진국인 한국은 유독 에듀테크가 정체돼 있다. [사진 미네르바스쿨, 중앙포토]

신종 코로나바이러스 감염증(코로나19)은 학생들의 학력 수준까지 떨어뜨렸다. 지난달 공개된 한국교육과정평가원의 '국가수준 학업성취도평가 분석보고서(2020)'에 따르면 고고생 중 기초학력미달 비율은 급증한 반면, 우수학력 비율은 급감했다. 짧은 시간 이렇게 학력 수준이 떨어진 것은 처음이다.

먼저 기초학력미달 비율은 2019년에서 2020년 사이 국어 4%→6.8%, 수학 9%→13.5%, 영어 3.6%→8.6%로 급증했다. 반면 교과 내용의 80% 이상을 이해하는 우수학력 비율은 국어 28.8%→23.3%, 영어 40%→37.1%, 수학 29.3%→29%로 줄었다.

학력저하의 주요인은 코로나19로 인한 비대면 수업의 증가다. 그러나 본질적으로는 사회 전 분야에서 이뤄지는 디지털 혁신이 교육 분야에서 유독 정체돼 있기 때문이라는 분석이 나온다. 산업화 시대에 형성된 근대 학교체제의 틀을 벗어나지 못하고 있다는 뜻이다.

리셋코리아 교육분과 위원장인 이주호 전 교육과학기술부 장관은 "19세기 학교 체제가 21세기 학생들의 발목을 잡고 있다"며 "다양성과 창의성을 키우는 교육개혁이 필요하다"고 했다. 그러면서 "인공지능(AI)을 활용한 AI 교육혁명을 추진하기 위해 규제 중심이었던 교육정책의 기조를 자율, 개방, 포용적 혁신지원 등 3개의 원칙으로 전환해야 한다"고 강조했다.

코로나19가 앞당긴 교육 지각변동

리셋코리아 자문위원들은 교육의 지각변동이 코로나19로 훨씬 빨라졌다고 진단했다. 김성열 경남대 교육학과 교수는 "코로나19로 비대면 수업이 늘면서

디지털 교육 전환을 급격히 앞당겼다"며 "팬데믹이 끝나도 과거로 돌아가지 않고 AI 교육으로의 진화가 가속될 것"이라고 말했다.

박상욱 서울대 지구환경과학부 교수는 "20세기에는 대량생산에 필요한 노동력을 양성하기 위해 표준 기술을 가르쳤다"며 "그러나 21세기에는 생산양식이 맞춤형·다품종 소량 생산으로 변해 필요한 인재와 교육의 내용도 바뀌었다"고 설명했다.

하지만 국내 디지털 교육의 현실은 열악하다. 김진형 인천재능대 총장은

IT선진국인데 디지털 교육 정체
개개인에 맞는 창의성 키워줘야
대학 규제 줄이고 교육부서 독립
유아교육·보육 통합도 서둘러야

"2018년부터 정보 과목을 정규 과목으로 지정했지만 초등학교의 경우 6년간 17시간, 중학교는 3년간 34시간에 불과하다"며 "컴퓨팅 교육시수는 선진국의 4분의 1도 채 되지 않고 정보교사를 채용한 중학교는 31%밖에 안 된다"고 비판했다.

반면 다수의 선진국은 디지털 역량을 증진하기 위해 공교육에서 컴퓨팅 수업을 확대하고 있다. 영국은 2014년 9월부터 5~16세 모든 학생에게 컴퓨팅을 독립 교과목으로 지정했다. 미국도 버락 오바마 전 대통령 재임 당시 '모두를 위한 컴퓨터 과학'을 선언하며 디지털 교육을 강조하고 있다. 일본은 2025년부터 대학입시에 정보 과목을 반영한다.

초등 학력격차가 성인까지 이어져

그렇다면 무엇을 어떻게 바꿔야 하나. 이주호 전 장관은 "AI로 모든 학생에게 맞춤학습 기회를 제공하고 창의성과 인성을 키워주는 '하이테크(high tech)·하이터치(high touch)' 교육이 필요하다"고 했다. 미국의 칸랩 스쿨, 네덜란드의 스티브 잡스 스쿨처럼 개개인의 목표와 능력을 고려한 최적의 학습을 제공하고 암기 위주에서 문제 해결로 교육의 패러다임을 전환하는 것이다.

정제영 이화여대 교육학과 교수는 "AI와 빅데이터 등 디지털 기술을 활용하면 교사의 일방적 수업 대신 맞춤형 학습 지원이 가능하다"며 "단순 지식 전달과 기본 개념 이해는 AI도 충분히 할 수 있다"고 했다.

기술적으로는 이미 하이테크 교육을 실행할 수준에 이르렀다. 정 교수는 "지금도 얼마든지 AI를 이용한 맞춤형 수업을 할 수 있지만 제도적 한계 때문에 어렵다"며 "모든 학생이 똑같은 진도 아래 중간·기말 고사를 일률적으로 봐야 하는 상황에선 맞춤형 학습이 불가능하다"고 지적했다. 그렇기 때문에 "표준화된 국가 교육과정을 유연하게 풀어주고 평가방식도 총괄평가·상대평가가 아니라 과정평가·절대평가로 가야 한다"고 강조했다.

하이테크를 통한 교육격차 해소도 필요하다. 김성열 교수는 "팬데믹 이후 교육격차는 더욱 커지고 있다"며 "초등학교 저학년 때 시작하는 학습격차를 바로잡지 않으면 청소년·성인이 돼서도 격차를 좁히기가 쉽지 않다"고 지적했다.

미국의 실리콘밸리가 IT 산업의 허브가 될 수 있던 이유는 스탠퍼드·버클리 같은 명문대가 만들어 놓은 혁신

생태계 때문이다. 이주호 전 장관은 "혁신의 동력을 제공하는 미국 대학들은 한국처럼 교육부 규제를 받고 있지 않다"며 "규제와 지원이 어느 한 부처에 집중된 나라는 선진국 중 일본과 한국을 제외하면 거의 없다"고 말했다.

천세영 충남대 교육학과 명예교수는 "지금까지 억지로 붙어 있던 대학 관리 업무를 분리해야 한다"며 "첨단 학문을 다루는 고등교육기관은 자율 영역으로 넘기고 직업교육 중심의 대학(또는 전문대)은 다른 패턴의 관리 시스템이 필요하다"고 말했다.

리셋코리아 자문위원들은 대학이 교육부의 통제에서 벗어날 수 있도록 행정 업무는 국무총리실로, 지원 업무는 혁신전략부(가칭)를 신설해 이관하자고 제안했다. 대신 입시 같은 기존의 규제 업무는 총리실 신하 행정위원회로 옮겨 최소화하자는 것이다.

대학을 4차 혁명의 허브로 키워야

이주호 전 장관은 "대학을 혁신 주체로 만들려면 규제완화와 전략기획이 필요하다"며 "혁신전략부에서 전략을 만들어 지원하고, 정부출연연구원처럼 총리실에서 최소한의 규제와 조정 업무만 담당하는 게 핵심"이라고 했다.

박상욱 교수는 "정부의 연구지원 사업이 흩어져 있어 국가적 차원의 혁신전략을 세우는 데 한계가 있다"며 "혁신 생태계의 핵심인 대학을 중심으로 연구 기능을 집중시켜 4차 혁명을 선도해야 한다"고 말했다.

대학 정책 업무를 교육부에서 떼어내면, 전문대 관련 업무는 고용노동부로 이관할 필요가 있다. 조훈 서정대 호텔경영학과 교수는 "4년제 대학 졸업 후 전문대에 입학한 학생들이 연간 1만 명이 넘는다"며 "고등직업교육 수요는 많지만 담당 부처가 일원화 돼 있지 않아 국가의 책무성이 굉장히 약하다"고 지적했다. 그렇기 때문에 "학문연구가 중심인 대학과 직업교육이 중심인 대학의 담당부처를 분리할 필요가 있다"고 설명했다.

대학 스스로 변해야 한다는 지적도 있다. 김진형 총장은 "대학이 반성하지 않고 교육부만 문제라고 하는 것은 말도 안 되는 이야기"라며 "대학이 먼저 왜 이렇게 잘못됐는지 통렬하게 반성하

면서 시작하는 게 맞다"고 했다.

자문위원들은 또 영유아교육에 대한 국가의 책무성을 강화하기 위해 여성가족부의 가족 기능, 복지부의 보육 업무를 교육부와 합치자고 제안했다. 천세영 교수는 "발달과정에서 가장 중요한 0~5세 영유아 교육 환경에 국가가 혁신적으로 투자해야 한다"며 "이 시기 가족과 공교육은 유기적으로 협업해야 하므로 교육가족부로 통합하는 게 효과적"이라고 말했다.

둘로 나뉜 초등·중등 교사양성 개혁을

현재 0~2세 영아교육과 3~5세 어린이집의 소관부서는 복지부인 반면, 3~5세 유치원은 교육부다. 복지부의 보육 업무를 교육부로 옮겨 영유아 교육 관할을 하나로 합치는 게 유보통합이다.

이와 더불어 정제영 교수는 K학년제 도입을 제안했다. 초등학교 입학 직전 연령인 만 5세를 정규 학제로 편성하자는 이야기다. 그는 "지금도 공사립 유치원 모두 누리과정에 따라 재정지원을 받고 있지만, 학교로 편입이 안 돼 재정 투명성과 회계 등의 문제가 있다"며 "만 5세는 K(Kindergarten)로, 만 3~4세는 Pre-K로 해 유치원을 정규학제에 포함하자"고 제안했다.

교원양성체계도 변해야 한다. 김진형 총장은 "2020년 교사들에게 AI를 가르치는 수업을 했는데 대부분이 '컴맹'이었다"며 "이런 분들이 몇 시간 수업을 들었다고 해서 AI를 활용한 교육을 할 수 있을지 의문"이라고 했다. 정제영 교수는 "자격증만 부여하는 교육대학원의 역할은 이제 지양해야 한다"며 "현장에서 필요한 역량을 가르치는 진짜 재교육 기관으로 전환해야 한다"고 했다.

특히 교육대학(초등)과 사범대(중등)로 이분화된 폐쇄된 교원양성 체계의 변화도 필요하다. 김성열 교수는 "미래 교사는 지금보다 훨씬 융·복합적인 역량을 가져야 한다"며 "사범대와 일반대가 서로 교류할 수 있는 개방된 시스템이 있어야 한다"고 했다. 초등교사의 경우도 "지금처럼 교육대학으로 따로 떼놓기보다 종합대학에서 다양한 전공의 사람들을 만나며 개방·관용성을 경험하는 게 좋다"고 말했다.

윤석만 논설위원, 배정원 인턴기자

sam@joongang.co.kr

⑤ 교육분과 제언-팬데믹 이후의 교육

교육분과 위원들의 제언

이주호 전 교육과학기술부 장관, 교육분과 위원장
"대량생산 교육방식에서 탈피해야 한다. AI 교육혁명을 통해 학생들의 창의·인성 역량을 키우는 하이터치·하이테크 교육으로 가자"

김성열 경남대 교육학과 교수
"교사도 단순한 '티칭(teaching)' 역할은 AI에게 맡기고 학생 개개인의 적성과 소질을 키우는 '코칭(coaching)'에 집중해야 한다."

김진형 인천재능대 총장
"AI 기술을 도입하는 것보다 중요한 것은 무엇을 가르칠 것인가. 기업, 학부모 등 수요자 입장에서 무엇을 배우면 좋을지 정하는 시스템을 만들자."

박상욱 서울대 지구환경과학부 교수
"영국의 기업혁신기술부(BIS)처럼 대학에 자율성을 주고 사회경제 정책을 융합해 국가 발전전략을 수립·실행할 수 있는 혁신전략부를 만들자."

정제영 이화여대 교육학과 교수
"AI 시대에 교사의 역할은 더욱 커질 것이다. 개개인에게 동기를 부여해 협업이나 소통 능력 같은 소프트 스킬을 길러줄 수 있는 역량이 필요하다."

조훈 서정대 호텔경영학과 교수
"미래에는 인간이 AI와 경쟁하려 해선 안 된다. 함께 어우러져 살아야 한다. 그렇기 때문에 초중고에서부터 AI를 다양하게 접할 수 있는 교육이 필요하다."

천세영 충남대 교육학과 명예교수
"교육감은 어린이집이 자기 관할이 아니라 돈을 쓰려 하지 않는다. 유치원과 어린이집의 구조적 차별을 없애려면 하루빨리 유보통합을 이뤄야 한다."

1. 팬데믹 이후의 교육: 학교엔 AI교사 도입, 대학은 교육부에서 독립시키자

신종 코로나바이러스 감염증(코로나19)은 학생들의 학력수준까지 떨어 뜨렸다. 한국교육과정평가원의 '국가수준 학업성취도평가 분석보고서 (2020)'에 따르면 고교생 중 기초학력 미달 비율은 급증한 반면, 우수학 력 비율은 급감했다. 1년 만에 학생들의 학력수준이 이렇게 떨어진 것은 이번이 처음이다.

고2 학생의 기초학력미달 비율은 2019년에서 2020년 사이 국어 4%→6.8%, 수학 9%→13.5%, 영어 3.6%→8.6%로 급증했다. 반면 교과 내용의 80% 이상을 이해하는 우수학력 비율은 국어 28.8%→23.3%, 영 어 40%→37.1%, 수학 29.3%→29%로 줄었다. 학업성취도평가는 기초학 력 미달부터 우수학력까지 전국 학생들을 4단계로 나눠 표집(標集) 평가 한다.

학력저하의 주요인은 코로나19로 인한 비대면 수업의 증가. 그러 나 본질적으로는 사회 전 분야에서 이뤄지는 디지털 혁신이 교육 분야에 서 정체돼 있기 때문이라는 분석이 나온다. 즉 산업화 시대에 형성된 근 대 학교체제가 일찌감치 수명을 다했지만, 한국은 여전히 그 틀을 벗어나 지 못하고 있다는 이야기다.

리셋코리아 교육분과 위원장인 이주호 전 교육과학기술부 장관은 "19세기 학교 체제가 21세기 학생들의 발목을 잡고 있다"며 "다양성과 창의성을 키우는 교육개혁이 필요하다"고 했다. 그러면서 "인공지능(AI) 을 활용한 AI 교육혁명을 추진하기 위해 규제 중심이었던 교육정책의 기 조를 자율, 개방, 포용적 혁신지원 등 3개의 원칙으로 전환해야 한다"고 강조했다.

2. 산업시대에 갇힌 학교

앨빈 토플러(1928~2016)는 『부의 미래』에서 현재의 학교 체제를 산업화 시대의 노동력을 양성하는 곳으로 묘사했다. 단일화·표준화·대량화라는 산업 사회의 가치를 실현하기 위해 학교 체제가 최적화돼 있다는 지적이었다. 토플러에 따르면 현재의 학교 시스템은 기업이 필요로 하는 훈련된 노동력을 공급하는 게 핵심 목표다.

그렇다 보니 19세기 이전과 이후의 교육 내용은 완전히 다르다. 미래 교육 전문가인 찰스 파델에 따르면 19세기 이전까지의 교육은 암기보다는 토론, 지식습득보다는 인성교육, 기술보다는 인문교양을 강조했다. 주요 교과목도 독해·작문, 수사학, 역사, 철학, 수학, 음악, 미술, 라틴어 등이었다.

일종의 전인교육 형태로 시민의 교양을 갖춘 공동체의 구성원을 키우고 혁신을 일으킬 수 있는 창의적인 과학자와 예술가, 철학자 등을 양성했다. 파델은 "전인적 역량을 기르는 르네상스식 교육에서 창의성이 배양되고 혁신적인 사고가 싹틀 수 있었다"고 분석한다(『21세기 무엇을 가르치고 배워야 하는가』).

이런 이유로 선진국들은 앞 다퉈 19세기 학교 시스템을 벗어나고자 노력하고 있다. 교과목 중심의 교육과정이 아니라 협업, 문제 해결력, 비판적 사고 등 역량 중심으로 교육과정을 편성하고 주입식 수업 대신 토론·발표 등의 고차원적 사고 훈련을 강조한다. AI 시대엔 단순 지식과 스킬만 가진 노동자를 필요로 하지 않기 때문이다.

그렇다면 4차 혁명 시대에 걸맞은 인재를 양성하기 위해 우린 무엇을 해야 할까. 리셋코리아 교육분과 위원들은 세 가지 핵심 과제를 꼽았다. 첫째는 AI를 활용한 일대일 맞춤과 동기부여 시스템으로 '하이터치(high touch)·하이테크(high tech)' 교육을 도입하는 것이다. AI를 이용해 르네 상스식 교육을 구현하자는 취지다.

둘째는 교육의 자율성을 키우는 것이다. 특히 온갖 규제에 발 묶인 대학을 교육부 산하에서 독립시켜 세계 유수의 고등교육기관들과 경쟁할 수 있는 여건을 만들어주자는 뜻이다. 셋째는 영유아교육에 대한 국가의 책임을 강화하는 것이다. 교육격차가 시작되는 연령이 갈수록 낮아지는 상황에서 미취학 아동부터 공정한 기회를 제공하는 게 목표다.

3. 교육의 지각변동

리셋코리아 교육분과 위원들은 4차 혁명으로 인한 교육의 지각변동이 코로나19로 훨씬 빨라졌다고 진단했다. 김성열 경남대 교육학과 교수는 "코로나19로 비대면 수업이 늘면서 디지털 교육으로의 전환을 급격히 앞당겼다"며 "팬데믹이 끝나도 과거로 돌아가지 않고 디지털 교육에서 한발 더 나아간 AI 교육으로의 진화가 가속화할 것"이라고 말했다.

이주호 전 장관은 "학생의 잠재력과 상관없이 모두에게 같은 내용을 가르치고 표준화된 시험으로 역량을 평가하는 대량생산 교육방식에서 탈피해야 한다"고 지적했다. 그러면서 "AI로 모든 학생에게 맞춤학습 기회를 제공하고 교사는 인간적 연결을 강화해 학생의 창의성과 인성을 키워주는 프로젝트 학습에 집중할 수 있도록 교육 체제를 바꿔야 한다"고 밝혔다.

천세영 충남대 교육학과 명예교수는 "미래교육은 그동안 해 왔던 근대 학교 체제 아래에선 불가능하다"며 "전통적인 칠판과 책상과 같은 물리적 공간부터 완전히 혁신하지 않고선 미래교육을 실천하기 어렵다"고 말했다. 그는 특히 "미래교육을 위한 제도의 보완과 스마트 교육환경을 구축하기 위한 과감한 시설투자가 필요하다"고 강조했다.

박상욱 서울대 지구환경과학부 교수는 "대량생산에 필요한 노동력이 중심이었던 20세기에는 대중교육을 통해 표준적인 기술을 배워야 했다"며 "그러나 21세기에는 생산양식이 맞춤형, 다품종 소량 생산으로 변해 필요한 인재도 바뀌었다"고 설명했다. 그러면서 "필요한 직능이 매일같이 바뀌는 4차 혁명 시대에는 새로운 교육이 필요하다"고 말했다.

새로운 인재를 양성하기 위해선 교육 체제를 송두리째 바꿔야 한다는 이야기다. 김진형 재능대 총장도 "AI의 발전으로 고도의 정신노동까지 자동화돼가는 추세여서 자격증으로 보호되던 전문직조차 이 흐름에서 벗어날 수 없다"며 "디지털 기술을 창의적으로 활용하고, AI를 이용해 문제를 해결할 수 있는 역량을 꼭 갖춰야 한다"고 설명했다.

실제로 많은 선진국들이 디지털 역량을 증진시키기 위해 공교육에서 컴퓨팅 수업을 확대하고 있다. 영국은 2014년 9월부터 5~16세 모든 학생들에게 컴퓨팅을 독립교과목으로 지정했다. 미국도 버락 오바마 전 대통령 재임 당시 '모두를 위한 컴퓨터 과학'을 선언하며 디지털 교육을 강조하고 있다. 일본 역시 2025년부터 대학입시에 정보 과목을 반영키로 했다.

반면 한국은 갈 길이 멀다. 김진형 총장은 "2018년부터 정보 과목을 초중고 정규 과목으로 지정하긴 했지만 초등학교의 경우 6년간 17시간, 중학교는 3년간 34시간에 불과하다"며 "컴퓨팅 교육시수는 선진국의 4분의 1도 채 되지 않고 정보교사를 채용한 중학교는 31%밖에 안 된다"고 비판했다.

아울러 김 총장은 "무엇을 가르칠 것인가에 대한 고민도 필요한데, 지금처럼 몇몇의 사람들이 모여 공급자 위주로 결정해선 안 된다"고 밝혔다. 대신 "교육과정위원회에 대기업과 중소기업 대표도 있고, 학부모 대표도 참여해 여러 수요자들이 모여서 무엇을 배웠으면 좋겠는지 결정할 수 있는 시스템을 만들어야 한다"고 제안했다.

4. AI 교육혁명

그렇다면 무엇을 어떻게 바꿔야 할 것인가. 제일 먼저 학교 교육에서 디지털 기술을 적극 활용해야 한다. 한국은 세계 최고의 교육열과 수준 높은 IT 기술을 갖췄지만 유독 에듀테크에 있어선 소극적이다. 정제영 이화여대 교육학과 교수는 미국의 칸랩 스쿨, 네덜란드의 스티브잡스 스쿨 등 선진 학교들의 미래교육 시스템을 분석해 세 가지 공통점을 찾아냈다.

첫째 AI 기술을 이용해 개인별 맞춤 수업을 한다. 이를 통해 학생 개개인의 목표와 능력을 고려한 최적화된 학습 기회를 제공할 수 있다. 둘째 국가교육과정이라는 틀 안에 모든 학생을 집어넣던 것을 탈피해 학업 수준에 따라 유연하게 교육과정을 구성하는 무학년제를 시행하고 있다. 셋째 지식전달 수업 대신 문제해결에 초점을 맞춘 프로젝트 수업을 한다.

세 가지 공통점을 바탕으로 리셋코리아 교육분과 위원들은 '하이터치·하이테크' 교육으로의 패러다임 전환을 제시했다. 정제영 교수는 "하이테크 교육으로 전환해 AI와 빅데이터 등 디지털 기술을 활용하면 교사의 일방적 수업 대신 맞춤형 학습 지원이 가능하다"고 말했다. "단순 지식전달과 기본 개념을 이해시키는 것은 AI도 충분히 할 수 있는 일"이기 때문이다.

다만 교사들에겐 하이터치 역량이 요구된다. 정 교수는 "교사는 정서적 학습이나 동기부여를 통해 협업이나 소통 능력 등 소프트 스킬을 길러주는 역할을 해야 한다"며 "AI 교육혁명의 핵심은 학생 한 명 한 명이 학습에 성공할 수 있는 기회를 제공하는 것이고, 교사는 조금 더 고차원적인 정서적 학습을 할 수 있게 돕는 것"이라고 설명했다.

'하이터치·하이테크' 교육을 실현하는 데 있어 기술적으로는 이미 충분한 수준에 이르렀다. 문제는 과거의 제도가 발목을 잡고 있다는 점이다. 정 교수는 "지금도 얼마든지 AI를 이용한 맞춤형 수업을 할 수 있지만 제도적 한계 때문에 어렵다"며 "모든 학생이 똑같은 진도 아래 중간·기말고사를 일률적으로 봐야 하는 상황에선 맞춤형 학습이 불가능하다"고 지적했다. 그렇기 때문에 "표준화된 국가 교육과정을 유연하게 풀어주고 평가방식도 총괄평가·상대평가가 아니라 과정평가·절대평가로 가야 한다"고 강조했다.

AI에 대한 무거운 인식도 바뀔 필요가 있다. 조훈 서정대 호텔경영학과 교수는 "2020년 전문대에서도 AI 교육을 전공으로 개설하면 학생들이 많이 몰릴 줄 알았는데 대부분 정원미달이었다"며 "AI가 학생들의 인식 속에선 굉장히 높은 단계의 교육으로 자리 잡혀 있기 때문"이라고 했다. 그러면서 "미래에는 AI와 함께 살아야 하기 때문에 초중고에서부터 AI를 다양하게 접할 수 있는 교육이 필요하다"고 말했다.

5. 하이테크로 교육격차 해소

하이테크 교육은 교육격차 해소에도 도움이 된다. 이주호 전 장관은 "한국이 처한 가장 큰 학교의 위기 중 하나는 교육격차"라며 "팬데믹을 겪으며 이는 더욱 심화하고 있다"고 지적했다. 이 전 장관은 특히 "교육 격차는 성년이 된 후 일자리 격차로 이어지고 사회적 양극화를 공고하게 만든다"고 강조했다.

김성열 교수도 "초등학교 저학년 때부터 벌어지기 시작하는 학습격차를 바로 해소하지 않으면 청소년, 성인이 돼서도 격차를 좁히기가 좀처럼 쉽지 않다"며 "삶의 기회와 질이 교육의 결과에 따라 차이가 날 수 있어 매우 중요한 문제"라고 말했다. 그러면서 "AI와 디지털 기술을 활용해 교육격차를 줄일 수 있는 방안이 학교 전반에 확대돼야 한다"고 제안했다.

실제로 학교 현장에선 2020년부터 계속된 코로나19로 학습격차를 우려하는 목소리가 크다. 2020년 9월 한국교육학술정보원의 조사 결과에 따르면 초중고 교사들의 79%가 코로나19 이후로 학습격차가 커졌다고 응답했다. 김 교수는 "공교육으로서 학교가 존재하는 가장 큰 이유는 학습격차를 최대한 줄이는 것"이라고 했다.

앞서 설명한 것처럼 AI 등 디지털 기술을 활용한 일대일 맞춤 수업은 학생 간의 학습격차 해소에 긍정적이다. 2018년 대구 하빈초의 사례가 대표적이다. 당시 5학년 담임을 맡았던 신민철 교사는 1년 동안 수업에 '칸아카데미' 프로그램과 태블릿PC를 적극 활용했다. '칸아카데미'는 미국의 살만 칸이 개발해 무료로 제공하는 온라인 교육 프로그램이다.

당시 신 교사는 간단한 개념 설명 후 마치 게임하듯 문제를 풀며 학생들의 흥미를 북돋았다. 신 교사는 "칸아카데미를 활용하면 일일이 채점하지 않아도 되기 때문에 그 시간 동안 맞춤형 지도를 할 수 있다"고 말했다. 학생들이 문제를 푸는 사이 신 교사는 교실을 돌며 각자에게 부족한 부분을 지도했다.

태블릿에는 학생별로 자주 틀리는 문제가 무엇인지, 왜 틀렸는지 등이 기록된다. 교사가 학생의 장단점을 정확히 파악할 수 있다. 신 교사는 "칸아카데미를 활용하면서 학생들 실력이 크게 늘었다"고 말했다. 5학년은 수학 성적이 평균 70.2점에서 74.4점으로 향상됐다. 60점 이하의 학습 부진 학생 3명은 36→50점, 48→49점, 52→66점으로 모두 올랐다.

정제영 교수는 "개인별 맞춤형 교육을 할 수 있는 AI 튜터링 시스템은 이미 많이 개발돼 있어 초·중등은 도입만 하면 언제든지 쓸 수 있다"며 "여기엔 기본적으로 학습관리시스템(LMS)이 장착돼 있기 때문에 학생 개인별 데이터와 학습 성과를 관리해줄 수 있어 교사들의 활용도가 높다"고 말했다.

6. 대학은 4차 혁명의 허브

미국의 실리콘밸리가 IT 산업을 주도하는 허브 역할을 할 수 있던 것은 스탠포드와 버클리 같은 명문대가 만들어 놓은 혁신 생태계의 영향이 크다. 혁신 생태계란 "기업가와 연구자·투자자·정부 등이 함께 협력하면서 경쟁하고, 고위험·고부가가치의 기술개발로 새로운 사업 모델·플랫폼·상품 등을 만들며 사회 전체를 진화시켜 나가는 것"(이주호 전 장관)이다.

이 전 장관은 "혁신의 동력을 제공하는 미국의 대학들은 한국처럼 교육부 산하에서 규제를 받고 있지 않다"며 "규제와 지원이 어느 한 부처에 집중돼 있는 나라는 선진국 중 일본과 한국을 제외하면 거의 없다"고 말했다. 그렇기 때문에 "대학이 교육부라는 좁은 테두리를 벗어나야만 우리 사회의 다양한 혁신가들이 협력하고 경쟁하면서 사회 구석구석까지 영향을 미치는 혁신 생태계의 허브 역할을 할 수 있다"고 설명했다.

대학이 교육부의 통제를 벗어나야 하는 이유는 기술의 발전 속도를 정부가 따라갈 수 없기 때문이다. 특히 코로나19가 휩쓸고 지나간 1년여의 시간 동안 미국 대학엔 큰 변화가 있었다. 애리조나주립대의 경우 AI를 활용한 맞춤 수업을 12만 명에게 제공한다. 퍼듀대는 온라인 대학인 캐플란대와 통합해 학생 수가 3만 명으로 늘었다.

이 전 장관은 "코로나19 이후 1,400여 개의 미국 대학이 입시전형에서 SAT 등 시험점수를 필수가 아닌 선택으로 바꿨다"며 "국가가 관리하는 교육과정과 입시체제가 과거의 공장형 대량생산 방식에나 부합하는 낡은 대학 모델이라는 것을 누구도 부인할 수 없다"고 말했다. 그는 특히

"AI가 학생 한 명 한 명을 맞춤형 지원하는 시대에 한 번의 시험으로 일생을 결정하는 입시체제가 무슨 의미가 있겠느냐"고 지적했다.

천세영 교수는 "대학의 역할에는 혁신의 발판을 마련하는 연구 기능과 인재를 양성하는 교육 기능 등 두 가지가 있다"며 "지금까지 억지로 붙어 있던 두 기능에 대한 관리 체계를 분리해야 한다"고 말했다. 그러면서 "첨단 학문을 다루는 대학원 이상의 고등교육기관을 자율적 영역으로 넘기고 직업교육중심의 대학(또는 전문대)은 다른 패턴의 관리 시스템이 필요하다"고 말했다.

박상욱 교수는 프랑스의 예를 들어 혁신의 중요성을 강조했다. 박 교수는 "코로나19 백신 개발에 필요한 생물학 이론을 수립한 사람이 파스퇴르인데 그의 고국인 프랑스는 백신을 개발하지 못했다"며 "대학이 평준화돼 있는 프랑스에선 혁신 생태계가 원활히 작동하지 않기 때문"이라고 설명했다. 그러면서 "정부의 통제로 대학이 균질화되고 있는 한국도 자율과 다양성을 확보하지 못하면 경쟁력을 키우지 못할 것"이라고 밝혔다.

7. 대학을 교육부에서 분리하자

리셋코리아 교육분과 위원들은 대학이 교육부의 통제에서 벗어날 수 있도록 행정 업무는 국무총리실로, 지원 업무는 혁신전략부(가칭)를 신설해 이관하자고 제안했다. 이주호 전 장관은 "대학의 연구개발 기능이 강화될 수 있게 정부가 통제보다는 지원을 할 수 있도록 혁신전략부를 신설해 혁신 생태계를 조성해야 한다"고 말했다.

그 대신 대학입시와 같은 기존의 규제 업무는 총리실 산하 행정위원회로 이관해 최소화하자는 것이다. 이 전 장관은 "대학을 혁신 주체로 만들려면 규제완화와 전략기획이 필요한데 지금같이 교육부의 통제를 받는 구조에선 대학의 자율성 확보가 어렵다"며 "혁신전략부에서 전략을 만들어 지원하고, 정부출연연구원처럼 총리실에서 최소한의 규제와 조정 업무만 담당하는 게 핵심"이라고 했다.

구체적으로 말하면 교육부의 고등교육정책실과 과학기술정보통신부의 미래인재정책국을 떼어내 혁신전략부를 만들고, 이곳에 대학 연구지원과 산학협력을 맡기자는 취지다. 박상욱 교수는 "정부의 연구지원 사업이 흩어져 있어 국가적 차원의 혁신전략을 세우는데 한계가 있다"며 "혁신 생태계의 핵심인 대학을 중심으로 연구 기능을 집중시켜 4차 혁명을 선도해야 한다"고 말했다.

특히 혁신전략부가 국가 미래전략 수립에 효율적이려면 과학기술과 산업 부문의 통합·조정 기능이 필요하다. 박 교수는 "영국의 기업혁신기술부(BIS)처럼 고등교육과 과학기술, 사회경제 정책이 융합돼 포괄적 혁신전략을 실행할 수 있는 통합부처가 있어야 한다"며 "산업통상자원부의 일부 기능과 기획재정부의 혁신성장 업무를 혁신전략부로 이관해야 한다"고 설명했다.

이주호 전 장관도 "영국의 BIS는 규제개혁을 통해 혁신 생태계를 조성하고 AI와 빅데이터 등 유망 산업을 육성했다"며 "한국도 1960~1980년대 눈부신 성장 과정에서 국가적 차원의 전략과 계획을 세우고 집행하는 경제기획원이 있었다"고 설명했다. 그러면서 "미래의 변화를 예측하고 폭넓게 문제를 해결할 수 있는 통합부처의 역할이 필요하다"고 말했다.

대학 정책 업무를 교육부에서 떼어냄과 동시에 전문대 관련 업무는 고용노동부로 이관할 필요가 있다. 조훈 교수는 "4년제 대학 졸업후 전문대에 입학한 학생들이 연간 1만 명이 넘는다"며 "고등직업교육 수요는 많지만 담당 부처가 일원화돼 있지 않아 국가의 책무성이 굉장히 약하다"고 지적했다. 그렇기 때문에 "학문연구가 중심인 대학과 직업교육이 중심인 대학의 담당부처를 분리할 필요가 있다"고 설명했다.

박상욱 교수도 "폴리텍대학 등을 담당하는 고용노동부에서 전문대 정책을 담당하면 분산돼 있던 전문직업인 양성, 직업능력개발 정책 수립 등에 시너지를 낼 수 있을 것"이라고 말했다. 박 교수는 특히 "미래에는 연구기능이 강한 대학, 일자리를 많이 연계시키는 대학, 지역사회에 서비스하는 대학, 평생학습을 잘하는 대학 등 다양한 역할 분화가 필요하다"며 "각자의 역할에 맞는 소관부서가 필요한 이유"라고 설명했다.

김성열 교수 역시 "모든 대학이 서울대가 될 수는 없다"며 "이미 존재하는 대학의 서열화를 인정하되 이를 기능의 다양성으로 전환해 나가는 노력이 필요하다"고 지적했다. 그러면서 "지금까지 대학 특성화라는 이름으로 정부가 노력을 해왔지만, 한편으론 일률적인 평가와 재정지원 연계로 모순된 점도 있다"고 지적했다. 대신 "과거 역량강화사업처럼 몇 개의 주요 지표를 중심으로 지원하고 대학 자율에 맡기는 것이 더욱 효율적"이라고 말했다.

한편 정부뿐만 아니라 대학도 변해야 한다는 지적도 있다. 김진형 총장은 "대학이 반성하지 않고 교육부만 문제라고 하는 것은 말도 안 되는 이야기"라며 "대학이 먼저 왜 이렇게 잘못됐는지 통렬하게 반성하면서 시작하는 게 맞다"고 했다. 이주호 전 장관도 "대학에 자유를 주자는 것은 마음대로 하라는 의미가 아니라 행동에 책임을 지라는 의미"라며 "대학이 지금 너무 잘하고 있으니까 자유를 주자는 것은 아니다"고 지적했다.

8. 요람부터 책임지는 교육

리셋코리아 교육분과 위원들은 세 번째 과제로 '국가교육계획(Korean Education Plan)' 수립을 제시했다. 이른바 '요람부터 책임지는 교육'이다. 현재 한국의 청년들이 처한 가장 큰 문제는 일자리 부족과 미래역량 교육의 부재다. 이주호 전 장관은 "혁신산업을 통해 일자리를 창출하고 교육을 통해 청년들의 새로운 역량을 증진시켜야 한다"며 "두 가지 문제를 동시에 해결할 수 있는 국가교육계획이 필요하다"고 말했다.

그중에서도 영유아교육에 대한 국가의 책무성을 강화하는 게 우선이다. "인지능력뿐 아니라 사회·정서적 영향에 따른 인성과 창의력은 어릴 때 상당부분 형성되기 때문"(이주호 전 장관)이다. 그러므로 국가가 교육에 개입을 한다면 대학 입시 때 할 게 아니라 영유아 때부터 해야 할 필요가 있다. 그는 특히 "교육은 이제 초중고 몇 년만 가르치는 것이 아니라 평생을 해야 하는 시대가 왔다"고 말했다.

교육분과 위원들은 국가의 조기교육 강화를 위해 여성가족부의 가족 기능, 복지부의 보육 업무를 교육부와 합쳐야 한다고 제안했다. 천세영 교수는 "발달과정에서 가장 중요한 0~5세 영유아 교육 환경에 국가가 혁신적으로 투자하지 않으면 대한민국의 미래는 없다"며 "이 시기에 가족과 공교육은 유기적으로 협업해야 하기 때문에 교육가족부로 통합하는 게 효과적"이라고 말했다.

현재 0~2세 영아교육과 3~5세 어린이집의 소관부서는 복지부인 반면, 3~5세 유치원은 교육부로 업무가 분산돼 있다. 복지부의 보육 업무를 교육부로 옮겨 영유아 교육 관할을 하나로 합치는 것이 유보통합이다.

이주호 전 장관은 "누리과정을 시작한 것도 유보통합을 위한 기초 작업이었는데 아직까지 통합되지 않고 있다"며 "소관 업무가 복지부와 교육부로 나뉜 상황에선 앞으로도 진전이 어려울 것"이라고 전망했다. 천세영 교수도 "영유아 교육을 위해 유보통합이 왜 중요한지는 모두가 알고 있지만 부처 간 관할싸움으로 진척이 없다"며 "유치원과 어린이집의 구조적 차별은 하루 빨리 철폐해야 한다"고 했다.

천세영 교수는 특히 "교육감에게 초·중등에서 쓸 돈이 넘쳐나도 어린이집은 자기 관할이 아니기 때문에 돈을 쓰지 않는다"며 "같은 유치원도 사립과 공립의 차이가 크다, 재정 배분이 한쪽으로 편중돼 있는 것을 바로잡아야 한다"고 지적했다. 그러면서 "사립유치원은 학급당 인원을 25명까지 꽉 채우기도 하는데, 그 이유는 인원을 줄이면 그 만큼 재정지원이 감소하기 때문"이라고 설명했다.

정제영 교수는 K학년제 도입을 제안했다. 초등학교 입학 직전 연령인 만 5세를 정규 학제로 편성하자는 이야기다. 그는 "지금도 공사립 모두 누리과정에 따른 재정지원은 이뤄지고 있지만, 학교 제도로 편입이 안 돼 재정 투명성과 회계 시스템에 문제가 있다"며 "만 5세는 K(Kindergarten)로, 만 3~4세는 Pre-K로 해 유치원을 정규학제로 포함시키자"고 했다. 그는 특히 "사립 유치원의 가장 열악한 점은 공립의 절반 가량에 불과한 교사의 임금 문제인데, 유치원을 정규학제로 편입하면 교사의 질을 높일 수 있다"고 설명했다.

9. 교원양성과 학교자율

끝으로 교원양성체계도 미래교육 시스템에 맞게 바꿔야 한다. 김진형 총장은 "2020년 중앙대에서 교사들에게 AI를 가르치는 수업을 했는데 대부분이 '컴맹'이었다"며 "이런 분들이 몇 시간 수업을 들었다고 해서 AI 시스템을 활용한 교육을 할 수 있을지 의문"이라고 했다. 그는 "전반적으로 컴퓨팅 교육 시수가 늘어나고 교사들의 수준이 높아지지 않으면 AI 교육 혁명은 이상에 그칠 것"이라고 밝혔다.

정제영 교수는 미래 교원 양성 시 필요한 역량 두 가지를 꼽았다. 첫째는 AI 리터러시(Literacy)다. 교사가 전문가일 필요는 없지만, AI의 기본적 내용을 이해하고 활용할 수 있어야 한다. 둘째는 하이터치 교육을 할 수 있는 역량이다. 그동안 지식 전달자, 평가자의 역할로 전락했던 교사들이 학생들과 정서적 동기화를 이루고, 프로젝트 학습 같은 고차원적 교육을 이끌어줄 수 있는 역할을 해야 한다.

정 교수는 "앞서 말한 두 가지 역량을 기르는 것은 그동안 교사가 해왔던 일들과 완전히 다른 차원의 일"이라며 "문제는 제도 자체가 바뀌지 않는데 교사양성 방법부터 바꿀 수는 없기 때문에 전반적인 시스템 전환과 함께 교원연수가 이뤄져야 한다"고 말했다. 그러면서 "자격증만 부여하는 교육대학원의 역할도 이제 끝났다, 교육대학원은 현장에서 필요한 역량을 가르치는 진짜 재교육 기관으로 전환해야 한다"고 했다.

교육대학(초등)과 사범대(중등)로 폐쇄된 교원양성체계도 변화가 필요하다. 김성열 교수는 "미래에는 지금보다 훨씬 융복합적인 관점이 필요하므로 교사들도 양성 과정에서 다양한 학문을 경험할 필요가 있다"며 "사범대생이 일반대로 갈 수 있고, 반대로 일반대생이 사범대로 올 수 있는 개방된 교류 시스템이 있어야 한다"고 했다. 초등교사도 "특수성 때문에 따로 양성해야 한다는 주장이 많지만, 요즘 학생들이 워낙 다양한 만큼 초등교사도 종합대학에서 다양한 전공의 사람들을 만나며 개방·관용성을 경험하는 게 좋다"고 말했다.

부동산분과

5년간 300만 가구 필요 … 생애 첫 집 70%까지 대출을

전국 아파트 매매·전셋값 추이
매년 10월 기준 가격지수, 2019년 1월=100
●매매 ●전세

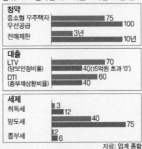

문 정부 고강도 주택시장 규제했지만
단위: % ※분야별 최고 기준 ●이전 ●현 정부

청약		
중소형 무주택자 우선공급	75	100
전매제한	3년	10년
대출		
LTV (담보인정비율)	70	40(15억원 초과 '0')
DTI (총부채상환비율)	60	40
세제		
취득세	3	12
양도세	40	75
종부세	2	6

자료: 업계 종합

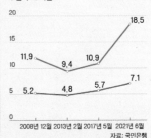

요원해진 내집 마련
중간 가구 연소득 대비 중간 주택가격 배수(PIR)
●전국 ●서울

18.5
11.9 10.9
9.4
5.2 4.8 5.7 7.1

2008년 12월 2013년 2월 2017년 5월 2021년 6월
자료: 국민은행

서울에서 집값이 상대적으로 저렴한 노원구 상계동. 지은 지 30년이 넘은 주공 소형인 전용 59㎡가 지난달 실거래가 9억4000만원에 거래됐다. 현 정부가 들어선 2017년 5월 최고 실거래가는 3억7000만원이었다. 1년에 평균 1억원 넘게 오르며 150% 뛰었다. 또 같은 기간 강남의 대표적인 단지인 반포자이 전용 84㎡가 17억원에서 36억6000만원으로 해마다 평균 4억여원씩 올랐다.

문재인 정부 4년 반 동안 집값이 기록적으로 급등했다. 1986년부터 주택가격 동향을 조사한 국민은행에 따르면 서울 아파트값 기준으로 상승률이 59%다. 노무현 정부(56.6%)를 제쳤고 1990년대 말 김대중 정부(59.8%)에 비근간다. 문재인 정부가 6개월가량 남았고 김대중 대통령 취임 시점이 1997년 외환위기로 집값이 급락할 때였다는 점을 고려하면 사실상 1980년대 말 노태우 정부 이후 30년 만의 최고 상승세다.

집값이 경제성장(9.5%)이나 물가(6%)를 훨씬 능가하는 수준으로 오르면서 내 집 마련은 요원해졌다. 지난 6월 기준으로 서울에서 주택 중간 가격이 중간 가구 소득의 18.5배로 집계됐다. 2017년 5월엔 10.9배였다. 소득을 한 푼도 쓰지 않고 8년을 더 모아야 할 상황이다.

리셋코리아 부동산분과 자문위원들은 "주거안정이 벼랑 끝으로 몰리고 있다"고 입을 모았다. 부동산분과 위원장인 권대중 명지대 부동산학과 교수는 "과거 경험해보지 못한 위기를 맞은 부동산 시장의 안정이 정치·경제·사회적으로 중요한 과제로 떠올랐다"고 진단했다.

재건축·가격 규제 풀어 공급 늘려야

자문위원들은 주택 공급 부족이 집값 급등의 근본 원인이라고 지적했다. 현 정부는 줄곧 공급이 충분하다는 입장이었다. 현 정부 들어 이전 평균을 상회하는 준공 물량을 근거로 들었다. 2017년 이후 지난해까지 연평균 입주 물량이 전국 55만 가구, 수도권 28만 가구다. 통계가 집계된 2005년 이후 2016년까지 연평균보다 각각 40%, 48% 많다. 하지만 현 정부 동안 일시적인 공급 증가였을 뿐이다.

김덕례 주택산업연구원 주택정책연구실장은 "잠깐 내린 소나기가 오랫동

노태우 정부 이후 집값 최대 급등
늘어난 수요만큼 공급 받쳐줘야
수도권 1기 신도시 재개발 추진
다주택자 양도세 한시적 완화를

안 누적된 가뭄을 해갈하기엔 역부족"이라고 주장했다.

2017년 이후 준공 물량이 늘면서 2019년 기준으로 전국 주택보급률(일반가구수 대비 주택수)이 100%를 넘겼지만(104.8%) 인구가 집중된 서울과 수도권은 100%를 밑돈다. 서울 96%, 수도권 99.2%다. 수도권 주택 공급량이 절대적으로 부족한 셈이다.

질을 따지면 더 심각하다. 2020년 기준으로 전국에 지은 지 20년 이상인 노후주택이 910만 가구로 전체 1850만 가구의 절반 정도다. 다섯 채 중 두 채는 30년 전인 1990년 이전에 지어졌다.

김덕례 실장이 앞으로 5년간 필요한 주택공급량을 추정했다. 서울 80만 가구를 300만 가구가 필요한 것으로 나타났다. 그중 수도권이 210만 가구다. 주택보급률을 115%로 올리는 데 210만 가구가 필요하고 2026년까지 일반가구수 증가분 90만 가구를 합친 물량이다.

김덕례 실장은 "유동성 증가 등으로 주택 수요가 갑자기 늘더라도 시장이 요동치지 않고 안정적으로 흡수하려면 주택 재고가 충분해야 한다"고 말했다.

자문위원들은 주택 공급 발목을 잡고 있는 각종 규제를 완화해야 한다고 주문했다. 일례로 도심 주택공급을 늘리려면 재건축·재개발 규제를 풀어야 한다. 재건축부담금, 높이 제한, 공공기여 등이다. 준공 시점에 현금으로 수억원까지 내야 하는 재건축부담금이 조합들에 '공포' 수준이어서 곳곳에서 재건축 사업이 지연되고 있는 실정이다.

김규정 한국투자증권 자산승계연구소장은 "땅값과 건축비로 분양가를 매기는 분양가상한제 등 가격 규제보다 성능·품질을 규제해 자원 순환, 제로에너지 등 고품질 건축물을 유도해야 한다"고 제안했다.

실제로 가격 규제는 사업성을 떨어뜨릴 뿐 아니라 분양가가 시세보다 훨씬 저렴한 '로또' 분양을 낳아 과잉 주택수요를 일으킨다. 주택이 필요하지 않은데도 시세차익을 노린 가수요를 자극할 수 있다.

권대중 교수는 "준공 30년이 다가오는 수도권 1기 신도시 개선작업을 본격화해야 한다"고 요구했다. 1990년대 초반 지어진 분당·일산 등 1기 신도시 5곳의 주택 수가 30만 가구 정도다.

리모델링·재건축을 통해 새 아파트로 탈바꿈하고 주택 수도 늘릴 수 있다.

갈아타기 등 실수요 대상 대출 확대

문재인 정부 들어 무차별적인 대출 규제로 주택 마련 디딤돌이 무너졌다. 집값 급등의 이득은 일부 현금부자에 쏠렸다. 현 정부는 주택 수요를 억제하기 위해 돈줄을 죈다는 명분으로 대출 규제 강도를 대폭 높였다. 주택가격 대비 이전 70%까지 가능하던 LTV(담보인정비율)를 초기 40%로 낮춘 데 이어 고가주택에 대해서는 과거 전례가 없던 규제를 했다. 15억원 초과 주택은 아예 대출을 금지했다. 15억원 이하에서도 9억 초과분은 20%까지만 허용했다.

새 아파트 대출도 제한했다. 분양가가 9억원이 넘으면 중도금 대출을 받지 못하게 했다. 분양가에 상관없이 준공 후 입주 시점 시세가 15억원을 초과하면 대출로 잔금을 치를 수 없다.

현 정부는 지난달 26일 가계부채 관리 강화방안을 발표하며 부채 상환 능력을 따지는 DTI(총부채상환비율)를 더욱 엄격하게 만든 DSR(총부채원리금상환비율)을 확대했다. 여윳돈이 없으면 집을 사거나 새 아파트를 분양받지 못한다. 집값이 뛰고 분양시장에 분양가가 주변 시세보다 훨씬 싼 '로또' 분양이 잇따르면서 현금부자만 톡톡한 재미를 보고 있다.

김덕례 실장은 "강남 등 인기 지역의 분양가가 주변 시세의 반값 수준이어서 당첨되면 10억 이상의 시세차익을 기대할 수 있지만 분양가가 9억원이 넘어 여윳돈을 쌓아놓고 있지 않으면 분양받지 못한다"고 설명했다.

대출규제가 조정대상지역 등 규제지역에 따라 '핀셋'으로 이뤄지면서 풍선효과도 일었다. 대출 규제가 느슨한 지역으로 수요가 옮겨 다닌 것이다. 주택 공급을 위한 금융상품 지원이 부족해 주택공급 부족을 악화시키기도 했다.

김규정 소장은 "단편적 총량 중심의 가계부채 관리를 하면서 주택 공급·보유를 위한 다양한 주택금융 기능이 상실됐다"고 말했다.

이에 자문위원들은 일률적인 규제를 정비해야 한다고 요구했다. 권대중 교수는 "청년·신혼부부 등 주택시장 진입계층과 생애 첫 주택 구매자와 1주택 갈아타기 등 실수요 대상의 저금리 장기 대출상품을 확대해야 한다"고 제안했다. 김규정 소장은 "생애 첫 주택 구입자의 LTV를 40%에서 70%로 상향해 내집 마련 디딤돌을 마련해줘야 한다"며 "대신 일정 기간 실거주 의무보유 등 처분제한 규정을 두면 된다"고 강조했다.

주택공급 확대를 위한 금융지원으로 재건축재개발 정비사업 지원 금융이 필요하고 PF(프로젝트파이낸싱)를 활성화해야 한다는 의견도 제시됐다.

징벌적 세금이 풍선·동결효과 초래

현 정부에서 다주택자 등 투기수요를 차단한다는 이유로 주택 취득·보유·처분의 전 과정에 걸쳐 취득세·종부세·양도세를 대폭 강화했다. 2017년 8·2대책, 2013년 9·13대책, 2019년 12·16대책, 2020년 6·17대책 등 해마다 주택세제 강화 방안이 나왔다.

특히 다주택자 중과세를 앞세웠다. 보유 주택 수에 따라 세율을 차등 적용해 다주택자의 세금 부담을 대폭 늘렸다. 취득가액에 따라 1~3%인 취득세가 2주택 8%, 3주택 이상 12%로 올라갔다. 다주택자 양도세에 30%포인트 가산세율이 붙어 양도세 최고 세율이 75%다. 종부세 최고 세율(과세표준 94억원 초과)이 2%에서 6%로 세 배로 뛰었다. 과거 정부에서 유례를 찾아보기 힘들 정도의 징벌적 수준이어서 세금이 아니라 벌금이라는 말마저 회자할 정도다.

권대중 교수는 "현 정부의 공시가격 현실화와 공시가격 중 세금 계산 반영 비율인 공정시장가액비율 상향까지 맞물려 다주택자 종부세가 '폭탄'이 됐다"고 말했다. 김종필 세무사는 "세제도 조정대상지역 등 규제지역에 따라 달리 적용하면서 비규제지역 등으로 수요가 몰리는 풍선효과와 퇴로 없는 세제 대책으로 매물로 내놓지 않는 동결효과가 나타나고 증여 등을 통한 조세회피가 늘었다"고 말했다.

자문위원들은 "세제 관련 법이 수시로 바뀌면서 법적 안정성과 신뢰성이 훼손되고 예측 가능성이 상실됐다"고 지적했다. 김종필 세무사는 "단기간에 주택 공급 확대가 어렵기 때문에 한시적으로 다주택자 양도세 중과를 완화해 시중 매물을 늘릴 필요가 있다"고 강조했다.

자문위원들은 "주택시장 안정 때까지는 신규 투기수요 억제를 위해 취득세 중과를 유지할 필요가 있다"며 취득세 중과 완화에는 신중한 입장을 나타냈다.

물론 중장기적으로 본래의 조세 목적에 맞게 과세를 정상화해야 한다. 거래비용에 해당하는 취득세와 양도세를 완화하고 보유세 부담을 적정 수준으로 낮춰야 한다는 판단이다. 김종필 세무사는 "종부세를 폐지하고 재산세로 통합하자는 주장도 많기 때문에 종부세 유지와 재산세 통합의 장단점을 비교해 개선방향을 검토해볼 필요가 있다"고 말했다.

정리=안장원 기자, 배정원 인턴기자
ahnjw@joongang.co.kr

부동산 분과 위원들의 제언

권대중
명지대 부동산학과 교수, 부동산분과 위원장
"정부의 잦은 임기응변식 대책이 정책 신뢰성을 잃고 규제에 대한 시장 내성을 키웠다. 원칙에 맞고 일관성 있는 정책으로 예측 가능성과 확실성 높여야"

김규정
한국투자증권 자산승계연구소장
"상환 능력 중심의 대출 관행을 정착시키되 생애 최초 주택 구매자와 취약 계층에 대한 주거 금융 지원을 확대하고 일률적인 대출 한도 규제를 완화하자"

김덕례
주택산업연구원 주택정책연구실장
"가구 증가, 빈집, 노후 주택 등을 고려해 전국적으로 300만 가구를 공급해야 한다. 주택 공급 발목을 잡는 규제를 풀어 지속 가능한 주택공급 기반을 마련해야"

김종필
세무사
"다주택자 양도세를 일시적으로 완화해 매물을 유도한 뒤 중장기적으로 거래비용인 취득세·양도세 모두 낮춰야 한다. 보유세도 적정 수준으로 조정 필요"

1. 주택재고 현황 및 특성

2019년 기준으로 전국 주택수는 21,310천 호이며, 가구 수는 20,343천 가구로 전국 주택보급률은 104.8%이다. 이 중 수도권은 99.2%, 서울은 96%로 서울·수도권은 여전히 주택이 양적으로 부족한 상황이다. 하지만 이는 주택 이외의 거처와 비일반가구(외국인가구, 집단가구)를 고려하지 않고 주택공급률을 산정한 수치다. 2019년 기준 주택 이외의 거처는 약 100만 호(오피스텔 약 64.7천 호 포함)이며, 비일반가구는 약 55.8천 가구(외국인가구 54.2만 가구 포함)이다.

신주택보급률

(단위: %, 천 호, 천 가구)

연도	전국			수도권			서울		
	보급률	주택수	가구수	보급률	주택수	가구수	보급률	주택수	가구수
'15	102.3	19,559	19,111	97.9	9,017	9,215	96.0	3,633	3,784
'17	103.3	20,313	19,674	98.3	9,335	9,496	96.3	3,672	3,813
'18	104.2	20,818	19,979	99.0	9,588	9,686	95.9	3,682	3,840
'19	104.8	21,310	20,343	99.2	9,841	9,925	96.0	3,739	3,897

자료: 통계청, 국토통계누리
주: 주택수는 다가구구분거처를 반영한 수치로 다가구구분거처 미반영 시 2019년 주택수는 18,526천 호이며, 가구수는 일반가구수를 대상으로 함.

2020년 한 해 동안 주택은 399천 호 증가했으며, 일반·다가구단독은 감소하고 아파트가 가장 많이 증가했다. 전체 주택의 8.2%가 빈집인데, 이 중에는 일시적으로 비어 있는 집도 포함되어 있어 실제 사용할 수 없는 빈집은 30년 이상 된 496천 호에 이를 것으로 추산된다. 이는 정확한 수치가 아니기 때문에 거처로 사용할 수 없는 빈집에 대한 정확한 통계생산이 필요하다. 또한 30년 이상 된 노후주택은 3,597천 호로 전체 주택에 19.4%에 이른다. 이 중 단독주택이 2,007천 호로 가장 많으며, 아파트가 1,120천 호로 두 번째로 많은 비중을 차지한다.

주택재고 특성(2019년 기준)

<table>
<tr><td colspan="11">총 주택수 18,526천 호('19년 18,127천 호 비해 399천 호(2.2%) 증가</td></tr>
<tr><td rowspan="2"></td><td rowspan="2">구분</td><td rowspan="2">총주택</td><td colspan="3">단독주택</td><td colspan="3">공동주택</td><td rowspan="2">비
거주용</td></tr>
<tr><td>일반</td><td>다가구</td><td>영업 겸용</td><td>아파트</td><td>연립</td><td>다세대</td></tr>
<tr><td rowspan="6">주택
일반</td><td rowspan="2">2019</td><td>18,127</td><td>2,652</td><td>820</td><td>446</td><td>11,287</td><td>514</td><td>2,195</td><td>213</td></tr>
<tr><td>100%</td><td>14.6</td><td>4.5</td><td>2.5</td><td>62.3</td><td>2.8</td><td>12.1</td><td>1.2</td></tr>
<tr><td rowspan="2">2020</td><td>18,526</td><td>2,643</td><td>808</td><td>447</td><td>11,662</td><td>522</td><td>2,231</td><td>214</td></tr>
<tr><td>100%</td><td>14.3</td><td>4.4</td><td>2.4</td><td>62.9</td><td>2.8</td><td>12.0</td><td>1.2</td></tr>
<tr><td>변동수</td><td>399</td><td>-9</td><td>-12</td><td>1</td><td>375</td><td>8</td><td>36</td><td>1</td></tr>
<tr><td>변동%p</td><td></td><td>-0.4</td><td>-0.2</td><td>0.0</td><td>0.7</td><td>0.0</td><td>-0.1</td><td>0.0</td></tr>
<tr><td rowspan="3">빈집</td><td colspan="10">1,511천 호('19년 1,518천 호, 7천 호 감소)로 전체 주택의 8.2%</td></tr>
<tr><td colspan="10">아파트 830천 호(54.9%), 30년 이상 된 빈집은 496천 호</td></tr>
<tr><td colspan="10">* 신축주택 및 매매, 임대, 이사, 미분양 등 사유로 일시적 빈집도 포함</td></tr>
</table>

<table>
<tr><td colspan="6">30년 이상 3,597천 호(19.4%), 20년 이상 9,101천 호(49.1%)</td></tr>
<tr><td rowspan="10">건물
노후</td><td></td><td>총주택</td><td>단독</td><td>아파트</td><td>다세대·연립</td><td>비거주용</td></tr>
<tr><td>주택수</td><td>18,526</td><td>3,898</td><td>11,662</td><td>2,752</td><td>214</td></tr>
<tr><td rowspan="2">20년 이상
노후주택</td><td>9,101</td><td>2,870</td><td>4,974</td><td>1,116</td><td>140</td></tr>
<tr><td>(49.1)</td><td>(73.6)</td><td>(42.7)</td><td>(40.6)</td><td>(65.7)</td></tr>
<tr><td rowspan="2">20년~30년
미만</td><td>5,504</td><td>864</td><td>3,854</td><td>720</td><td>66</td></tr>
<tr><td>(29.7)</td><td>(22.2)</td><td>(33.0)</td><td>(26.2)</td><td>(30.9)</td></tr>
<tr><td rowspan="2">30년 이상</td><td>3,597</td><td>2,007</td><td>1,120</td><td>396</td><td>74</td></tr>
<tr><td>(19.4)</td><td>(51.5)</td><td>(9.6)</td><td>(14.4)</td><td>(34.7)</td></tr>
</table>

자료: 통계청(2021), 2020년 인구주택총조사(등록센서스 방식 집계결과 발표)

임대용 주택은 8,119천 호로 전체 주택(21,310천 호)의 38.1%에 해당한다. 이 중 등록임대주택은 3,044천 호이며 공공임대주택은 1,373천 호, 민간등록임대주택은 1,384천 호이다.

임대주택 건설주체별 구분

(단위: 만 호)

연도	총임대주택	공공임대업자		민간임대사업자								
		국가 (LH)	지자체 (지방공사)	공공임대주택			민간임대주택					
				소계	5년	10년	소계	단기	준공공	기업형	장기일반	공공지원
'17	244.5	101.7	26.5	16.0	8.7	7.3	100.3	86.8	5.7	7.8		
'18	298.5	111.8	27.0	18.2	8.2	10	141.5	102.3	14.8	9.8	13.3	1.3
'19	304.4	120.2	28.7	17.1	7.1	10.0	138.4	94.5	11.6	9.0	21.8	1.5

자료: 국토교통부, 2021년 주택업무편람

임대의무기간 10년 이상 공공임대주택 현황

연도	① 임대용주택(추계)	② 임대주택 (②/①)	재고율	10년 이상 공공임대									
				총계	영구	50년	국민	장기전세	10년	매입임대	전세임대	행복주택
'17	779.9	224.5 (31.5%)	135.0	6.7%	20.2	10.9	52.4	3.3	16.8	10.3	19.5	1.6
'18	797.3	298.5 (37.4%)	7.1%	148.3%	20.7	11.1	53.5	3.3	20.8	11.7	23.4	3.8
'19	811.9	304.4 (37.4%)	7.4%	158.4	21.0	11.2	54.1	3.3	21.3	14.6	26.6	6.3

☞ ① 임대용주택(추계): 811.9만 호('19년 총 주택 2,131호×차가율 38.1%)

자료: 국토교통부, 2021년 주택업무편람

공공임대주택 재고율 비교

한국	네덜란드	덴마크	오스트리아	영국	프랑스	아일랜드	미국	일본	독일	OECD 평균
7.4%	37.7%	21.2%	20.0%	16.9%	14.0%	12.7%	3.3%	3.1%	2.9%	8%

* 한국('19년), 네덜란드·덴마크·오스트리아·영국·프랑스·일본('18년)·아일랜드('16년), 미국·독일('17년)
※ 출처: OECD, OECD Affordable Housing Database, Relative size of the social rental housing stock(2019.12.16 업데이트) (http://www.oecd.org/social/affordable-housing-database/)
자료: 국토교통부, 2021년 주택업무편람

2. 주택수요 현황

주택을 소유한 가구는 11,456천 가구로 전체 일반가구의 56.3%가 주택을 소유하고 있다. 주택을 가장 많이 소유한 지역은 울산(64.0%)이며, 서울은 3,897천 가구 중 48.6%만 주택을 소유하고 있다. 이러한 소유주 중 가구주 연령이 40대 이상인 가구는 60% 이상이 주택을 보유하고 있으며, 30대 가구주는 41.3%이다. 아울러 30대 가구주의 약 20% 정도가 추가적으로 주택을 보유할 것으로 전망된다.

무주택가구는 8,887천 가구로 수도권에 52%(4,634천 가구)가 살고 있으며, 전년 대비 일 년 동안 142천 가구 증가했다. 이는 경기, 서울, 인천 순으로 많이 증가하고 있으며, 세종의 증가율이 11.1%(2018년 54천

주택소유현황

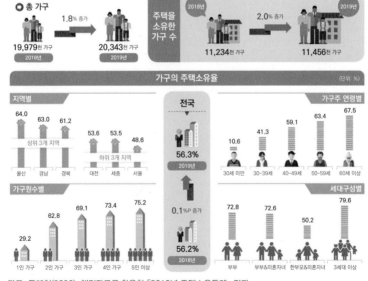

자료: 통계청(2020), 행정자료를 활용한 「2019년 주택소유통계」 결과

가구 → 2019년 60천 가구)로 가장 높은 증가세를 보였다. 무주택가구의 증가는 임차시장의 수요증가로 이어져 전월세가격 상승 원인으로 작용하기 때문에 충분한 임차주택 공급이 필요하다.

거주지역별 가구의 주택소유율 및 무주택가구 현황

(단위: 천 가구, %, %p)

거주지역	2018년				2019년				증감					
	일반가구	주택소유가구	주택소유율	무주택가구	일반가구	주택소유가구	주택소유율	무주택가구	일반가구	주택소유가구	증감률	주택소유율변동	무주택가구	증감률
전국	19,979	11,234	(56.2)	8,745	20,343	11,456	(56.3)	8,887	364	222	2.0	(0.1)	142	1.6
서울	3,840	1,884	(49.1)	1,956	3,896	1,895	(48.6)	2,002	57	10	0.6	(-0.4)	46	2.4
부산	1,364	796	(58.4)	568	1,377	800	(58.1)	577	13	3	0.4	(-0.3)	9	1.6
대구	958	558	(58.3)	400	969	563	(58.2)	405	11	5	1.0	(-0.1)	5	1.3
인천	1,095	643	(58.7)	452	1,121	650	(58.0)	470	26	7	1.2	(-0.7)	18	4.0
광주	579	334	(57.7)	245	587	339	(57.7)	248	9	5	1.5	(0.0)	3	1.2
대전	602	325	(54.0)	277	609	326	(53.6)	283	7	1	0.4	(-0.4)	6	2.2
울산	431	275	(63.7)	156	437	280	(64.0)	157	6	5	1.9	(0.3)	1	0.6
세종	119	65	(54.2)	54	130	69	(53.5)	60	11	5	7.5	(-0.7)	6	11.1
경기	4,751	2,642	(55.6)	2,109	4,908	2,745	(55.9)	2,162	156	103	3.9	(0.3)	53	2.5
강원	628	353	(56.2)	275	634	364	(57.3)	270	5	11	3.0	(1.2)	-5	-1.8
충북	641	371	(57.9)	270	655	383	(58.5)	272	14	12	3.1	(0.6)	2	0.7
충남	851	493	(57.9)	358	864	505	(58.4)	360	13	12	2.4	(0.5)	2	0.6
전북	733	434	(59.2)	299	738	439	(59.5)	299	5	5	1.2	(0.3)	0	0.0
전남	737	442	(59.9)	295	741	450	(60.7)	291	4	8	1.9	(0.8)	-4	-1.4
경북	1,095	666	(60.8)	429	1,103	675	(61.2)	428	8	9	1.4	(0.4)	-1	-0.2
경남	1,306	816	(62.5)	490	1,321	832	(63.0)	489	15	15	1.9	(0.5)	-1	-0.2
제주	249	137	(55.1)	112	254	141	(55.4)	113	5	3	2.5	(0.4)	1	0.9

자료: 통계청(2020), 행정자료를 활용한 「2019년 주택소유통계」 결과

현재 주택문제는 원인진단이 미흡하고 계층 간·세대 간·지역 간 갈등이 심화되고 있는 상황이다. 또 민간과 공공의 공급능력 차이를 인정하지 않은 공공주도 공급계획으로 비효율을 초래하고 있다. 공공은 연간 최대 10만 호 정도를 공급해 왔다. 하지만 단기간에 공공의 공급능력을 확대하는 것은 불가능하다. 결국 민간의 역할을 공유할 수밖에 없는데 과도한 수익성에 기반한 무분별한 민간의 개발로 인해 부작용 관리에 한계가 있다. 또한 시장기능을 저해하는 과도한 규제와 규제 간 충돌로 시장혼동이 가중되고 있다. 규제의 중첩과 확산으로 조정대상지역, 투기과열지구, 투기지역, 토지거래허가구역, 분양가상한제, 고분양가관리지역 등이 나타나고 있으며, 임대차3법으로 인해 매매시장 규제와 전월세시장 규제가 충돌 중이다.

주택수요 및 수급특성 파악이 미흡하여 급변하는 주택수요에 탄력적인 대응도 부족한 실정이다. 수요는 단기적으로 계속해서 변화하는 데 비해 공급은 오랜 시간이 걸려 수요의 다양성에 대한 진단과 이해, 대응 전략이 부족하다. 질적 공급으로의 전환기반 역시 미흡하다. 따라서 이를 해결하기 위해서는 중산층까지 공적지원을 확대해야 하며, 서민에서 중산층으로 주거이동을 지원해야 한다. 또한 서민·실수요자를 위한 적정주택 공급기반을 구축해야 한다.

3. 미래를 위한 부동산 비전·정책목표

가. 비전

(1) 국민의 주거안정과 주거행복권을 인정하는 나라

(2) 공공과 민간이 함께 만들어가는 나라

(3) 과거와 미래를 잇고, 건전한 투자를 인정하는 나라

나. 정책목표

(1) 국민에 의한, 국민을 위한 주택정책 목표를 설정한다.

(2) 지속가능하고 충분한 주택공급기반을 마련한다.

(3) 공공과 민간의 조화를 지향한다.

(4) 시장기능을 충분히 활용한다.

(5) 예측가능한 부동산시장 기반을 구축한다.

(6) 미래산업을 육성하여 양질의 일자리를 창출한다.

4. 정책과제

중산층까지 공적지원을 확대해 서민에서 중산층으로 주거이동을 지원해야 한다. 이를 위해서는 적정 주거 기준 도입 및 적정 주택 공급 확대와 함께 실수요자* 대상 대출규제를 완화하고 청년·무주택가구의 자산형성 지원체계를 구축해야 한다. 아울러 장기저리 모기지 시장 활성화가 필요하다.

서민과 실수요자를 위한 적정주택 공급기반을 구축하는 일도 요원하다. 지속가능한 주택공급 체계를 마련해야 하며 적정주거 기반의 신규주택 수요 추정 및 공급규모를 설정하고 재건축·재개발 규제를 정상화해야 한다. 또 가격규제(분양가상한제, 고분양가 관리구역 등)를 개선하고 주택성능 및 품질관리를 통한 적절주택 공급을 확대해야 한다. 아울러 1기 신도시 개선작업이 본격화되어야 하며, 인허가기간 단축을 통해 주택공급 속도를 확충해야 한다. 규제지역(투기지역, 투기과열지구, 조정대

---

* 실수요자: 무주택자(고가전세가구** 제외), 생애최초주택 구매자, 교체수요 1주택자
** 고가전세가구: 해당 지역의 평균 주택가격에 해당하는 보증금규모의 임차주택

상지역)과 함께 계약갱신청구권, 전월세상한제 적용주택의 점진적 축소를 통한 임차시장 정상화를 유도해야 한다. 결국 주택시장의 안정을 위해서는 주택보급률을 115%로 상향하고, 2026년까지 증가 예정인 가구수 감안 시 300만 호 공급이 필요하다. 현 정부에서 추진하는 200만 호보다도 100만 호가 추가 공급이 필요한 것이다.

향후 필요한 주택공급 규모

(단위: 만 인, 만 호, 만 가구, %)

구분	2019년 기준				주택보급률 115% 상향을 위해 필요한 주택수(A)	2026년까지 증가 예정 가구수 (B)	향후 추가로 필요한 주택 공급량 (A+B)
	인구수	주택수	가구수	주택보급률			
전국	5,178	2,131	2,034	104.8	208	93	301
수도권	2,589	984	992	99.2	157	55	212
서울	964	374	390	96.0	74	5	79

자료: 통계청, 인구주택총조사, 장래가구추계 참조하여 추정

공정과세 실현을 위한 부동산 세제 대책: 본래 조세목적에 맞는 과세

김종필 세무사

1. 세제 대책 변화 과정

주택시장 급등에 따라 주택 투기수요 차단을 위해 취득-보유-처분 단계별 취득세와 종부세 및 양도세를 대폭 강화했다. 이와 함께 2017년 8.2대책, 2018년 9.13대책, 2019년 12.16대책, 2020년 6.17대책 등 잇따른 주택 세제 강화 대책을 발표했다. 이는 주택 보유 수와 소재 지역 등에 따라 과세를 차등하게 적용해 주택 투기수요를 차단하는 것이 목표이다.

실수요 1주택 보유자 중심으로 세제를 강화하고, 무주택자가 주택을 취득하여 1주택이 되는 경우 취득세율은 변동 없이 일반세율(1.1~3.5%)로 과세하여 실수요자의 주택 수요에 영향이 없게 했다. 1주택자의 종합부동산세 세율 인상과 공시가격 상향으로 종부세가 급증하나, 세액공제 확대 및 과세기준액 상향(공시가격 9억 원에서 11억 원으로 상향)으로 종부세 급증을 방지한다. 이와 함께 조정지역에 2년 이상 실거주 시 양도세 비과세, 다주택에서 1주택으로 전환 시 또는 분양권 등을 보유 시 양도세 비과세 요건 강화 등 수시로 1주택 양도세 비과세 요건을 변경했다. 이와 함께 고가주택 기준을 9억 원에서 12억 원으로 완화하여 1주택자 양도세 부담을 완화할 예정이다.

보유기간과 거주기간에 따라 1주택자의 장기보유특별공제율을 3번 개정해, 다주택자에 대한 취득세와 보유세, 양도세를 대폭 강화하여 주택 투기수요를 차단했다. 2주택 이상자의 주택 추가 취득 시 취득세율을 중과(8.4~13.4%)하여 주택투기수요를 억제했으며, 다주택자의 종부세 세율을 대폭 인상(1.2~6%)함으로써 보유세 부담을 급증시켜 주택 매도를 압박했다. 또 2주택 이상자에게 양도세 중과세율(2주택은 20% 추가과세, 3주택 이상은 30% 추가 과세)을 적용하고 장기보유특별공제 적용을 배제해 매도 시 양도세가 급증하게 함으로써 기 주택 보유자의 매도 의사를 감소시켰다. 2년 미만 단기 보유 주택을 매도할 때 양도세 세율을 인상(40~50%에서 60~70%)하여 주택투기수요를 억제하기도 했다. 아울러 일관성없는 주택 주택시장의 세제혜택과 관련해 과열 요인이 될 수 있는 아파트 주택임대를 폐지하여 주택 수요를 차단하고, 주택 단기매입임대와 장기매입임대 중 아파트의 임대를 폐지함으로써 임대주택에 대한 세제혜택을 축소했다.

* 임대소득세 종합소득세액감면 확대(30%, 75%) 후 축소(20%, 50%)
* 아파트 임대주택의 자동말소로 인해 장기보유특별공제 70% 적용 배제
* 아파트 임대주택의 자동말소로 인해 양도세 100% 감면 배제

[참고 1] 1주택자 세제 대책 변화

구분	양도세		종부세	취득세
	비과세 요건	장기보유특별공제		
8.2대책 (2017년)	조정대상지역 내 2년 거주	-	-	-
9.13대책 (2018년)	-	3년 이상 보유 & 2년 이상 거주 시 보유기간 연 8% 2년 미만 거주 시 연 2%	세율 개정: 0.5~2.7%	
2.12대책 (2019년)	다주택에서 1주택이 될 경우 마지막 주택 매도일부터 보유기간 2년 (2021년 양도분부터 적용)	-		
7.10대책 (2020년)	분양권(2021.1.1. 이후 계약/매매/증여 등으로 취득한 경우)도 주택 수에 포함하여 비과세 판단	3년 이상 보유 & 2년 이상 거주 시 - 보유기간 연4% (최대 40%)+거주기간 연4%(최대 40%) 3년 이상 보유 & 2년 미만 거주 시 연 2%	세율 개정: 0.6~3% 세액공제율: 80%	1. 무주택자의 추가 취득 - 일반세율: 1.1~3.5% 2. 추가 취득 2주택 1) 일시적 2주택: 일반세율 2) 위 외 비조정지역: 일반세율 조정지역: 8.4% 또는 9%

[참고 2] 2주택자 세제대책 변화

구분	양도세				종부세	취득세
	일시적 2주택 유예기간	임대주택외 거주주택 비과세	2주택 중과세	임대주택중과세		
8.2대책 (2017년)	-	-	2주택중과세 대상 10% 추가	2018.4.1. 이후 단기임대등록 → 중과세		
9.13대책 (2018년)	조정대상지역 내 주택 취득 시 - 유예기간 2년 으로 축소	-	-		〈세율개정〉 조정 2채: 0.6~3.2% 위 외: 0.5~2.7%	
2.12대책 (2019년)	-	생애 최초 1회	-			
12.16대책 (2019년)	조정대상지역 내 주택 취득 시 - 유예기간 1년 으로 축소	-	10년 이상 보유한 중과세 대상 주택을 2020.6.30. 이전 매도시 일반세율 & 장기보유공제		-	
7.10대책 (2020년)	-	말소 후 5년 내 매도 시 비과세	〈중과세율 상향〉 2021.5.31. 이전 매도: 10% 가산 2021.6.1. 이후 매도: 20% 가산	〈임대의무기간 내 매도시〉 자동말소: 중과세 제외 자진말소: 50% 이상 임대 시 제외	〈세율개정〉 조정 2채: 1.2%~6% 위 외: 0.6%~3%	〈추가 취득 3주택〉 - 비조정지역: 8.4%, 9% - 조정지역: 12.4%, 13.4%

[참고 3] 3주택 이상자의 세제대책 변화

구분	양도세				종부세	취득세
	일시적 2주택 유예기간	임대주택외 거주주택 비과세	2주택 중과세	임대주택중과세		
8.2대책 (2017년)	-	-	3주택중과세 대상 20% 추가	2018.4.1. 이후 단기임대등록 → 중과세		
9.13대책 (2018년)	조정대상지역 내 주택 취득 시 - 유예기간 2년 으로 축소	-	-		〈세율개정〉 조정 2채: 0.6~3.2% 위 외: 0.5~2.7%	

구분	양도세				종부세	취득세
	일시적 2주택 유예기간	임대주택외 거주주택 비과세	2주택 중과세	임대주택중과세		
2.12대책 (2019년)	-	생애 최초 1회	-			
12.16대책 (2019년)	조정대상지역 내 주택 취득 시 - 유예기간 1년 으로 축소	-	10년 이상 보유한 중과세 대상 주택을 2020.6.30. 이전 매도 시 일반세율 & 장기보유공제			
7.10대책 (2020년)	-	말소 후 5년 내 매도 시 비과세	〈중과세율 상향〉 2021.5.31. 이전 매도: 20% 가산 2021.6.1. 이후 매도: 30% 가산	〈임대의무기간 내 매도 시〉 자동말소: 중과세 제외 자진말소: 50% 이상 임대 시 제외	〈세율개정〉 1.2~6%	〈추가 취득 4주택〉 - 12.4%, 13.4%

[참고 4] 양도세 세율 개정

구분		매도시기별 양도세 세율	
보유기간	대상	2021.5.31. 이전 매도	2021.6.1. 이후 매도
1년 미만	분양권	50%	70%
	입주권/주택	40%	70%
1년 이상 2년 미만	분양권	조정지역: 50% 비조정지역: 40%	60%
	입주권	일반세율: 6~42%	
	주택	일반세율, 중과세	60%(단, 중과세는 중과세와 비교과세)
2년 이상	분양권	조정지역: 50% 비조정지역: 40%	60%
	입주권	일반세율	일반세율: 6%~45%
	주택	일반세율, 중과세 (10%, 20% 가산)	일반세율, 중과세 (20%, 30% 가산)

괄호( ) 안은 전년대비 증감율

세목	2016년	2017년	2018년	2019년	2020년
종부세	1.29조	1.65조 (27.7% 증가)	1.87조 (13.4% 증가)	2.67조 (42.6% 증가)	3.60조 (34.8% 증가)
양도세	13.68조	15.13조 (10.6% 증가)	18.02조 (19.1% 증가)	16.10조 (10.7% 감소)	23.65조 (46.9% 증가)
증여세	3.35조	4.44조 (32.4% 증가)	4.52조 (1.9% 증가)	5.17조 (14.3% 증가)	6.47조 (25.0% 증가)

* 주의: 종부세와 양도세 및 증여세는 주택 외 상가·토지 등이 포함된 금액임

2. 주요국가 부동산세제 현황

우리나라의 부동산세제는 보유세인 재산세와 종합부동산세 그리고 거래세인 취득세가 있다. 양도소득세는 소득세이지만 일반 국민들은 거래할 때 발생하는 세금이기 때문에 거래세로 인식하는 경향이 있다.

우리나라의 부동산세제와 OECD 국가의 부동산세제를 비교하기 위해서는 우선 주요국의 과세제도를 살펴볼 필요가 있다. 영국의 경우 국세의 비주거용 레이트와 지방세인 카운슬세의 경우 보유세, 그리고 국세로 분류되는 토지 인지세 등으로 거래세가 설정되어 있다. 독일의 부동산세제는 보유세로 구분되는 부동산세와 거래세인 부동산 취득세로 구성되어 있으며, 각각 자치단체세와 주세로 구분된다. 프랑스의 부동산세제는 보유세로 구분되는 부동산세, 부동산부유세 등과 거래세로 구분되는 등록세로 구성되어 있다. 이는 2018년부터 기존 부유세의 과세 대상 중 부동산만을 과세 대상으로 하고 금융자산 등의 동산을 제외하는 부동산부유세로 전환하였다.

우리나라의 부동산세제는 OECD 국가들과 비교해 볼 때 보유세보다 거래세 비중이 높은 구조를 취하고 있다. 이에 따라 OECD는 우리나라의

부동산 조세구조를 낮은 거래세와 높은 보유세 구조인 시장친화적 조세구조로 개혁할 것을 권고하고 있다. 최근 공시가격 현실화, 공정가액 적용비율 상승, 세율 상승 등의 영향으로 보유세가 빠르게 상승하고 있어 보유세의 부담은 OECD에서 권고하는 방향으로 전환될 것으로 보인다. 하지만 거래세에 해당하는 취득세는 오히려 다주택자에게 적용되는 높은 세율로 OECD가 권고하는 방향과는 반대로 움직일 것으로 보인다.

OECD가 권고하는 방향이 항상 옳다고 말할 수는 없다. 하지만 OECD 국가들과의 비교를 통해 알 수 있는 인구밀도와 부동산 규모 간의 관계가 조세구조에 영향을 미친다는 사실의 의미와 OECD의 권고를 되새겨 보고, 우리나라 실정에 맞는 조세구조를 만들 필요는 있어 보인다.

3. 문제점

문재인 정부의 부동산대책은 주택 투기수요를 억제하는 데 초점을 맞추었으나 결국 주택수요억제에는 실패하고 시장 내 자원배분 왜곡 등의 부작용을 발생시켰다. 또한 주택을 원활하게 공급하지 못해 급격한 주택가격 상승을 초래했다.

이는 자원배분 왜곡현상을 초래했는데, 규제하지 않는 지역 또는 규제대상에서 제외되는 주택으로 투기수요가 이동하여 실수요자에게도 악영향을 미쳤다. 조정대상지역이 아닌 지역으로 투기수요 이동, 아파트 외빌라 등으로 투기수요 이동, 기준시가 1억 이하 또는 기준시가 3억 이하 주택으로 투기수요 이동 등이 이에 해당한다. 또한 양도세 중과세와 종부세 대폭 인상 등의 퇴로 없는 세제대책으로 인해 시장에 주택 매도를 하지 않는 동결효과를 초래했다.

추가 시세 상승이 가능하다고 생각하는 주택은 보유세와 양도세 절세를 위해 증여를 통한 조세회피 전략을 썼다. 이를 통해 경비로 인정되는 취득가액을 증여 시 평가액으로 인정받아 절세효과를 누리기 위해서는 증여 후 5년이 경과하여 매도해야 하므로 5년간 동결효과가 발생한다. 특히 수도권(서울/인천/경기도)과 세종시와 부산 지역의 증여 건수가 2018년부터 급증했다.

주택 증여 건수(전국, 한국부동산원 자료)

	2013년	2014년	2015년	2016년	2017년	2018년	2019년	2020년	2021.1 ~7월
수도권/ 세종/부산	23,681	29,958	32,819	40,111	45,526	62,761	62,113	92,019	53,568
위 외 지역	30,783	36,935	40,333	40,846	43,786	49,102	48,734	60,408	36,373
합계	54,464	66,893	73,152	80,957	89,312	111,863	110,847	152,427	89,941

법을 수시로 개정함으로써 법적 안정성 훼손과 신뢰성을 상실했고, 예측 가능성까지 침해했다. 아울러 동일 대상(1주택자, 2주택자, 3주택 이상자, 임대주택 등)에 대해서 수시로 세법 개정함으로 인해 납세자의 신뢰성을 상실하고 예측 가능성을 침해했다.

예를 들어 1주택자의 경우 양도세 비과세 개정을 4번(2년 보유에서 2년 거주, 다주택에서 1주택이 될 경우 마지막 주택 매도일부터 2년 보유 시 비과세 변경 등) 진행했고, 양도세 장기보유특별공제 3번 개정, 종부세 세율 2번 개정, 과세 기준가격 변경 등을 진행했다.

다주택자의 경우 2주택 양도세 비과세 개정 2번(유예기간 3년 → 2년 → 1년), 양도세 중과세율 개정 3번(일반과세 → 10%, 20% 추가 → 중과세 한시적 완화 → 20%, 30% 추가), 종부세 세율 개정 2번이 있었다. 임대주택의 경우에는 양도세를 개정하여 양도세 감면 혜택을 배제했다.

4. 정책과제 : 주택시장 안정 및 공정과세 실현

문재인 정부의 투기수요 억제정책으로 부동산 가격안정이 실현되지 못하고 있기 때문에 수요 억제정책 외에 공급을 증가시키는 정책을 추가할 필요성 있다. 초과주택 수요에 맞는 주택 공급을 증가시키는 방법으로는 신축 공급과 다주택자의 소유주택을 시장에 매도하도록 유도하여 공급하는 방법이 있다. 하지만 신축주택을 공급하는 데는 5~6년 정도가 소요되므로 중장기적으로 접근해야 하며, 단기적으로는 다주택자의 소유주택을 매물로 유도해야 한다. 결국 세제 측면에서는 단기공급을 유도하는 정책을 사용하여 수요와 공급의 불일치를 일부 해소하면서, 중장기적으로 주택신축공급을 통해 수요와 공급의 균형을 찾아가도록 유도해야 한다. 이후 궁극적으로 본래의 과세 목적으로 복귀해야 한다.

단기적인 정책으로 동결효과 해소 등을 통한 주택시장의 안정을 유도해야 한다. 빠른 시간 내에 신축 주택 공급이 어렵기 때문에 기존 다주택자의 보유 주택을 시장에 내놓도록 유도하는 세제 접근법이 필요하다. 즉 자원배분의 왜곡현상을 일부 해소하고 동결효과를 해소할 수 있도록 세목별로 접근해야 한다.

현 주택시장이 안정될 때까지 취득세 중과 유지로 신규 투기수요를 억제할 필요가 있다. 다주택자 투기수요를 억제하기 위해 다주택자의 취득세율은 단기적으로 현행처럼 높은 세율을 유지해야 한다. 다주택자의 신규 주택 진입 비용을 높여 기대수익률을 낮춤으로써 투기수요 억제 효과 기대할 수 있다.

이와 함께 주택시장 안정될 때까지 보유세 강화를 유지해 시장 내 매물 출회를 유도해야 한다. 보유세를 인하하면 다주택자 입장에서는 비용 부담이 줄어들어 미래 기대이익이 상승한다. 따라서 추가이익을 기대하고 계속 보유할 가능성이 높다. 즉 매물로 유도하기 어려울 수 있다는 뜻이다. 따라서 다주택자가 보유물량을 시장에 내놓도록 유도하기 위해서는, 보유세는 주택시장 안정될 때까지 강화된 현행 규정을 유지하는 것이 바람직해 보인다. 높은 보유세 부담을 회피하고 완화된 양도세 규정을 적용받기 위해 시장에 매도할 수밖에 없는 상황을 유지할 필요가 있는 것이다.

양도세 중과세 완화를 통해 시장 내 매물 출회를 유도해야 한다. 중과세를 폐지하기보다는 한시적으로 양도세 중과세를 완화하고 장기보유특별공제를 적용함으로써, 유예기간 내에 주택을 매도하는 것이 보유하는 경우보다 기대이익이 크도록 해야 한다. 즉 다주택자가 보유하고 있는 주택이 시장으로 공급되도록 해야 한다.

방법상으로는 다주택자라 하더라도 오랫동안 보유한 주택에 장기보유특별공제는 적용하되, 양도세율은 한시적으로 전면적 완화하거나, 투기적 소득에 대한 일부 상징적 과세 정도로 조정해야 한다.

장기보유특별공제는 장기보유를 유도하여 부동산 투기를 억제하고 국토를 효율적으로 이용할 수 있도록 촉진함과 동시에 화폐가치 하락이나 물가상승으로 인한 명목소득을 과세배제하는 기능을 한다. 따라서 다주택자라도 장기간 보유하고 있는 주택에 장기보유특별공제를 배제하는 것은 명목소득에 대한 과세이므로 바람직하지 않다.

2020년 6월 30일까지 10년 이상 보유한 주택을 매도하는 경우 양도세 중과세에서 제외했던 것처럼 1년 정도의 한시적 기간을 설정하여 완화할 필요 있다. 기한 없이 완화하는 경우 기대이익의 증가로 계속 보유할 가능성이 높아져 매물 유도가 어려울 수 있기 때문이다.

2020년 상반기 수도권과 세종시 및 부산의 주택 거래량은 387,014건으로 전년 동기(2019년 상반기: 164,332건) 대비 135.51% 대폭 증가하였다. 이는 양도세 완화와 종부세 강화의 혼합 효과로 볼 수 있다. 양도

종부세 강화와 양도세 중과세 유예로 인한 시장 내 매물 출회 효과

– 종부세 강화와 2020년 1~6월까지 양도세 중과세 유예(10년 이상 보유 주택) 대책으로 2020년 주택 거래량은 전년(2019년) 대비 58.88% 증가하고 있고, 종부세 급증 우려로 인해 2021년 7월까지의 거래량도 과거연도 대비 증가 추세임.

연간 전국주택 거래량

	2014년	2015년	2016년	2017년	2018년	2019년	2020년	2021년 7월
주택 거래량 (만 건)	100.5	119.4	105.3	94.7	85.6	80.5	127.9	64.8
전년대비 증감율		18.81% 증가	11.81% 감소	10.07% 감소	9.61% 감소	5.96% 감소	58.88% 증가	

국토부 실거래가공개시스템 자료

세 완화가 이루어지지 않을 경우 증여행위가 증가해 시장 내 물량 감소는 더욱 가중될 수도 있다.

중장기적으로 본래 조세목적에 맞는 과세로 공정한 과세를 실현해야 한다. 조세가 부동산 정책의 근간이 되어서는 안 되며, 불가피한 상황하에서 보조적인 수단으로 활용되어야 한다. 따라서 신축 주택 공급을 통해 수요와 공급의 불일치를 해소하게 되면 세제는 본래 목적으로 되돌아와야 한다.

세제 측면 본래의 과세 목적에 부합하는 세제 마련이 필요한데, 이와 관련하여서는 거래비용(취득세와 양도세)은 완화하고 다주택자에게는 보유세를 통해 응능과세와 응익과세를 유도하는 것이 바람직하다. 주택 세제는 주택의 본래 목적인 실거주를 우대하는 방향이 되어야 하고 선택을 통해 신규로 다주택자가 되는 경우가 많이 나오지 않도록 다주택자의 세금은 1주택자의 세금보다는 가중될 필요성이 있다. 이에 더해 장기적인 세제 정책 수립으로 법적안정성과 예측가능성을 확보하고 납세자의 신뢰성을 보호해야 한다. 취득세와 관련해서 거래세는 중과세율 적용을 폐지

하고 일반세율로 환원할 필요가 있다.

보유세와 관련해서는, 적정 보유세 실효세율에 대한 사회적 합의과정을 도출해야 하며, 응능과세와 응익과세의 적절한 조화가 필요하다. 또 현행과 같이 1주택자와 다주택자의 차별은 유지하되, 1주택자의 경우 보유만 하는 자와 거주를 하는 자는 차등적으로 과세를 적용할 필요가 있다. 이와 함께 종합부동산세를 폐지하고 재산세로 통합하자는 의견도 있으므로 현행을 유지하는 것과의 장단점을 비교해 개선 방향을 검토해야 한다.

각 대책으로 인한 양도세 개정효과가 중복 적용될 때 일반 국민뿐만 아니라 과세관청이나 세무전문가도 판단하기 어려운 모호한 경우가 많아지고 있다. 따라서 양도세를 좀 더 쉽게 정리할 필요가 있다. 주택은 자산 증식 수단이 아닌 거주 목적에 활용하도록 유도해야 한다. 1주택자의 양도세 비과세는 거주한 주택에 한하여 비과세로 적용하며, 다주택자의 중과세 제도 역시 완화할 필요가 있다. 특히 물가 상승률을 반영한 장기보유특별공제는 다주택자라도 적용해 주는 것이 바람직하다.

현재와 개편 제시안의 비교

구분	현재	개편 제시안	
		단기	중장기
취득세	다주택자 중과	유지	일반세율로 완화
종합부동산세	2주택 이상 중과	유지	적정 보유세 실효세율에 대한 검토 후 OECD 수준의 세부담선에서 일반세율로 과세 또는 종합부동산세를 폐지하고 재산세로 통합하는 안 실익 검토
양도세	2주택 이상 양도세 중과	일시적 완화	일반세율로 완화

무주택 국민의 내집마련 지원하는 주택금융 정책: 주택금융의 내집마련: 주거안정 지원 기능 회복

김규정 한국투자증권 자산승계연구소장

1. 현황 및 문제점

부동산 시장이 과열됨에 따라 다주택자 및 수도권 규제지역을 중심으로 일률적인 부동산 대출 규제가 강화되고 있다. 2017년 6.19대책, 2018년 9.13대책, 2019년 12.16대책, 2020년 6.17대책 등 잇따른 부동산 대출 규제 정책을 발표해 투기수요를 억제하고 주택가격 안정을 추진하고 있다. 이와 함께 2017년 10.24가계부채종합대책, 2021년 4.29대책 등을 통해 차주 상환능력심사 중심의 가계부채 관리체계 구축 및 가계대출 건전성 악화를 방지해 나가고 있다. 2021년 6.21대책 등 청년·신혼부부 및 무주택, 취약계층 내집마련 및 전세금 등 주택금융 지원을 제한적으로 확대하고, 2021년 10월 26일 가계부채관리방안 강화를 발표해 차주 상환 능력 중심 대출관행을 조기 정착시키고 가계부채 리스크에 대한 선제적 관리를 시행하고 있다.

차주 단위 DSR 2·3단계 조기 시행

	'21.7. 이전	1단계(현행)	2단계 ('22.7.→'22.1.)	3단계 ('23.7.→'22.7.)
주담대	투기·과열지구 9억 원 초과 주택	①全 규제지역 6억 원 초과 주택	총 대출액 2억 원 초과 (①/② 유지)	총 대출액 1억 원 초과 (①/② 폐지)
신용 대출	연소득 8천초과 & 1억 원 초과	②1억 원 초과		
(대상)	신규취급주담대의 8.8%	신규취급주담대의 12.4%	全차주의 13.2% 全대출의 51.8%	全차주의 29.8% 全대출의 77.2%

159

제2금융권 DSR 기준 강화

평균DSR	은행	보험	상호	카드	캐피탈	저축
현행 규제비율	40%	70%	160%	60%	90%	90%
준수현황	38.3%	51.9%	124.6%	55.7%	70.5%	71.5%
조정비율	40%	50%	110%	50%	65%	65%

　　보편적 주거복지 및 다양한 주택공급 확대를 지원하는 주택금융 정책이 없는 실정이다. 단편적 총량 관리 중심의 가계부채 관리로 주택공급 및 보유를 위한 다양한 주택금융 기능을 상실했으며, 주택 분양과 정비사업, 전세대출 등 주택공급과 보유를 위한 다양한 주택금융 상품의 공급이 부족한 상태이고, 이마저도 축소되었다. 따라서 노인과 취약계층, 청년·신혼부부 등 주택금융 지원이 필요한 대상별 상품을 개발하고 확대해야 한다.

　　주택담보대출 및 신용대출 등 부동산 투자 목적의 가계부채가 급증하고 이에 따른 리스크가 확대되고 있다. 부동산 대출 규제 강화 및 가계부채 총량 규제 강화에도 불구하고 금융 불균형이 심화되고 있으며, 실수요 주택담보대출 및 집단대출, 전세대출 등 무주택 실수요 주택 자금 지원까지 위축되며 내집마련 주택금융 기능이 위축되고 있다.

　　무주택 실수요 주택 자금을 마련하는 데도 난관이다. 일률적인 대출 규제 강화로 무주택 실수요 대상의 대출도 위축되었다. 무주택, 취약계층과 청년·신혼부부 등 주택시장 진입계층의 주택 구매 능력이 약화되고 금융규제에 따른 수요의 양극화도 심화되고 있다. 지원 대상의 실수요에 대한 이해 부족과 총량 중심 대출규제의 변동성으로 전세대출, 집단대출 등이 급격히 축소되며 대출 및 주택금융 정책에 대한 신뢰가 떨어지고 있다. 지역별, 가격별 조건부 핀셋형 대출 규제의 부정적 효과가 나타나고 있으며, 핀셋형 규제로 인한 수요 및 자금의 이동으로 주택가격 상승 풍선효과 부작용을 유발해 정책 효과가 실종됐다.

주택공급 부족문제도 심각하다. 적정 주택공급 유지를 위한 다양한 주택금융 상품의 지원 부족으로 공급부족을 유발하고 있다. 신규주택 분양 및 재건축·재개발 등 정비사업 재원을 조달하는 데 한계가 드러나고 있다. 또한 정책 금융상품의 재원이 부족하다는 점과 리츠 등 다양한 금융상품 조달이 한계에 다다랐다는 점도 주택공급 부족의 요인이 되고 있다. 주거복지 역시 위축되어 노인, 취약계층을 위한 주택금융 지원이 부족한 상태이다. 주거 취약계층에 대한 지원 기준 및 재정 확대가 미비해 주거비용 상승에 대응이 취약하다. 저금리, 장기 지원이 가능한 상품의 다각화도 부족해 선택 권리가 부재하고 정주 여건이 악화되었다.

가계신용 리스크도 확대되어 대출규제 강화에도 불구하고 주택담보대출 증가로 인한 리스크가 확대되고 있다. 주택 마련 자금 지원 및 공급지원 금융의 미비로 주택금융의 원기능을 상실함에 따라 주택 금융정책의 신뢰가 저하되고 있다. 대출규제 강화 의지에도 불구하고 주택담보대출이 증가하고 주택금융 지원의 실질적인 효과 관리가 부족해 사후 관리가 미비한 실정이다. 전세·집단대출·정책모기지 등 주거 관련 대출이 지속적으로 증가하고 있으며, 제2금융권으로의 풍선효과 등 부작용이 끊이지 않고 있다.

가계대출 증가 현황

(단위: 조 원)

	17~20년	20.上	20.下	21.1~7	21.8	21.9	21.9말 잔액	16말 잔액
합계 (A+B)	7.0	6.1	12.6	11.3	8.6	7.8	1,613.4	1,184.0
은행(A)	5.8	6.8	10.0	7.3	6.1	6.5	1,051.7	707.1
2금융권(B)	1.1	△0.7	2.6	3.9	2.4	1.4	561.7	476.9
주택담보대출(A)	3.8	4.7	6.4	6.2	7.1	6.7	921.3	679.1
신용 등 기타대출(B)	3.1	1.3	6.2	5.0	1.5	1.1	692.1	504.9

2. 비전·정책목표

무주택 국민의 내집마련을 지원하는 주택금융 기능을 회복하기 위해서는 먼저 수요 대상별 실질적인 주택 보유를 가능하게 하는 주택금융 현실화 및 일률적인 규제 정비가 필요하다. 이를 위해서는 지역별, 주택 가격별 규제 조건을 정비하여 적정 기준으로 복구한 후 DSR 조기 정착을 통해 차주 상환능력 중심의 대출 시스템을 확립해야 한다.

이와 함께 주택 가격 및 수요 니즈 등 주택시장의 변화에 따라 무주택자가 실질적으로 주택을 구매하고 보유할 수 있는 주택금융 지원의 기준을 재정비해야 한다. 생애 최초, 첫 주택 구매자 및 1주택 갈아타기 등 실수요를 대상으로 저금리 장기 대출상품을 확대하고 사후 관리 시스템을 정비해야 하며, 무주택 임차인에 대한 전월세 보증금 대출상품을 확대하고 회수 관리 시스템을 강화해야 한다.

아울러 지속가능한 주택공급을 위해 다양한 주택공급 지원을 위한 주택금융 시스템 구축 및 민간 재원 조달 확대 방안을 모색해야 한다. 공공성 주택 공급 자금 마련을 위한 재원 조달 방안을 강구해야 하며, 민간 재원을 조달하기 위한 금융 상품을 개발해 민간 투자를 유인해야 한다. 이와 함께 주택기금, 선분양 시스템에 의존하는 구조적 한계를 탈피하고, 재건축 정비사업, 역세권 복합 개발 등 도심 주택공급 확대를 위한 금융 지원 확대가 필요하다.

주택금융의 주거복지 기능을 강화하기 위한 각 계층별 주거복지를 위한 상품을 개발하고 지원을 확대해 주거 사다리 역시 구축해야 한다. 저소득, 주거 취약계층에 대한 임차 및 저금리 주택 구입자금 지원을 확대하고 청년, 신혼부부 등 주택시장 진입계층에 대한 주택 구입자금 지원을 확대함과 동시에 금리를 우대해줘야 한다. 또 생애 최초, 첫 주택 구매자 및 1주택 갈아타기 등 실수요에 대한 주택 구입자금 지원 역시 확대되어야 한다.

가계부채 리스크 관리와 관련해서는 금융불균형 완화를 위한 주택금융 사후 관리를 강화해야 하며, 차주 상환능력 중심의 대출 시스템을 조기에 확립하기 위한 DSR 단계별 도입을 먼저 실행하고 정착을 유도해야 한다. 전세대출 및 다주택 주택자금 대출 건에 대한 사후 확인과 회수 시스템 마련, 비 지원대상 대출에 대한 실질적인 대응 관리안 역시 강구되어야 한다.

이에 대한 정책적인 실현을 위해서는 먼저 주택 구입 금융 확대를 통해 국민 주택보유 및 자산형성에 기여해야 하며, 장기저리 모기지상품 활성화를 통해 주택 구입을 지원해야 한다. 아울러 일률 규제 중심의 주택금융 정책을 현실화하고 주택시장 변화에 따른 지원 기준을 재정립해야 한다. 생애 최초 주택 구매자 등 실수요 대상 주택 구입자금 지원을 우대하고 금융 불균형 완화를 위한 주택금융 사후 관리를 강화해야 한다.

주택공급 확대를 위한 금융 지원으로는 PF 활성화 등 공급 확대를 위해 규제를 완화하고 재건축·재개발 정비사업 지원금융을 통해 도심 공급을 확대해야 한다. 아울러 리츠·펀드 등 주택공급 확대를 위한 개인·민간 금융상품 규제를 완화해야 한다.

주거 복지 지원과 관련해서는 노인·취약계층 임대 지원과 청년·신혼부부 등 주택시장 진입계층을 대상으로 지원을 확대하고 주거 사다리를 구축해야 한다. 장기저리 공공임대주택 지원 금융 역시 확대해야 한다.

부동산 가계대출 실질 관리를 위해서는 금융 불균형 완화를 위한 투자목적 대출 사후 관리를 진행하고 상환능력 심사 중심의 가계부채 관리 체계를 단계별로 구축해야 한다. 이와 함께 주택 마련, 주거지원 금융상품 및 유동화의 건전성 관리를 강화해 나가야 한다.

3. 일률적 주택금융 규제 개선

현재 다주택자, 규제지역 중심의 가격 기준 부동산 대출 규제로 가격불안 풍선효과가 일어나고 있으며 수요 구매력이 양극화되는 등 부작용이 심각한 상황이다. 이로 인해 실수요 주택 자금 마련이 요원해지고 대출 의존도가 낮은 계층의 구매력이 오히려 강화되는 문제가 발생하고 있다. 이러한 상황에서 일률적 주택금융 규제를 개선하게 될 시 무주택 실수요 및 정상 주택 교체수요 등 실수요자의 주택 구입 기회가 확대될 것으로 기대된다.

이를 위해서는 먼저 지역, 가격 기준의 일률 규제 조정으로 기준을 완화해 실질적 주택 자금 마련 지원 기능을 회복해야 한다. 풍선효과, 가격 양극화, 금융 불균형 등의 부작용을 유발한 주택담보대출 규제 기준을 재점검하고 차주 상환능력 중심의 DSR 기준을 기본적으로 동일 적용하되 지원 또는 소득 인정이 필요한 대상에게는 DSR 기준을 세분화하여 차별적으로 적용해야 한다. 아울러 가격 기준의 LTV 조건 등을 정비하고 LTV 규제 상한은 완화 및 일률 조정해야 하며 DSR 중심의 관리로 전환해야 한다. 또 시장 진입수요, 미래소득 인정 등 DSR 적용 기준을 세분화해야 한다.

무주택자, 첫 주택 구매자, 교체수요 등의 실수요자 담보대출 한도를 확대해야 하며 주택가격 기준 등 대출규제를 완화해야 한다. 이에 따라 지원 대상 실수요 기준을 재정립할 필요가 있다. 먼저 생애최초 주택 구입자, 일정 기간 이상 된 무주택자, 1주택 갈아타기 수요자 등 지원이 필요한 대상을 점검해야 한다. 생애최초 주택 구입자에 대한 DSR을 차별 적용하고, LTV 상향을 완화(40%→70%)해야 한다. 단, 일정 기간 실거주 및 의무보유 등에 따른 처분제한과 분할상환과 같이 건전성 관리를 강화

> ※ 국가별 주택담보비율(LTV) 규제 상한 수준
>
> - 글로벌 금융위기 이후 LTV 강화 및 만기일시상환대출, 변동금리모기지 취급 규제 강화 확산
> - 임대 목적 주택에 비해 개인 실거주 목적 주택 구입 모기지 LTV 상한 규제는 비교적 높게 설정
> - 미국 80~90%, 일본 90~100%, 싱가포르 75%, 홍콩 90%, 영국 95%, 아일랜드 90%, 네덜란드 100%, 프랑스 100%
> - 주요 유럽 LTV 규제 상한은 80~100% 수준. LTV 상한 규제 외에 LTI(Loan to Income), 혹은 DSTI(Debt Service to Income) 상한 규제 등을 기준으로 활용하는 경우가 다수

해야 한다. 그리고 사후관리 시스템과 패널티 부과 및 회수 구조를 마련해야 한다. 신혼부부 등 생애 최초 주택 구입자 대출 시 소득기준 역시 완화해야 한다. 디딤돌대출, 보금자리론 등 공적대출 상품의 소득, 주택가격 등 적용 기준을 현실화해야 한다.

주택 구매 지원 금융상품을 다각화하기 위해서는 먼저 장기저리 모기지 상품을 출시하고 활성화해야 한다(고정금리, 분할상환). 보편적 주택금융 상품 체계를 구축하고 전세대출, 주택구입자금, 주택연금 등으로 이어지는 주택마련과 주거안정 지원을 위한 상품 카테고리 구성해야 하며, 공적-민간 지원 금융상품을 편리하게 이용할 수 있도록 시스템을 구축해야 한다. 이와 함께 모기지 유동화를 통한 재원 마련도 필요하다.

4. 신규주택 공급 확대 위한 금융 개선

지금은 일률적 금융 규제와 제한된 금융 지원, 재정 지원의 한계로 주택 공급 지원 효과에 한계가 있는 상황이다. 이는 분양 및 정비사업, 개인 공급 전반의 금융 지원 기능 악화로 주택 공급이 감소하고, 도심 아파트 수

급의 불균형이 심화되는 데 영향을 미치고 있다. 현시점에서 신규주택 공급 확대를 위한 금융이 개선된다면 신규분양 공급 증가, 도심 정비사업, 역세권 주택 개발 가능성 확대 등의 기대효과가 있을 것으로 전망된다.

이에 따라 도심 주택공급에 대한 지원 금융을 확대하기 위해서는 재건축·재개발 대출 조달 및 역세권 복합개발 대출을 확대 지원하고 금리를 완화해야 한다. 또 수도권 주택 공급 확대를 위한 도심-역세권 정비 및 개발사업의 활성화를 위해 공급자 대출 상품 조달해야 하며, 공공성 개발 금융에 대한 금리 완화 및 지원 확대가 필요하다. 민관 합동 프로젝트에 대한 대출 지원 역시 확대되어야 하며, 거시적 도시재생 지원 목적의 자금을 조달하고 이러한 시스템을 구축하는 것이 필요하다.

개발 자금 조달 상품을 다각화하는 방안도 마련해야 한다. 규제를 완화하고 리스크 보증을 강화하는 등을 상품 다각화와 유동화로 재원을 확대해야 한다. 또한 PF 활성화 및 다각화, 유동화 확대, 리스크 관리 강화 등을 병행해야 하며, 민간 리츠, 펀드 규제를 완화해 조달 상품을 다각화해야 한다. 장기적 선분양제를 통한 자금 조달을 대체할 금융 상품 개발 역시 필요하다. 후분양제 확대를 위해선 금융 시스템을 전제로 선행되어야 한다.

5. 주거복지 강화를 위한 주택 금융 지원

주거복지 강화를 위한 주택 금융 지원이 이뤄져야 한다. 현재 상황은 무주택, 취약계층의 주거 보유 및 복지를 위한 지원 상품이 부족한 상태이다. 이에 따라 국민 주택 보유를 확대하고 지원하기 위한 주거 사다리 금융 정책이 필요하다. 이를 통해 보편적 주거 복지 및 주택 보유 지원 확대, 국민 내집마련 및 자산형성 등을 지원할 수 있을 것으로 예상된다.

이러한 지원을 위해서는 먼저 장기저리 공공임대·분양 지원 확대가 필요하다. 우선적으로 무주택자 및 취약계층 주거 지원을 위한 재정 확대 및 임대, 분양, 매매 등 지원 상품을 다각화해야 한다. 공공성 주택 공급 확대를 위한 재원 조달 확대 방안이 마련되어야 하며, 지원 대상 및 금액 등 기준 조정에 따른 실질적 지원을 강구해야 한다. 다양한 주거 선택이 가능한 지원 상품 역시 다각화할 필요가 있다.

아울러 주거 사다리 주택금융 시스템을 마련해야 한다. 장기 임대, 전세대출, 생애최초 주택 구매자 및 1주택 교체수요 대출 등 실수요 지원을 확대 확대하고 임차, 내집마련, 주거상향으로 이어지는 주거 사다리 금융 상품을 마련해야 한다. 또 신혼부부, 생애 최초 주택 구매자 등 실수요 주택 구입자금 및 전세대출 지원을 강화해야 한다. 전세대출의 경우 전세가격 상승 등의 부작용이 있으나 수급 불안과 가격 급등으로 실수요 전세대출 지원은 지속돼야 하며, 대신 일정 자산규모 이상의 대상은 제한을 둬야 한다.

취약계층 맞춤형 주택금융의 확대 역시 요원하다. 노인주택, 취약계층 지원 상품 및 재원이 마련되어야 하며, 주거 취약계층에 대한 임차 및 주택 구입자금 금리를 완화해야 한다. 노인주택 지원, 주택연금 정비 등과 함께 실버, 노인주택, 요양설비 등의 공급자 자금 조달 지원을 확대해야 한다.

6. 부동산 가계대출 리스크 관리 강화

우리나라는 가계부채의 지속적인 증가와 함께 금융 불균형이 심화되고 있다. 이에 따른 금리인상 및 유동성 축소에 대비할 필요성이 대두되고 있으며 이를 통해 상환능력 관리하고 부실·위험가구에 대응해야 한다.

먼저 효율적 총량 관리를 통해 실질 사용 사후 관리를 강화하고, 관리 시스템을 마련해야 한다. 실수요 주택자금 및 주거비용 지원을 위한 재원을 분리해야 하며, 실수요 대상 대출의 투자목적 사용 관리 강화 및 회수 시스템을 구축해야 한다. 예측 가능한 주택금융 정책을 수립하고 운영해야 하며, 차주 상환 능력 심사 중심의 가계부채 관리체계의 단계별 구축이 조기 정착되어야 한다.

위험가구·취약대상 파악, 개선방안 및 대응책 수립, 비소구 대출 등 대응 상품의 구비 역시 시급하다. 다중채무 등 위험가구 파악을 위한 모니터링 강화 및 분석 시스템을 도입하고 분할상환 확대를 통한 대출 관리를 강화해야 한다. 취약대상을 위한 지원 병행 대응 상품 마련도 강구되어야 한다.

2030년 CO₂ 감축 시한 눈앞, 현 원전정책 재검토해야

한국의 온실가스 감축 목표

온실가스 배출량
(CO₂ 톤)

7억2760만(2018년 정점)

실제 배출량 통계

4억3660만톤
(정점 대비 40% 감축)

4억5480만톤
(2018~2050년 선형감축시
2030년 목표)

2050년 탄소중립

1990년   자료: 환경부 등   2050

지난 8월 기후변화에 관한 정부 간 협의체(IPCC)가 공개한 제6차 평가보고서는 지구 평균 기온이 2도 이상으로 상승할 경우 극심한 폭염과 가뭄, 폭우가 늘어날 것이라고 경고했다. 이에 앞서 IPCC는 2018년 '1.5도 특별보고서'를 통해 "지구 기온 상승을 1.5도 아래로 억제하기 위해서는 2050년 탄소 중립을 달성해야 한다"고 강조했다. 탄소중립은 온실가스 순(純) 배출량을 제로(0)로 만든다는 의미다.

정부 바뀔 때마다 기후정책 달라져

탄소 중립은 국제적인 흐름으로 자리 잡아가고 있다. 한국은 지난해 2050년까지 탄소중립을 달성하겠다고 선언했고, 2030년까지 2018년 대비 40%를 감축한다는 국가 감축 목표(NDC)도 확정했다. 문제는 이러한 2030 감축 목표와 2050 탄소중립을 어떻게 달성하느냐다. 기후변화 분과 위원들은 차기 정부에서 온실가스를 어떻게 줄일 것이냐를 두고 집중적으로 논의했다.

유연철 기후변화분과 위원장(전 외교부 기후변화 대사)은 "과거 정부가 바뀔 때마다 기후변화 정책은 일관성 없

석탄발전 2040년 이전에 폐지
신재생에너지 보급 확대 지속

에너지 마스터 플랜 다시 만들고
소형 모듈 원전 투자 여부 검토를

대통령, 기후문제 직접 챙겨야
배출권 거래제와 탄소세 병행

이 진행됐는데, 차기 정부는 현 정부의 그린뉴딜 정책과 2050년 탄소 중립 선언을 지속성 있게 추진하는 것이 필요하다"고 지적했다. 유 위원장은 "탄소중립은 이제 국내 의제가 아니라 국제 의제가 됐고, 기후 위기는 인류 생존의 문제이고, 2050 탄소 중립은 국가 경제 생존의 문제"라고 강조했다.

과거 이명박·박근혜 정부는 물론 현 정부도 감축 계획은 발표했지만, 실제 감축 노력은 강하게 추진하지 않아 감축 성과는 미미했다. 유승직 숙명여대 교수는 "2030 국가 감축 목표나, 2050 탄소 중립 약속을 고려하면 새 정부는 당

장 1년에 4~5%씩 온실가스를 줄여야 하는 과제를 안고 있다. 5년 동안 무엇을 할 것인지 로드맵과 구체적인 실천 방안까지 필요하다"고 말했다.

위원들은 무엇보다 석탄 발전의 조속한 폐지가 이뤄져야 한다고 입을 모았다. 최근 영국 글래스고에서 열린 기후변화협약 제26차 당사국 총회에서 한국 정부는 2030년대까지 석탄발전을 폐지하자는 '탈석탄 선언'에 공식 서명하고도 구체적인 탈석탄 시점에 대해선 애매한 입장을 보였다. 김소희 기후변화센터 사무총장은 "문재인 정부는 탈원전과 재생에너지에 있어서 이념적인 논쟁 때문에 기후변화 대응에서 가장 우선시해야 하는 탈석탄 부분을 진행하지 않았다"고 지적했다.

유 위원장은 "2050년 탄소 중립 달성을 위해서는 그 이전에 석탄발전 폐지가 필요하다. 한국기후환경회의에서도 시민 패널의 의견을 모아 2040년 석탄 발전 폐지 의견을 제시한 바 있다"고 지적했다.

김용건 한국환경연구원 선임연구위원도 "퇴출 시점을 정치적으로 정하는 것은 바람직하지는 않다고 생각하

지만, 2040년 석탄 발전 퇴출에 반대 하지는 않는다"며 "탄소 경제 모델링 분석을 해보면 2040년이 매우 적정한 퇴출 시점이라는 결과가 나오기 때문"이라고 말했다. 정치적 합의와 국민적 공감대가 형성된다면 2040년 석탄 발전 퇴출을 반대할 이유가 없다는 것이다.

기후변화분과 위원들은 신재생에너지 보급 확대와 더불어 탈원전 정책도 재검토할 필요가 있다는 데 대체로 공감했다. 유 위원장은 "총체적인 에너지 마스터 플랜 하에서 원자력 발전에 대한 재평가가 필요하고, '소형 모듈 원전(SMR)'의 개발과 투자 여부도 검토할 필요가 있다"고 말했다.

일자리 없어지는 분야 지원해야

위원들은 에너지 전환 과정에서 소외 되는 사람이 없도록, 정의로운 전환을 추구해야 한다는 데 뜻을 같이했다. 김승래 한림대 교수는 "에너지 전환과 산업구조 전환으로 인해 일자리가 창출되는 분야도 있지만, 일자리가 없어지는 분야도 있다"며 "지역사회 불평등이 더심해질 수 있는 만큼 그런 지역에 좀 더지원을 해주고, 중소기업과의 파트너십을 강화하는 등 중앙 정부 차원에서 지원해야 한다"고 제언했다.

위원들은 정부에 대해 기후 위기와 탄소중립에 제대로 대응할 수 있는 거버넌스 확립을 주문했다. 유연철 위원장은 "기후 변화 문제는 대통령이 직접 챙기는 것이 필요하다"며 "청와대 기후 담당 수석 비서관이 탄소중립위원회에 참여하는 등 정부 관련 부처와 탄소중립위원회(중앙~지역)가 긴밀히 연결돼야 한다"고 강조했다.

김승래 교수는 "기후에너지부가 하나의 부처로 들어서고, 거기에서 종합적으로 기후와 에너지와 관련한 모든 정책을 조절하는 게 필요하다"며 "탄소중립도 박정희 시대 경제개발 5개년 계획을 추진했던 것처럼 강하게 드라이브를 걸어야 한다"고 지적했다. 환경과 경제를 별도로 볼 게 아니라, 국가 경제 생존문제로 봐야 한다는 것이다.

위원들은 실제 온실가스 배출량을 줄이기 위해서는 온실가스 배출권 거래제를 강화하고, 탄소세도 병행할 필요하다는 데 대체로 의견을 같이했다. 김용건 선임연구위원은 "우리나라에서

온실가스 감축 목표를 달성하기 위한 핵심 수단은 배출권 거래제이고, 이 틀을 이용해 국가 총배출량의 70%를 이미 총량 규제하고 있다"면서 "배출권 시장을 정상화하지 않으면, 우리나라에 심각한 위기가 찾아올 것"이라고 우려했다. 전력시장 왜곡 때문에 배출권 가격이 높아지건 낮아지건 무관하게 석탄발전을 돌리는 문제가 있다는 것이다. 전력 가격에 배출권 가격을 반영하지 않는 것은 물론 배출권 구매 비용까지 보조하는 것은 심각한 문제로 꼽았다.

정부의 지나친 시장개입 시정돼야

유승직 교수도 "정부의 지나친 시장개입과 일관성이 결여된 정책, 할당량을 수시로 바꾸는 것은 시정돼야 한다"며 "앞으로 최소한 전력 부문에서는 배출권을 유상 할당한다는 걸 분명히 해야 한다"고 강조했다. 전기요금에 탄소 가격이 반영되는 것이 중요하다는 것이다.

김승래 교수는 "탄소 감축을 위해서는 재생에너지 보급이나 탄소 포집·저장 등도 중요한데, 배출권 거래제나 탄소세에 의해 탄소 가격이 높게 형성돼야 이런 부분이 활성화할 것"이라며 "탄소세를 도입할 때는 효율성·형평성·환경성의 다양한 관점에서 고려해야 한다"고 지적했다. 수송·산업·발전·가정 등 모든 부문에 과세하면 연간 약 17조 정도 세금이 생기고, 온실가스는 약 6.5% 감소시킬 수 있다는 게 김승래 교수의 설명이다.

유연철 위원장은 "장기적으로 온실가스 흡수를 위한 산림 조성·관리 비용, 온실가스 포집·사용·저장 비용 등 온실가스 배출을 상쇄하는 수준은 물론 이미 배출돼 대기 중에 존재하는 온실가스까지 흡수·제거하는 비용까지 확보하기 위해 탄소세 세율을 높여나갈 필요도 있다"고 말했다.

위원들은 순환경제의 확립을 통해 기후위기에 대응해야 한다는 의견도 제시했다. 안지환 한국지질자원연구원 단장은 "신종 코로나바이러스 감염증 사태로 심각해진 폐플라스틱 문제에도 적극적으로 대처해야 한다"며 "폐플라스틱문제를 해결하면서 동시에 온실가스 배출도 줄이는 방안이 시급하다"고 지적했다. **강찬수** 환경전문기자, **배정원** 인턴기자

kang.chansu@joongang.co.kr

---

8 기후변화분과 제언-온실가스 감축 정책

기후변화분과 위원들의 제언

유연철 전 외교부 기후변화 대사, 기후변화분과위원장

"기후 위기는 인류 생존의 문제이고, 2050 탄소 중립은 국가 경제 생존이 걸린 문제다. 기후변화 문제는 청와대에 기후 담당 수석비서관을 두고 대통령이 직접 챙겨야 하는 이슈다"

김소희 기후변화센터 사무총장

"새 정부는 탈(脫)석탄을 이른 시일 내에 달성할 수 있는 에너지원 믹스 시나리오를 만들어야. 천연가스·원전·재생에너지를 각각 어느 정도 비중으로 가져가면서 산업 전환을 끌고 갈지 정해야 한다"

김승래 한림대 경제학과 교수

"국가 경제 전반에 걸쳐 에너지 전환으로 산업과 가계 부담이 얼마나 늘어나는지 분석할 필요가 있다. 탄소세를 도입할 때 효율성·형평성, 환경성 등 다양한 관점에서 고려해야 한다"

김용건 한국환경연구원 탄소중립연구실 선임연구위원

"온실가스 배출권 거래에서 정부의 부적절한, 불투명한 개입을 없애고 시장을 정상화해야 한다. 탄소세나 배출권 거래제 둘 중에서 뭐든지 하나라도 제대로 운영하는 것이 중요하다"

안지환 한국지질자원연구원 탄소광물화 사업단장

"탄소 중립 사회로 전환하기 위해서는 취약 계층을 어떻게 지원할 것인지 고민해야 한다. 기후 위기에 대응하려면 저탄소산업 생태계를 조성하고, 신 유망 산업을 육성해서 순환경제를 활성화해야 한다"

유승직 숙명여대 기후환경융합학과 교수

"새 정부는 당장 1년에 4~5%씩 온실가스를 줄여야 하는 과제를 안고 있다. 비전뿐만 아니라 5년 동안 무엇을 할 것인지 로드맵과 구체적인 실천 방안을 마련하는 것이 필요하다"

2018년 8월 1일 강원도 홍천의 최고기온은 41도를 기록했고, 서울도 기상 관측을 시작한 이래 가장 높은 39.6도까지 치솟았다. 2020년 여름에는 중부지방 장마가 54일이나 이어졌고 전국 곳곳에서 홍수 피해가 발생했다. 세계적으로도 최근 폭염·가뭄·산불·홍수·태풍 등 기상이변이 끊이질 않고 있다. 2021년 8월 기후변화에 관한 정부 간 협의체(IPCC)가 공개한 제6차 평가보고서 제1 실무그룹 보고서는 지구 평균 기온이 2도 이상으로 상승할 경우 극심한 폭염과 가뭄, 폭우가 늘어날 것으로 예상하기도 했다.

이에 앞서 IPCC는 2018년 발표한 '1.5도 특별보고서'를 통해 "지구 기온 상승을 1.5도 아래로 억제하기 위해서는 세계 각국이 2050년 탄소중립을 달성해야 한다"고 강조했다. 탄소중립은 온실가스 순(純) 배출량을 제로(0)로 만든다는 의미다.

탄소중립은 국제적인 흐름으로 이미 자리 잡아가고 있다. 한국은 지난해 2050년까지 탄소중립을 달성하겠다고 선언했고, 미국과 유럽연합(EU)을 비롯해 전 세계 130여 개 국가도 탄소중립을 추진하고 있다. 각국은 탄소중립에 맞춰 2030년까지 국가별 온실가스 감축 목표(NDC)도 상향 조정했다. 유럽연합(EU)은 1990년 대비 2030년에는 55%를 감축하겠다고 선언했다.

한국도 2030년까지 2018년 대비 40%를 감축한다는 국가감축 목표를 2021년 10월 27일 국무회의에서 확정했다. 문제는 이러한 2030 감축 목표와 2050 탄소중립을 어떻게 달성하느냐다. 중앙일보 리셋코리아 기후변화 분과에서는 발등의 불이 된 국내 온실가스 감축을 차기 정부에서는 어떻게 추진할 것인지 집중적으로 논의했다.

1. 2040년 이전에 석탄 발전 폐지 완료해야

유연철 기후분과 위원장(전 외교부 기후변화대사) ㅣ 과거 정부가 바뀔 때마다 기후변화 정책은 일관성 없이 진행됐는데, 차기 정부는 현 정부의 그린뉴딜 정책과 2050년 탄소 중립 선언을 지속성 있게 추진하는 것이 필요하다. 2050 탄소중립은 정권이 바뀌어도 지속해서 추진해야 한다. 왜냐하면 탄소중립은 이제 국내 의제가 아니라 국제 의제가 됐기 때문이다. 기후위기는 인류 생존의 문제이고, 2050 탄소중립은 국가 경제 생존의 문제다. 화석연료를 비(非)화석연료로 대체하는 에너지 대전환, 에너지 패러다임 전환을 이뤄내야 한다. 또한, 현재 일회성 소비의 선형(linear) 경제에서 재활용 등의 순환 경제(circular economy)로 전환할 필요가 있다.

유승직 분과 위원(숙명여대 기후환경융합학과 교수) ㅣ 차기 대통령에게 주어진 핵심적 과제는 2030 목표에 근접하게끔 실질적으로 뭔가를 이행해야 한다. 본인이 강력한 의지를 갖고 시행할 구체적인 정책 대안을 갖고 있어야 한다. 새 정부는 당장 1년에 4~5%씩 온실가스를 줄여야 하는 과제를 안고 있기 때문이다. 그런 점에서 비전뿐만 아니라 5년 동안 무엇을 할 것인지 로드맵과 구체적인 실천 방안까지 필요하다.

김소희 분과 위원(기후변화센터 사무총장) ㅣ 산업부문에서는 기본적으로 에너지 효율을 높이는 것을 원칙으로 하고, 에너지 수요를 전기로 대체하는 것이 탄소중립인데, 그러려면 수요를 최대한 낮출 수 있을 만큼 낮춘 다음에 전기로 대체해야 한다. 한국은 제조업 비중이 경제협력개발기구(OECD)에서 최고 수준이고, 특히 철강·시멘트·석유화학 쪽에서 차지하고 있는 비중이 커서 이걸 어떻게 전환하느냐가 가장 큰 관건이다. 선진국들은 탄소중립이란 목표를 1990년부터 2050년까지 60년에 걸쳐서 진행하는 데 비해 우리나라는 30년 만에 해야 하는 굉장히 도전적인 상황이다. 원자력은 신흥국 중심으로 증가하고 있고 유럽 국가에서는 탈석탄에 대한 시기를 언급하고 있다. 문재인 정부는 탈원전과 재생에너지에 있어서 이념적인 논쟁 때문에 기후변화 대응에서 가장 우선시해야 하는 탈석탄 부분을 진행하지 않았다고 평가할 수 있다. 제9차 전력수급계획에서 석탄은 2019년 40.4%에서 2030년 29.9%로 줄일 계획인데, 이번에 정부가 확정한 2030 감축목표에서는 다시 21.8%로 줄였다. 10여 년 사이에 석탄 발전 비중이 거의 절반으로 줄어드는 것이다. 정부의 탄소중립 시나리오에서는 2050년 석탄 발전을 전혀 하지 않는 것으로 제시했다.

김승래 분과 위원(한림대 경제학과 교수) | 탈석탄이라고 해서 석탄의 비중이 100%에서 당장 0%가 되는 것은 아니다. 탈석탄이라고 했을 때 어느 정도까지 가는 것인지 구체적인 계획이 필요하다. 100%는 아니더라도 로드맵에서 비중을 어느 정도 가져갈지 방향성은 있어야 한다. 에너지원별로 구체적인 시기나 연도를 못 박는 것이 필요하다. 탈석탄을 하면서 순차적으로 액화천연가스(LNG)로 전환하고, 내연기관 자동차와 수소 자동차에 대한 로드맵도 구체적으로 제시하면 좋을 것 같다.

김소희 위원 | 우리가 탈석탄을 가장 우선순위로 둔다면 LNG나 원전, 재생에너지를 각각 어느 정도 비중으로 가져가면서 산업 전환을 끌고 갈지 정하는 것이 중요하다. 그래서 석탄을 대신해서 가교(bridge) 구실을 해줄 수 있는 에너지원에 대해 논의가 필요하다. 우선 석탄을 순차적으로 LNG로 전환하는 것이다. 더불어 온실가스 배출량이 적지만 LNG도 화석

연료이기 때문에 언젠가는 폐지가 돼야 한다는 로드맵하에 석탄을 대체할 수 있는 연료 역할에 기한을 정할 필요가 있다.

유승직 위원 ｜ 중요한 것은 '다음 정권에서 해야 할 일이 무엇이냐'인 것 같다. 제가 볼 때는 두 가지인데, 우선 첫 번째는 2050 탄소중립 선언을 지킬 것이냐 말 것이냐. 그리고 더 중요한 것은 2030 감축목표를 어떻게 지킬 것이냐 하는 구체적인 안이 필요하다는 것이다. 기본계획 안에 이미 답이 있기는 하다. 재생에너지가 늘어나면서 석탄과 가스 비중이 확실히 줄었다. 그래도 아직 석탄발전에 대한 애착이 강하다. 이건 경제성의 논리 때문이다. 2050년으로 석탄발전 폐기 시기가 확정 발표되었는데, 이를 지킬 것인지 혹은 국제사회의 논의에 부합하는 조기 폐기를 할 것인지를 명확히 하는 것이 필요한 이유는 확실한 시그널을 관련 산업에 전달하는 방식이기 때문이다. 탄소 가격 정책을 통해 자율적으로 의사 결정을 유도하는 방법도 있을 수 있지만, 배출권 가격의 장기 예측이 어렵고, 자칫 배출권 거래 시장의 작동을 교란할 우려도 있다. 따라서 구체적인 폐기 시한에 대해 명확한 의견을 사전에 제시하는 것이 이행의 실효성을 높일 수 있지 않을까 한다.

유연철 위원장 ｜ 탈석탄 정책이 가장 우선시 돼야 할 것이다. 탈석탄의 구체적인 시기를 이야기하면 최소한 2050년 전까지는 해야 하지 않겠는가. 2050년 탄소 중립 달성을 위해서는 그 이전에 석탄발전 폐지가 필요하다. 한국기후환경회의에서도 시민 패널의 의견을 모아 2040년 석탄 발전 폐지 의견을 제시한 바 있다. 그리고 탈석탄을 최우선으로 하면 그 대안으로 LNG나 재생에너지의 확대가 필요하다. 아울러 재생에너지 확대에 따른 부작용을 해소할 방안도 적극적으로 마련해야 한다.

김용건 분과 위원(한국환경연구원 기후대기연구본부장) ㅣ 퇴출 시점을 정치적으로 정하는 것은 바람직하지는 않다고 생각하지만, 2040년 석탄 발전 퇴출에 반대하지는 않는다. 탄소 경제 모델링 분석을 해보면 매우 적정한 퇴출 시점이라는 결과가 나오기 때문이다. 정치적 합의와 국민적 공감대가 형성된다면 2040년 석탄 발전 퇴출을 반대할 이유도 없다. 다만 정부나 정치권이 민간의 감축 노력의 형태를 통제하기보다 정부는 온실가스 배출권 거래제를 통해 총량적 목표의 관리를 담당하고 이를 달성하는 구체적 방법은 민간이 자율적으로 결정할 수 있도록 시장에 맡기는 것이 보다 효율적이고 합리적이라 생각한다.

김소희 위원 ㅣ 새 정부는 탈석탄을 이른 시일 내에 먼저 달성할 수 있는 에너지원 믹스(mix) 시나리오를 만들어야 한다. 특정 에너지원을 고집하는 것이 아니라 국내 산업의 전환을 고려하여 효율적이고 현실적인 에너지원을 선택해야 할 것이다. 또 이를 확정하기 위해 대국민 공론화 과정이 필요하다. 이념 논쟁으로 끝나지 않도록 공론화를 제대로 진행한다면 탄소중립으로 가는 길이 어떤 것인지에 대한 국민의 인식 제고가 자연스럽게 이뤄질 수 있다고 생각한다.

2. 현 정부 원전 정책의 재검토 필요

유연철 위원장 ㅣ 에너지 분야 마스터 플랜이 필요하다. 에너지 공급 계획과 온실가스 감축 계획을 함께 생각해야 한다. 이러한 바탕에서 원전 문제도 논의해야 한다. 즉, 총체적인 에너지 마스터 플랜하에서 원자력 발전에 대한 재평가가 필요하고, '소형 모듈 원전(SMR)'의 개발과 투자 여부도 검토할 필요가 있다. 원전 문제는 이번 정부에서 매우 민감한 주제

였는데, 다음 정부에서는 이 원전 정책을 전체적인 에너지 정책 분야 차원에서 재검토할 필요가 있다. 특히 소형 원자로와 핵융합 정책을 포함해서 총체적인 재검토가 필요하다고 생각한다.

김소희 위원 ㅣ 원전 부분은 이념적으로 논의가 되고 있어 실제로 합리적인 토론이 전혀 이뤄지지 않고 있다. 탄소중립 달성을 위한 원전의 역할에 대해 진지한 논의가 필요하다. 문재인 정부의 원전 시나리오를 보면 2080년까지도 완전한 탈원전이 아니라 원전 감축이다. 9차 전력수급계획에 따르면 2019년 원자력 비중이 29% 수준이다. 정부 감축목표를 보면 2030년에도 원자력 비중이 23.9%가 유지된다. 2050 탄소중립 시나리오에서도 원전은 전력의 6.1~7.2%를 유지하는 것으로 돼 있다.

김승래 위원 ㅣ 원전 문제는 여러 가지 정치 문제에 휘말릴 수 있지만, 유연하게 생각해봐야 할 것 같다. 진보냐 보수냐 하는 논리가 아니라 원전이 위험하다면 원전 쪽에 부담금을 늘려서 과학적으로 안전하게 만들어야 한다. 사용 후 핵 처리도 문제지만 안전의 문제도 있다. 원전에 대해서는 좀 더 과학적으로 열린 토론이 필요하다. 탈석탄 부분에서 탄소 포집 이용 저장(CCUS: Carbon Capture, Utilization and Storage)이나 탄소 포집 저장(CCS)을 활용한다면 석탄발전소를 꼭 폐쇄해야 하는지도 궁금하다. CCS의 목적이 석탄 발전소에서 나오는 탄소를 포집해서 땅속에 저장하는 것 아닌가. 만약 그 기술이 다른 것보다 더 빨리 진보한다면, 탄소를 재활용하거나 땅속에 묻을 수 있는 것 아닌가.

김용건 위원 ㅣ 국제에너지기구(IEA)의 넷제로(Net-Zero) 시나리오는 신재생에너지가 가장 중요한 역할을 하고 있지만, CCS도 불가피하다고 본다. 에너지 집약도 개선과 전력화가 진행되어야 하고, 재생에너지와 원자력이 화석연료를 대체할 수밖에 없다. IEA는 재생에너지나 CCS 확대를 통해서 투자가 확대될 것이기 때문에 국내 총생산(GDP)가 늘어날 것이라고 긍정적인 미래를 제시하고 있다. 다만 부작용으로 화석연료 수출국들이 큰 타격을 입게 될 것이고, 수입국에서도 에너지 관련 세수가 크게 줄어들 것이기 때문에 재정적인 문제가 심각해질 것이라는 점이다.

안지환 분과 위원(한국지질자원연구원 탄소광물 플래그십 사업단장) | 저는 광물화 기술로 이산화탄소를 저감·활용하는 연구를 진행하고 있는데, 영국에서도 CCS 기술과 별도로 이산화탄소를 광물로 전환하는 전략을 추진하고 있다. 각 산업에서 발생하는 폐기물은 탄소 제로로 가기 위한 대체 자원으로 활용해야 한다. 이 같은 활용 계획이 산업별, 지역별로 구체화했을 때 이산화탄소 감축량 목표를 달성하는 데 기여할 수 있을 것이다.

3. 신재생에너지의 지속적인 보급 확대 필요

유연철 위원장 | 우리는 현재 에너지 삼중고를 겪고 있다. 첫째, 우리나라는 석유 등 1차 에너지의 93.5%를 수입하는데, 에너지 안보 문제가 따른다. 둘째, 이와 같은 수입에너지로 생산하는 전력과 도시가스와 같은 2차 에너지는 80.6%를 화석연료에 의존하고 있어 온실가스 다량 배출 문제가 생긴다. 셋째는 디지털 시대를 맞아 전력 수요가 많이 늘어나고 있어 에너지 수요 문제가 발생한다. 즉, 디지털 강국인 한국이 외국에서 대부분 수입한 화석연료로 전기 등을 생산하며 온실가스를 다량 배출하면서 에너지 수요는 급증하는데 이를 부분적으로만 다루고 전체적으로 보는 곳이 없다는 것이 우리의 현실이다. 이러한 점을 염두에 두면서 신재생에

너지 분야를 봐야 할 것이다.

김소희 위원 ㅣ 수소 분야의 경우 철강 쪽에서 수소환원 제철 기술 등이 논의가 되고 있지만, 엄청난 연구개발비 투자가 필요하고, 실제로 실현하려면 시간이 오래 걸린다. 수소가 무한한 잠재력을 지닌 에너지이지만, 우리는 산업구조의 전환과 교통 부문의 배출 저감을 위해 수소를 고려하는 것이기 때문에 이 수소를 어떻게 자리매김할 것인지 논의가 더 필요하다. 재생에너지는 실제로 필요한 부분임에도 불구하고 원전과의 이념 논쟁 때문에 인식이 나빠진 것 같아 안타깝다. 목표 달성을 무리하게 추진하는 바람에 자연훼손이나 난개발 문제가 있었다. 재생에너지가 가지고 있는 가장 큰 특징인 '분산 에너지'라는 장점을 잘 살려야 한다. 그래서 재생에너지는 자기소비와 지역소비를 원칙으로 진행해야 효율을 낼 수 있다. 실제로 주택과 건물이 전력생산에 활용이 돼 시민들이 에너지 프로슈머(생산자+소비자)가 될 수 있도록 해야 한다. 이를 위해 무엇보다 전력시장 개방, 특히 판매시장 개방이 무엇보다 먼저 추진되어야 한다. 중앙집중형 에너지 공급체계에서 분산형 에너지로 전환될 수 있는 전력시장 구축이 에너지 부문 혁신의 전부라 해도 과언이 아니다.

유승직 위원 ㅣ 에너지 전환의 핵심은 결국 석탄 비중을 줄이고 재생에너지나 천연가스로 대체하는 것이다. 재생에너지를 얘기하니까 공급 부분만 얘기하는데, 보급 목표 달성이 끝이 아닌 것처럼, 에너지 수요관리와 기술개발이 전제돼야 한다. 그런 것들을 다 어떻게 할 것인지, 구체성이 있는 비전을 가진 지도자가 나와야 기후변화 문제를 해결할 수 있을 것 같다.

4. 정의로운 전환에 관심과 지원을

김승래 위원 | 에너지 전환, 산업구조 전환으로 인해 일자리가 창출되는 분야도 있지만, 일자리가 없어지는 분야도 있다. 일단 단기·중기적으로는 일자리가 소멸해 경제적으로 혼란이 생길 위험이 매우 크다.

김소희 위원 | 에너지 전환 비용에 대한 국민의 합의와 동의는 반드시 있어야 한다. 2030년 감축목표를 달성하기 위해 어떻게 할 것인지, 비용은 얼마나 드는지 정확하게 국민에게 알려야 한다. 석탄 발전이나 내연기관 자동차 산업은 좌초 자산이 될 텐데 이 좌초자산에 대해서 사회적 불평등이나 혼란을 야기하지 않으려면 공정한 전환이 필요하다. 이를 위한 기금 마련이든, 직업교육 실시든 다 필요하다. 지자체별로 산업구조가 다르기 때문에 지자체가 이러한 플랜을 만들고 지원해줘야 한다.

김승래 위원 | 정부가 여러 가지 시나리오를 제시하고 있는데, 시나리오 별로 에너지 비용을 제대로 추계하고 있는지 잘 모르겠지만, 아무튼 국가 경제 전반에 걸쳐 에너지 전환비용으로 산업과 가계 부담이 얼마나 늘어나는지 정확한 논의가 필요하다. 비용효과 분석이 가장 중요한데, 정확히 어떻게 할 것이냐, 어떤 목표를 설정했을 때 어떤 경로로 가는 것이 가장 효과적이냐 이런 부분에 대해 전문가들이 연구하고, 그걸 가지고 국민과 논의를 해야 한다. 정부가 그냥 시나리오 그림만 그려주는 것은 좀 아닌 것 같다. '녹색성장탄소중립기본법'만 만들어 놓고, 뜬구름 잡는 이야기만 하고, 정치적 캠페인으로만 가는 것은 좀 지양했으면 좋겠다.

안지환 위원 | 탄소중립 사회로 나아가기 위해서는 공정한 전환이 필요하

다고 하는데, 이 '정의롭다'는 게 과연 무슨 의미인지, 공정하게 뭔가를 바꾼다고 하는 게 무엇인지 살펴볼 필요가 있다. 차기 정부에서 이러한 부분에 대한 검토 없이 출발하게 되면 탄소중립은 무너질 수 있다. 국가 경영을 항해하는 배에 비유했을 때, 1도 정도만 방향을 잘못 틀어도 바로 암초에 걸려서 무너질 수도 있다. 탄소중립 사회로 공정하게 전환하기 위해서는 취약계층을 어떻게 업그레이드할 것인가 고민해야 한다. 그게 결국은 신산업과 새로운 일자리로 연결하는 것이다. 따라서 지역 중심으로 탄소중립을 실현해야 하고, 그 안에서 국민의 인식 제고가 필요하다. 모든 것을 한 번에 이룰 수는 없고, 정부와 지자체가 인프라를 만들어 시민 교육을 뒷받침해야 한다. 녹색 일자리나 청년 일자리, 퇴직한 노인의 일자리 이런 것들도 탄소중립, 기후변화 대책으로 통합돼야 한다.

김승래 위원 ㅣ '탄소중립녹색성장법' 67조에 기후변화대응 기금 내용이 있다. 기금의 소스는 자세히 안 밝혔는데, 탄소세를 부과해서 기후변화대응기금, 공정한 전환을 위한 기금을 조성할 필요가 있다. 지자체별로 공정한 전환을 한다고 했을 때 산업구조를 전환하고, 에너지를 전환하면 지역사회 불평등이 더 심해질 수 있다. 그래서 지역에 좀 더 지원을 해주고 중소기업들이 힘들어지면 중소기업의 파트너십을 강화하는 등 중앙정부 차원에서 지원을 해주어야 한다.

유승직 위원 ㅣ 우리가 지금 2050 탄소중립에 대해 이야기하고 있는데, 어려운 것 중 하나가 과연 어디서부터 온실가스를 줄일 것이냐 하는 문제와 2050년의 산업구조 모습을 예측하는 것이다. 그런데 세계 역사적으로 산업구조가 변화하는 관점에서 2050년의 대한민국 산업구조가 어떻게 될 것인지에 관하여 깊이 있는 고민을 해봤느냐는 것이다. 대한민국이 계속

181

성장을 해도 이제는 온실가스 배출량이 그렇게 늘어나지 않는 나라가 됐다. 제조업 비중을 유지하더라도 과거처럼 중화학공업 위주로 성장하는 것이 아니기 때문이다. 앞으로 자율주행 자동차가 상용화되면 가장 위기를 맞을 산업은 보험업과 철강업이라고 생각한다. 사고가 거의 나지 않는데, 차체를 지금처럼 고급 철강으로 만들 필요가 있을까? 이렇듯 변화하는 산업구조에 대한 비전이 있어야 한다. 앞으로 10년, 20년 정도는 지금과 비슷하게 갈 것이다. 그렇지만 20년, 30년 뒤에는 분명히 현재와는 다른 사회가 도래하고 이에 상응하는 산업구조도 변화한 새로운 모습을 가질 것이다.

김승래 위원 │ 기술변화가 굉장히 빠르게 이루어지고 있고, 10년마다 세상이 변하기 때문이다. 먼 미래에는 기술이 아주 진보돼 기술로써 모든 것을 커버할 수 있을 것이다. 2050년의 비용편익 분석을 하는 것은 먼 미래의 일이라고 생각들 하는데, 아무리 먼 미래라고 해도 그 미래를 현재의 가치로 비용편익을 분석해야 한다. 2050년은 먼 미래라고 해서 어떻게 될지 모른다고 해도, 2030년은 크게 바뀌지 않을 것이다. 따라서 2030년을 기준으로 여러 가지 목표를 설정해 놓은 것을 가장 비용 효율적인 방법으로 실현할 수 있도록 구체적인 비용편익 분석을 해서 산업계와 가계의 부담을 최소화하고 함께 상생할 수 있는 대안이 무엇인가 물어봐야 한다. 구체적인 대안을 얘기하지 않고 그냥 장밋빛 미래를 얘기하는 것은 안 된다.

유연철 위원장 │ 디지털 전환을 할 때 정보화 교육을 필수적으로 하는 것처럼 에너지 전환을 할 경우도 그에 대한 교육이 필요하다. 우리나라에서도 기후 에너지, 환경에 대한 교육을 강화해서 그것도 하나의 정책으로 집어넣고, 그걸 토대로 해외에 수출할 수 있는 산업이나 기술을 육성하는 것이 필요한 것 같다.

5. 기후위기 대응 및 탄소중립 거버넌스의 확립

김승래 위원 | 종합적인 에너지 정책이 되려면 기후에너지부가 하나의 부처로 들어서고, 거기에서 종합적으로 기후와 에너지와 관련한 모든 정책을 조절하는 게 필요하다. 산업부에 에너지 담당 차관을 신설하는 수준은 그냥 그린 워싱(green washing) 정책 같다. 지금의 탄소중립위원회처럼 위원회 구조로는 부족하다. 정부 부처로서 향후 우리나라의 에너지 대전환을 추진해 나갈 컨트롤 타워 역할이 필요하다.

유승직 위원 | 기후에너지부가 필요하겠지만, 부처 간의 마찰이 생길 수 있기 때문에 최종적인 조절 기능이 필요하다고 생각한다. 기후에너지부를 만드는 것이 중요한 게 아니라 결국은 대통령이 직접 챙길 것이냐 아니냐가 기후 대응의 성공 여부와 연결된다고 본다. 조직도 만들고 대통령이 직접 챙기는 시스템으로 가야 할 것이다.

김소희 위원 | 미국 같은 경우 기후문제를 국가안전보장회의(NSC) 차원에서 다루고 있으니, 우리나라도 대통령이 직접 챙기는 게 맞다. 기후문제는 국가의 안보·경제와 직결된 이슈다.

유연철 위원장 | 저도 대통령이 직접 챙기는 것이 필요하다고 본다. 그래서 기후담당 수석 비서관이 있어야 한다고 생각한다. 정부 관련 부처, 탄소중립위원회(중앙~지역), 청와대 수석 등이 긴밀히 연결돼야 한다. 청와

대 수석도 탄소중립위에 참여해야 한다. 각 분야의 전문가와 시민의 의견이 대통령에게 직접 전달돼야 한다. 기후에너지부를 만든다고 했을 때, 청와대 내에 기후에너지 수석이 있다면 에너지와 온실가스를 통합하는 접근이 가능하지 않을까 생각한다. 아울러 지자체·기업·민간단체와 협력 체계를 구축하고, 범국민적 녹색 생활 운동을 적극적으로 전개할 필요가 있다.

김승래 위원 | 탄소중립도 박정희 시대 경제개발 5개년 계획을 추진했던 것처럼 강하게 드라이브를 걸어야 한다. 환경과 경제를 별도로 볼 게 아니고, 국가 경제 생존 문제로 봐야 한다. 부총리급이 총괄해야 한다.

유승직 위원 | 기획재정부 장관도 환경에 식견을 갖고, 비전을 갖고 전환 계획을 할 수 있어야 한다. 신도시 계획도 탄소배출 제로 건축물 설계 기준에 부합하는지 따져봐야 한다.

6. 온실가스 배출권 거래제 강화 필요

유연철 위원장 | 탄소중립 사회로 가는 데 있어서, 탄소중립 사회시스템을 만드는 데 있어서 가장 중요한 것은 탄소 가격을 제대로 매기는 것이다. 핵심은 온실가스 배출권 거래를 어떻게 할 것인지, 탄소세를 어떻게 할 것인지이다.

김승래 위원 | 배출권 거래와 탄소세를 병행할 필요가 있다. 유럽 국가 중에는 탄소세를 도입하고도 유럽 배출권 거래제(EU-ETS)에 참여한 나라도 있다. 기존 산업이나 발전 부문에서 배출권 거래제를 적용하고 있으

면, 배출권거래제로 관리하기 힘든 나머지 분야에서 탄소세를 적용하는 식으로 해도 될 것이다. 아니면 전반적으로 탄소세를 기본적으로 도입하고, 배출권 거래제에서 배출권을 유상 할당하는 부분은 나중에 환불하는 식으로 진행해도 될 것이다.

김용건 위원 ㅣ 미국은 바이든 대통령 정부가 들어서면서 2035년까지 발전 부문 탄소중립을 한다는 계획을 세웠다. 영국은 정책적으로 가장 앞서 가고 있는 나라로 볼 수 있고, 실제로 정책 목표가 가장 세다. 노르웨이 같은 경우 탄소세가 톤당 200유로 수준으로 엄청나다. 세계 각국이 다양한 수준으로 탄소 가격제(Carbon pricing)를 시행하고 있다. 사실 배출권 거래제를 시행하는 한국도 세계적으로 엄청나게 큰 시장이다. 한때는 단일국가 기준으로는 세계 최대의 시가 총액을 가지기도 했다. 각국이 탄소 가격제를 제대로 하고 있는지 평가하는 OECD 탄소 가격지수(평균적인 탄소 가격과 비슷한 개념)에서 한국은 44개국 중 10위를 했다. 배출권 시장 규모뿐만 아니라 휘발유에 붙는 특별소비세처럼 다른 기본적인 에너지 세제가 낮지 않은 수준이기 때문이다. 문제는 거래량이다. 거래 회전율이 유럽연합의 100분의 1 수준밖에 되지 않는다. 덩치만 크고 제대로 된 시장인지는 잘 모르겠다. 더욱이 배출권 거래제에 있어 정부가 부적절하게 개입하면서 정부의 신뢰를 깎아 먹은 사례도 있다. 우리나라 온실가스 감축목표를 달성하기 위한 핵심 수단은 배출권 거래제다. 배출권 거래라는 틀을 이용해 국가 총배출량의 70%를 이미 총량규제하고 있다. 그러나 기본적으로 전력시장 왜곡 때문에 배출권 가격이 높아지건 낮아지건 무관하게 석탄발전을 돌리는 문제가 있다. 전력 가격에 배출권 가격을 전혀 반영하지 않고 있고, 심지어 배출권 구매 비용을 보조하고 있다. 우리나라는 전 세계에서 유일하게 화석연료 보조금뿐만 아니라 탄소 배출권 보조금도 주는 국가다. '기후 악당'이란 소리를 들을 만한 소지가 있다. 과도한 거래 제한 문제도 있다. 과도한 이월 제한 탓에 더 줄여봤자 배출권이 휴짓조각이 되는 것이다. 불투명한 정부 개입도 심각한 문제다. 그러다 보니 유동성은 떨어지고, 시장 기능을 상실하게 되는 것이다. 배출권 시장을 정상화하지 않으면, 우리나라에 심각한 위기가 찾아올 것이다.

유승직 위원 ㅣ 우리나라가 2015년 배출권 거래제를 도입해 지금까지 안착시키는 단계였다고 하면, 이제는 질적으로 거래시장을 발전시키는 단계가 돼야 한다. 정부의 지나친 시장 개입과 일관성이 결여된 정책으로 할당량을 수시로 바꾸는 어려움이 있었기 때문에 그 부분은 시정돼야 한다. 또 하나는 배출권 가격이 소비자 전력요금에 전가되느냐 안 되느냐도 중요하다. 2015년에 탄소 배출권 가격이 톤당 7,500원 정도로 시작해 코로나 팬데믹이 시작되기 전까지 4만 원 선으로 올랐다. 그렇게 5배 이상으로 가격이 올랐으면 전기요금에도 뭔가 요동이 있어야 하는데, 그렇지 않았다. 저는 이번 3차 계획 기간에는 전기 부분은 배출권을 100% 다 유상할당으로 가야 한다고 주장했다. 앞으로 최소한 전력 부문에 있어서 유상할당으로 가는 걸 분명히 해야 한다.

김승래 위원 ㅣ 친(親)원전으로 온실가스를 줄이는 경우 전기요금을 많이 올릴 필요가 없고, 탄소세도 약하게 도입해도 될 것 같다. 그런데 탈석탄, 탈원전으로 가면 자금이 많이 필요할 것이다. 원전 비중이랑 신재생에너지 비중을 어떻게 가져갈 것인지가 나중에 탄소세 재정 부담과도 연결되기 때문에 중요하다.

김용건 위원 ㅣ 배출권 거래제에서 경매 비중이 지금 약간씩 늘어나고 있는

데, 경매 수입을 통해서 석탄산업 등의 공정한 전환 문제에 많은 투자를 해야 할 것이다. 수송이나 건물 부문이 배출권 거래제에서 빠져 있다. 그런데 수송 부문은 사실 어렵지 않게 넣을 수 있다. 이미 외국에서는 많이 하고 있고, 이것만 넣어도 감축목표를 달성하는 데 큰 도움이 될 것이다.

유승직 위원 ㅣ 이번 정부의 온실가스 감축 정책의 문제는, 배출권 거래제 이외에 다른 부문의 온실가스 감축에 대한 관리 또는 가시적인 정책이 이뤄지지 않고 있다는 것이다. 그렇다면 다음 정부에서는 그런 의지가 있느냐 하는 것에 대해서 명확히 의사 표현을 해야 한다. 다음 정부의 핵심은 2030 목표를 강하게 지킬 수 있느냐 하는 것이다. 전기요금에 탄소 가격이 반영되는 것이 중요하다. 그게 먼저 해결되면 그다음에 수송 부문과 건물 부문을 배출권 거래제에 포함하는 문제도 논의할 수 있을 것이다.

김소희 위원 ㅣ 탄소 가격을 반영한 전력요금 체계로의 개선이 무엇보다 필요하다. 바이든 정부 출범 후 오염자 부담원칙에 따라 적절한 탄소 가격을 시장에 반영하겠다는 메시지를 전했다. 배출권 거래제의 핵심도 적절한 탄소 가격 부여이고, 이러한 시그널이 기업들이 온실가스 감축을 유도하는 역할을 할 수 있다. 합리적인 탄소 가격이 부여되면 그에 맞는 기술 개발도 이루어진다. 마찬가지 이유로 전력요금의 변동 없이 재생에너지로의 전환이 가능하다는 얘기는 더는 설득력이 없다.

7. 배출권 거래제와 병행해 탄소세도 도입해야

유연철 위원장 ㅣ 배출권 거래제의 대안으로서 탄소세 도입 방안과 과제에 대해 김승래 위원께서 발표해주시기 바란다.

김승래 위원 ㅣ 탄소세는 기본적으로 세금이니까, 세금의 일부로 기능해야 하고, 미래 제정 여건도 고려해야 한다. 재원을 어떻게 활용하느냐도 관련돼 있고, 우리나라의 세금 구성비(tax mix)를 어떻게 조절하느냐도 관련이 있다. 에너지 부분에서 온실가스의 89% 정도가 나온다. 2030년 국가 감축목표나 2050년 탄소중립을 고려하면 에너지 과세가 지금도 많이 차지하고 있지만, 향후에는 이 부분이 더 강화될 것이다. 온실가스 감축 과정에서 국가 재정이 많이 필요하다. 재생에너지 보급이나 탄소 포집 저장도 중요한데, 탄소 가격이 높게 형성돼야 이런 부분이 활성화될 것이다. 탄소세 논의에서는 도입세율과 도입방식, 과세대상 범위, 세수 활용 등이 쟁점이다. 이명박 정부 당시 탄소세 도입과 관련해 기획재정부랑 검토해본 게 있는데, 탄소세 도입 단계의 초기 세율은 톤당 3,000~4,000원 정도 수준으로 귀결될 가능성이 크다고 예상했다. 도입 세율을 어차피 처음 도입할 때는 10분의 1 수준으로 굉장히 낮은 수준으로 할 것이고, 점차 높은 수준으로 올라갈 것 같다. 세수 활용 부문은 별도 논의 대상인데, 정부가 지난해 발표한 자료를 보면 그린뉴딜 투자 재원, 취약 계층 지원 등으로 활용할 재원이 필요하니까 기후변화 대응 기금이라고 해서 매년 6조 원 정도 조성하겠다고 했다. 과세대상은 배출권 거래제와 중복된다거나 겹치는 부분에서 어떻게 조절할 것인가가 핵심이 될 것 같다. 사실 무상 할당이면 실제로 이중부담이 발생하지 않고, 이건 중복의 문제가 아니라 조합의 문제다. 탄소세와 배출권 거래제를 병행해서 탄소 가격제를 형성하는 것이다. 탄소세를 도입할 때 효율성·형평성·환경성의 다양한 관점에서 고려해야 한다. 효율성은 경제에 미치는 영향이고, 형평성은 소득분배 부분이다. 무엇보다 탄소세를 도입하는 이유는 온실가스를 줄이자는 것이기 때문에 환경성의 목표를 달성하는 것이 중요하다. 탄소세는 저소득층의 부담 비중이 훨씬 높아서 소득 역진성을 보여준다. 모든 제품의 가격이 다 올라서 생기는 비(非)에너지 부담도 커지는 문제가 있다. 도입 범위는 최대한 넓게 하는 것이 좋다. 수송·산업·발전·가정 등 모든 부문에 다 과세를 하면 연간 약 17조 원 정도의 세금이 생기고, 온실가스는 약 6.5% 감소시킬 수 있다. 그 외에도 산업별로 영향을 주고 고용에도 영향을 미치게 된다. 산업이나 발전 부문은 탄소세와 배출권 거래제를 병행하고, 배출권 무상할당일 때는 탄소세를 우선 부과하고, 유상할당으로 가면 감축 목표 성과에 따라 세금 환급이나 부분적으로 세금을 경감해주는 조치가 필요하다고 생각한다. 세수 활용의 경우는 두 가지 방안이 있다. 첫 번째는 산업계 요구대로 주력산업, 수출 주력업종에 재정 지원해 국가 경쟁력을 키우는 방법이다. 그린뉴딜 기업의 법인세를 감면하고, 환경보전 설비와 에너지 절약 설비 등 녹색 투자에 대해 세액공제를 확대하는 것이다. 두 번째는 취약계층에 대해 소득 지원을 해주고, 취약업종에 대해 노동전환을 위한 공정 전환 기금을 조성하는 것이다. 기본소득으로 활용할 수도 있는데, 그걸 N분의 1로 나눠주면 국가 성장에는 마이너스가 된다. 세수 활용도 형평성·효율성·환경성을 모두 종합적으로 고려해야 한다.

유연철 위원장 | 배출권 거래제와 탄소세를 정책적으로 혼합해서 운영하는 게 이상적이라고 볼 수 있는데, 위원님들의 의견은 어떠신지 궁금합니다.

김용건 위원 | 탄소세냐 배출권 거래제냐 대해서는 둘 중 뭐든지 잘하면 된다고 생각한다. 뭐가 더 좋다는 입장은 없다. 다만 하나라도 잘 선택해서 제대로 운영하는 것이 더 중요하다. 물론 배출권 거래제나 탄소세를 한다고 해서 다른 건 아무것도 안 해도 되는 것은 아니다. 다른 정책도 많이 해야 한다. 배출권 거래제가 없으면 비효율적인 게 문제가 되는데, 왜냐하면 어떻게 감축할 것이냐에 대해서는 사람마다 의견이 다르기 때문이다. 그럼 과연 누구 의견을 따를 것이냐, 그건 사실 시장이 결정해야 하는 영역인데, 시장이 결정하도록 하는 방법은 가격을 통해서 신호를 줄 수밖에 없다. 그렇지 않으면 정부나 정치인들이 하나의 제도를 선택해줘야 하는데, 그거야말로 정말 엄청난 비효율성과 위험성을 가지는 것이다.

김승래 위원 | 시장이 해결하도록 하려면 탄소 가격을 안정적으로 유지해야 하는데, 배출권 거래제 가격이 왔다 갔다 하니까 탄소세를 통해서 확실하게 가격을 정해주고, 그게 기초가 돼서 점점 올라가게 되면 민간 경제가 움직여서 기업들이 각자의 시술 속도에 맞춰질 것이다. 탄소 포집 저장이나 신재생에너지 등 여러 가지 기술 개발이 각자의 진보 수준에 맞게, 규모의 경제 수준에 맞게 진행될 것이다. 배출권 거래제도 좋은데, 그걸 무상으로 했을 때는 재원이 원활하게 확보되지 않기 때문에 기업 투자를 위한 부분이 보완돼야 한다. 그래서 저는 배출권 거래제와 탄소세 중에서 하나만 선택하기보다는 두 개를 같이 하되 서로의 단점을 보완하고 장점을 살리는 방향으로 가는 것이 중요하다고 생각한다.

김용건 위원 | 재원이 필요하면 경매하면 된다. 재원 때문에 두 가지를 다 해야 한다는 주장에는 동의하지 못하겠다. 가격이 불안정하다고 해서 문제가 되는 것은 아닌 게 우리가 유가가 불안정하다고 해서 석유 시추에

투자를 안 하는 건 아니지 않은가.

김승래 위원 | 배출권 거래제는 유상할당으로 하면 언제 얼마만큼 올릴 것인지가 불분명하고, 모든 산업 부분에 걸쳐 있지 않기 때문에 단점이 있다.

김소희 위원 | 배출권 거래제가 제대로만 작동하면 유상할당으로 얻는 재원을 충분히 활용할 수 있을 것 같다. 다만 재원이 워낙 많이 드니까. 공정한 전환에 필요한 재원이 부족하다는 우려도 있다. 그래서 탄소세가 부족한 것을 메꿔주고 지원하는 방향으로 가는 게 어떨까 생각한다.

유승직 위원 | 결국 핵심은 탄소세를 왜 도입하느냐 하는 근본적인 문제다. 교과서적으로 배출권을 100% 유상할당하고 경매하면 배출권 거래제도 탄소세랑 똑같은 효과가 있다. 뭘 선택할 것인지의 문제보다는 다음 정권에서 이걸 어떻게 운영할 것인지에 대한 의지가 중요하다. 우선적인 것은 온실가스를 줄일 것이냐, 못 줄일 것이냐다. 배출권 거래제는 일정 규모 이상의 배출원 또는 산업체를 대상으로 하고 있으며 일정 규모 이하의 산업체는 대상이 되지 않는다. 그렇게 배출권 거래제 대상이 아닌 온실가스 배출원에 대하여 이를 어떻게 포함할 것인가 하는 게 먼저 검토돼야 한다. 100% 유상할당도 정치적 의사만 있으면 충분히 가능하다. 탄소세 도입에서 가장 어려운 것이 뭐냐 하면 세율이다. 정해진 세율을 통해 감축 목표를 달성하지 못했을 때 얼마만큼 유연하게 변동시킬 것인가 하는 부분이 중요하다. 매일 거래 가격이 나오는 배출권 거래제와 연동해서 세율을 결정하는 메커니즘을 개발하면, 어느 정도 적정 탄소 세율을 결정할 수 있을 것이다.

안지환 위원 ㅣ 탄소세를 부과하든, 시장으로 거래를 유도하든 근본적인 부분은 나라마다 다르지만 결국 본질은 페널티를 줄 것이냐, 인센티브를 줄 것이냐이다. 폐기물을 예로 들면, 매립을 금지하는 페널티를 주면 열심히 기술을 개발하게 되고 재활용 시장이 열리게 된다. 마찬가지로 인센티브를 줘서 자율적으로 시장을 만들게 하면 결국 시장이 형성된다. 우리나라는 개인적으로 페널티를 줘야 한다고 생각한다. 그래서 먼저 탄소세를 도입하고, 공정한 전환에 재원이 활용되도록 해야 한다고 생각한다. 물론 당근과 채찍을 적절히 사용해야 하지만, 우리나라는 대기업 및 지자체를 중심으로 우선 탄소세에 대한 강한 정책을 먼저 입안하고, 이에 따른 결과를 봐서 중소기업과 상생하는 모델에 대해 많은 인센티브를 부여하는 제도를 도입하는 것이 좋겠다.

김소희 위원 ㅣ 2030 감축목표와 2050 탄소중립 목표에 맞춰 2022년에 새 정부가 들어서면 그것에 맞게 정책을 갖춰야 하는데, 그에 앞서 고려해야 할 점을 잘 지적해주신 것 같다. 그리고 정부가 시장 개입을 최소화해야 한다는 등 여러 가지 좋은 말씀을 해주셨는데, 그런 제안들을 잘 조합해서 정책을 제시했으면 좋겠다. 기존의 배출권 거래제가 탄소중립을 계기로 질적 성장을 해야 한다는 위기감을 줬으면 좋겠다.

김승래 위원 ㅣ 저는 탄소세를 강하게 하는 것이 2030 감축목표를 달성하는 데 효과적이라고 생각한다. 탄소 가격이 높아지면 신기술을 촉진하고, 기술 진보가 자동으로 일어날 것으로 생각한다. 미래에는 조세 부담이 점점 높아져 OECD 평균만큼은 가야 하는데, 그때 소득세와 법인세 부담 일부를 세금 개편을 통해 탄소세로 옮기는 게 필요하다는 말이다.

유연철 위원장 | 지금까지 탄소 시장 기능의 정상화를 이루자는 의미로, 시장 기능을 통해 온실가스 감축이라는 효과를 거둘 수 있도록 배출권 거래제와 탄소세에 대해 살펴봤다. 배출권 거래제의 기능 확대와 보완적인 제도인 탄소세 도입이란 큰 틀에서 정리하면 좋을 것 같다. 정책적 수용성을 위해서는 아주 단순한 접근이 중요하다. 장기적으로 온실가스 흡수를 위한 산림 조성·관리 비용, 온실가스 포집 사용 저장 비용 등 온실가스 배출을 상쇄하는 수준은 물론 이미 배출돼 대기 중에 존재하는 온실가스까지 흡수·제거하는 비용까지 확보하기 위해 탄소세 세율을 높여나갈 필요도 있다.

8. 기후위기 대응과 순환경제의 연계

안지환 위원 | 기후변화와 지속가능 발전을 연계해야 한다. 유럽은 지속가능한 발전 형태로 50년 전부터 기후변화 대응을 진행해왔다. 지속가능한 발전은 기후변화의 가장 중요한 툴(tool)인데, 지속가능한 발전과 순환경제를 통해 신산업을 일으키고 일자리를 창출할 수 있다. 2015년 파리 기후협정은 기술 메커니즘이다. 기술의 다양성으로 모든 오염되는 속도를 줄이고, 천연자원을 아끼고 보존하는 것을 추구하기 때문이다. 돈을 더 많이 투자해서 기술발전을 하는 것이 해법이라는 것이다. 유럽은 동맥산업이 아닌 정맥산업, 즉 재활용 산업 육성을 통해 정의로운 순환경제를 구축했다. 미국도 3E, 즉 환경(Environment), 에너지(Energy), 경제(Economy)를 통합해 새로운 사회를 만들려 했다. 일본은 유럽을 벤치마킹하고, 법을 통해 사회의 흐름을 바꾸려 했다. 이들 국가는 순환경제를 이룩했고, 이제는 탄소중립을 추구하고 있다. 순환경제와 탄소중립은 우리 사회에서도 중요한 과제다. 특히, 신종 코로나바이러스 감염증 사태로

심각해진 폐플라스틱 문제에도 적극적으로 대처해야 한다. 폐플라스틱 문제를 해결하면서 동시에 온실가스 배출도 줄이는 방안이 시급하다. 현재는 플라스틱 등 폐기물은 물질 재활용보다는 대부분 소각하고, 일부만 에너지로 회수하는 상황이다. 순환경제를 위해 물질 재활용을 최대로 높이고, 나머지도 열에너지로 회수해야 한다. 2030년까지 폐플라스틱 물질 재활용은 25% 수준으로, 에너지 회수 비율은 50% 이상으로 높여야 한다. 재활용 산업에 대한 정부의 지원을 확대하고, 폐기물 직매립에 대한 부담금을 높이는 등 재활용 기반을 튼튼히 해야 한다.

김소희 위원 | 폐기물 에너지 회수 부분은 지금까지 너무 등한시했고, 이번 정부 들어서 이 부분에 대한 정책 또한 후퇴했기 때문에 다음 정부에는 제대로 챙겨야 할 필요가 있다. 물질 재활용은 전 세계 평균적으로 30% 이상은 어렵다는 전문가들의 의견이 있어서 매립하지 않은 나머지는 에너지 재활용이 돼야 한다. 그런데 우리나라는 이러한 에너지 재활용에 대한 논의는 전혀 이뤄지지 않고 있다. 폐기물 에너지화 기술은 현재 가스화를 넘어 수소화까지 진행되고 있어 향후 그린뉴딜로 이어질 수 있는 중요한 부분이다.

안지환 위원 | 탄소중립은 저탄소 산업 생태계를 조성하고, 신유망 산업을 육성하는 것이다. 혁신 생태계의 저변을 구축하는 것이며, 그게 순환경제를 활성화하는 것이다. 순환경제라고 말은 했지만, 사실은 이게 폐기물을 원료화하는 것이다. 순환경제를 이루기 위해서는 쓰레기를 잘 처리할 수 있는 인프라가 필요하다. 그 인프라는 바로 지자체가 만들어야 하고, 중앙정부가 각각의 모델을 제시해야 한다. 주민들이 함께 실천해서 재활용도 하고, 결국 그것들이 제품으로 만들어지고, 그 부분들이 온실가

스 배출량을 줄이는 데 활용될 수 있도록 해야 한다. 쓰레기를 매립하는 것은 후진국이고, 폐기물이 물질이 돼 순환자원으로 저장하고 수급하는 것이 선진국형이다. 결국 탄소중립의 많은 부분은 이러한 순환 자원을 새로운 산업으로 만들어 가는 과정에서 모든 이산화탄소가 감축 또는 활용되는 탄소 신산업 체계로 변화되는 것이다.

김승래 위원 ㅣ 온실가스 감축은 글로벌한 문제다. 우리 국민이 실제로 체감하는 것이 미세먼지와 순환경제인 것 같다. 폐기물 에너지를 회수하고, 생활경제에서 수요관리하고, 물질 순환하는 것이 중요한데, 지역 자원을 활용하자는 것은 좋은 의견인 것 같다. 예산을 많이 주고 지자체들이 경쟁하도록 하면 순환경제로 전환했을 때 효율성이 높아질 것 같다.

김소희 위원 ㅣ 폐기물 처리 부분은 리더들이 정말 관심을 가져야 할 분야다. 앞으로 국내에서 쓰레기 문제는 기후 문제보다 더 큰 위기를 불러올 수 있기 때문에 순환경제와 기후변화 대응을 같은 사이클 안에서 볼 수 있는 리더가 필요하다. 그냥 단순하게 폐기물 처리, 환경문제 해결이라는 인식에서 벗어나서 그린뉴딜과 연결하는 관점이 필요하다.

김승래 위원 ㅣ 순환경제나 기후위기와 관련해 경제적 측면이 굉장히 중요하다. 모든 것이 경제활동이고 다 연결되는 부분인데, 이걸 다 따로 생각하는 것 같다. 에너지는 에너지 정책이 따로 하고, 환경은 환경정책 따로 한다. 이걸 경제 정책의 하나로 생각하지 않는다. 경제와 환경이 통합돼야 하고, 대선 후보들이 환경을 보호하는 것이 국가 성장 전략이라는 인식을 가질 수 있도록 언론이 지적해야 한다.

안지환 위원 | 현재 한국은 이산화탄소를 줄이거나 폐기물을 자원화하기 위해 핵심 요소 기술로 개발한 탄소 광물화 기술 등을 아시아·아프리카 개도국에 이전하고 있다. 독일이나 유럽에서 아무리 선진 기술이 들어와도 개도국들은 한국 기술을 선택하고 있다. 아시아나 아프리카 개도국들은 한국처럼 성장하고 싶은 욕망이 있다. 물고기를 직접 주는 것보다 물고기 낚는 법을 가르쳐줘야 하듯이 과학기술 교육과 함께 환경까지 잘 묶어서 새로운 수출 분야라는 돌파구를 만드는 것이 우리나라의 강점을 활용한 해법이라고 생각한다. 이건 과학자 한 사람이 할 수 있는 것이 아니다. 국가가 나서서 통로를 만들어줘야 한다. 국가적인 철학을 가지고 나아가야 하는 부분이라고 생각한다.

유연철 위원장 | 필요한 요소는 다 들어간 것 같다. 토론을 정리하자면, 일단 정책적인 차원에서는 에너지 전환과 자원 순환이 따로따로 있는 것이 아니라 서로 연계해서 기후대응을 해야 한다. 그걸 큰 정책의 틀이라고 잡는다면, 그 하위 정책으로는 탈석탄 정책이 가장 우선시 돼야 할 것이다.

툭하면 사용자 징계 … 노사간 합의·자치 넓혀가야

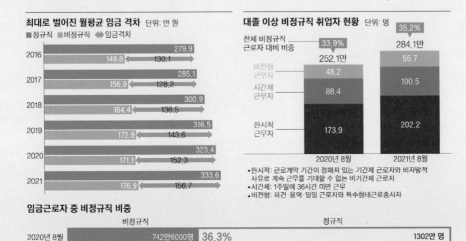

최대로 벌어진 월평균 임금 격차 단위: 만 원
■정규직 ■비정규직 ◆임금격차

연도	정규직	비정규직	임금격차
2016	279.9	149.8	130.1
2017	285.1	156.9	128.2
2018	300.9	164.4	136.5
2019	316.5	172.9	143.6
2020	323.4	171.1	152.3
2021	333.6	176.9	156.7

대졸 이상 비정규직 취업자 현황 단위: 명

전체 비정규직 근로자 대비 비중

	2020년 8월	2021년 8월
비중	33.9% / 252.1만	35.2% / 284.1만
비전형 근무자	48.2	55.7
시간제 근무자	88.4	100.5
한시적 근무자	173.9	202.2

- 한시적: 근로계약 기간이 정해져 있는 기간제 근로자와 비자발적 사유로 계속 근무를 기대할 수 없는 비기간제 근로자
- 시간제: 1주일에 36시간 미만 근무
- 비전형: 파견·용역·일일 근로자와 특수형태근로종사자

임금근로자 중 비정규직 비중

	비정규직		정규직
2020년 8월	742만6000명	36.3%	1302만 명
2021년 8월	806만6000명	38.4%	1292만7000명

자료: 통계청

2017년 5월 12일 문재인 대통령은 인천 국제공항공사를 찾았다. 취임 이틀 만이었다. 이곳에서 문 대통령은 '비정규직 제로'를 선언했다. 2주 뒤인 24일에는 청와대 집무실에 일자리 상황판을 설치했다. 문 대통령이 직접 프리젠테이션까지 했다. 임기 말에 이르러 그 결과는 참담하다.

올해 비정규직은 806만6000명(경제활동인구조사 근로형태별부가조사)을 기록했다. 대졸 이상 비정규직은 284만 명에 달했다. 비정규직 중 대졸 이상 비중은 35.2%다. 이 세 가지 수치는 2003년 관련 통계를 작성한 뒤 역대 최대 규모다.

비정규직 수만 폭증한 게 아니다. 처우는 더 열악해졌다. 정규직과 비정규직 간 임금 격차는 156만7000원이다. 이 또한 2003년 통계 작성 이후 가장 많이 벌어졌다.

일자리 줄고 산재사망 늘어나

청년들은 취업을 포기하는 수준에 이르렀다. 청년 니트(NEET)족이 177만3000명에 이를 전망이다. 20년 동안 발표된 정부 통계에서 볼 수 없던 최악의 수치다. 일자리 정부라던 현 정부가 좋은 일자리는 고사하고, 나쁜 기록을 모조리 갈아치우며 역주행한 꼴이다.

산업안전도 진전이 없다. 취임 첫해 예방 드라이브 덕에 감소 추세를 보였

현실과 어긋난 이념성 정책 득세
처벌·규제 넘치는 노동법 손봐야

플랫폼경제로 노동시장 지각변동
일자리에서 '일거리'로 정책 전환

소수 기득권 노조 시대는 저물어
최저임금도 업종·지역별 차등화

다. 그러다 돌연 채찍을 들기 시작했다. 처벌을 대폭 강화하는 쪽으로 산업안전보건법을 전면 개정하고, 이어 중대재해처벌법도 만들었다. 안전 관련 법을 만들 때마다 산재 사고 사망자는 늘었다. 2020년 산업안전법을 개정하자 감소세이던 사고 사망자가 27명 증가세로 돌아섰다. 올 초 중대재해법을 만들었지만 9월 말 현재 678명이 사업장에서 목숨을 잃었다. 매달 75명씩 숨진다. 이대로라면 올해 산재 사망자가 900명대에 진입할지도 모른다.

최저임금의 급격한 인상은 노동시장 혼란을 부채질했다. 현 정부는 최저임금을 소득주도성장의 첨병으로 삼았다. 그러나 멀쩡한 일자리조차 사라지는 부작용이 속출했다. 급기야 정부가 사기업의 임금을 보전해주는(일자리 안정자

금) 초유의 시장 교란 행위까지 하고 있다. 오죽하면 김동명 한국노총 위원장이 "취약계층의 삶을 보장하기 위한 최저임금을 경제성장과 연결한 것 자체가 포퓰리즘의 전형"이라고 혹평했다.

리셋코리아 고용노동분과 위원들은 이런 노동시장의 현실을 안타까워했다. "궤도를 탈선한 노동정책을 바로잡아야 한다"고 한목소리로 말했다. 이성희 한국노동연구원 선임연구위원은 "앞뒤가 안 맞는 노동개혁 정책으로 일자리는 늘지 않고 노동시장 이중구조는 더 심화했다"고 평가했다.

위원들은 우선 노동시장에 대한 법과 정부의 통제를 우려했다. 노동시장의 변화를 따라가지 못하는 데다 과도하다는 데 의견이 일치했다.

법에 기대는 후진국형 갈등 만연

이정 한국외국어대 법학전문대학원 교수는 "우리 노동법은 공장 근로, 단순 반복적인 근로자를 타깃으로 하고 있어 보호 규정 일변도"라고 말했다. 특히 "현행 노동법에는 형벌 규정이 너무 많다"며 "대표적인 것이 사용자에게 부당노동행위 죄목을 적용하고, 2년 이상의 징역에 처하도록 하는 것인데, 이런 입법례는 한국이 유일하다"고 꼬집었다. 외국처럼 처벌 대신 원상회복주의로 바꾸어야 한다는 것이다.

권혁 부산대 법학전문대학원 교수도 "오로지 법으로 해결하려다 보니 해석을 두고 분쟁이 일어나는, 후진국형 갈등이 만연하다"며 "노사 간 합의, 자율성을 무너뜨리는 환경을 고착화하고 있다"고 지적했다. 권 교수는 "정책에도 유연성을 발휘해 독일처럼 일할 기회를 제공하는 쪽으로 탄력적인 법 적용이 필요하다"고 권고했다. 독일의 경우 스타트업이나 고령자에 대해서는 노동법 적용을 완화한다. 규제 부담을 덜어 일자리를 공급하는 데 초점을 두기 때문이다. 권 교수는 "이는 일자리 자체가 가지는 의미가 규제를 통한 보호보다 사회적 의미가 더 크기 때문"이라고 해석했다.

비슷한 맥락에서 산업 안전에 대한 정부나 정치권의 인식에도 문제가 많다고 위원들은 입을 모았다. 사고가 생기지 않도록 예방하는 것보다 사고 뒤 처벌에 무게 중심을 두면서 생기는 부작용을 우려했다.

사고 예방보다 사후 처벌에 무게

김영기 전 대한산업안전협회 회장은 "정부의 통제는 엄청난 한계를 동반한다"며 "과도한 형벌을 하면 피하려고만 하게 되고, 안전 기술은 고사하고 경영자나 근로자 모두 안전의 체화보다는 규정의 틀에 갇히게 된다"고 말했다. 그래서 "안전에도 자치의 영역이 상당히 많다. 시간이 걸리더라도 이걸 지원해야 한다"는 것이다. 이 교수는 중대재해처벌법과 관련, "영국의 법을 벤치마킹해서 만들었다는데, 영국에서도 양형이 아주 낮아져서 사문화되고 있다"고 소개했다.

거시적 관점의 고용 정책도 주문했다. 정권의 이념에 쫓긴 정책을 단박에 실현하려다 시장 교란, 경쟁력 저하, 일자리 감소 같은 부작용이 초래됐다는 지적과 함께다. 권 교수는 "공장 근로가 저물고 플랫폼이 확산하고 있다. 이런 노동시장의 변화와 저출산 고령사회에 대응하려면 향후 노동법의 관심은 일자리가 아닌 '일거리'가 돼야 한다"고 말했다. 기존의 일자리 구조는 사용자가 존재한다. 따라서 사용자에게 의무를 부과하고, 근로자를 보호하는 법체계다. '일거리 경제'에서는 소위 고용구조가 해체된다. 사용자가 존재하지 않는 경우가 많다.

권 교수는 "일을 함에 있어 기존 노동법에 포섭하지 말고 자율성을 지향하되 사회적 보호 방안을 발굴해야 한다"고 권고했다.

이 교수는 "형벌을 전제로 강제하는 기존 근로기준법 대신 노사의 자율을 보장하는 근로계약법으로 체제 전환이 필요하다"며 "이때 동일노동 동일임금 원칙을 관철해 불합리한 차별이 없도록 할 필요가 있다"고 말했다. 특히 "임금체계를 개혁해야 일본처럼 나이가 들어서도 촉탁 등 다양한 형태로 일을 이어갈 수 있다"고 덧붙였다. 그는 최저임금에 대해 "수천만 근로자에게 적용되는 것인데, 노사 단체가 타협으로 정할 문제인지 고민해야 한다"며 "업종·지역별로 차등하는 것을 검토해야 한다"고 강조했다.

대립적 노사관계부터 풀어야

모든 위원이 전투적·갈등형 노사관계에 대해 크게 우려했다.

주완 변호사는 "노조조직률이 저조한 상황에서 그나마 조합원 중에는 월급을 반도 못 받는 사람이 많은데 노조는 이기적으로 활동하고 고소득을 취한다. 그러면서도 비협조적이다. 국민이 이들을 견제하는 구조가 마련돼야 한다"고 말했다. 김 전 회장은 "노동이 너무 공고화하고, 경직되고, 혹자는 괴물 같은 형태로 변했다고 한다"며 "노동에서도 가진 자들이 너무 힘을 갖게 됐는데, 이에 대한 개혁적 접근이 필요하다"고 말했다. 이 교수는 "일본에서는 과거 '파업 좀 그만합시다'라는 파업이 등장했었다"고 소개했다.

이 연구위원은 "현 정부 들어 노동개혁이 길을 잃었다"며 "대립적 노사관계를 청산하지 않으면 노동시장의 활력을 기대하기 어렵다"고 꼬집었다. 그러면서 "다음 정부는 노동개혁에 대한 국민 공감대를 형성하고, 다양한 방식으로 추진해야 한다"고 강조했다.

권 교수는 "정부가 너무 주도적으로 시장에 개입한다. 그러다 보니 노정관계, 사정관계만 남아 시장을 움츠리게 했다"며 "정부는 힘을 빼야 한다"고 말했다. 권 교수는 "특히 노동문제를 이데올로기적 관점에서 선과 악으로 접근하는 방식부터 지양해야 한다"고 주장했다.

김기찬 고용노동전문기자, 배정원 인턴기자
wolsu@joongang.co.kr

고용노동분과위원 제언

주완 김앤장 변호사, 고용노동분과 위원장
"노사관계가 이데올로기 대립으로 변질하고 있다. 일부 노조의 기득권 지키기, 즉 고소득을 누리면서도 비협조적인 행태를 보이는 이기적 행보를 제어할 시스템이 필요하다. 국가 경쟁력 차원에서 다뤄야 한다."

이정 한국외국어대 법학전문대학원 교수
"부당노동행위로 사용자를 처벌하는 국가는 한국뿐이다. 시대에 뒤떨어진 처벌 위주의 노동법을 대대적으로 정비해야 한다. 급변하는 시장에 적응하도록 노사 자치와 자율을 지원하는 체계로 탈바꿈해야 한다."

권혁 부산대 법학전문대학원 교수
"노동시장의 모든 행위를 노동법으로 포섭하려 들지 말라. 자율성을 적극적으로 수용하고, 자율성 보장을 위한 필요한 보호조치가 무엇인지 고민해야 한다. 무엇보다 정부가 주도적으로 시장에 개입하는 것을 경계하자."

이성희 한국노동연구원 선임연구위원
"노동개혁이 길을 잃었다. 일자리를 창출하고 노동복지와 성장을 선순환시키는 개혁이 필요하다. 노사정 합의라는 이름으로 거래하는 부작용을 막는 대신 국민 공감대를 토대로 노동개혁 아젠다를 설정하자."

김영기 전 대한산업안전협회 회장
"안전은 형벌로 지킬 수 없다. 과도한 형벌은 새로운 안전 기술 개발을 늦추는 등 부작용을 키우고 사각지대를 늘릴 수 있다. 안전 관련 자치 영역을 확대하고 존중하는 쪽으로 정책을 전환하자."

2017년 5월 12일 문재인 대통령은 인천국제공항공사를 찾았다. 취임 이틀 만이었다. 이곳에서 문 대통령은 '비정규직 제로'를 선언했다. 2주 뒤인 24일에는 청와대 집무실에 일자리 상황판을 설치했다. 문 대통령이 직접 프리젠테이션까지 했다. 임기 말에 이른 현재 그 결과는 참담하다.

2021년 비정규직은 806만 6,000명(경제활동인구조사 근로형태별부가조사)을 기록했다. 대졸 이상 비정규직은 284만 명에 달했다. 비정규직 중 대졸 이상 비중은 35.2%다. 이 세 가지 수치는 2003년 관련 통계를 작성한 뒤 역대 최대 규모다.

비정규직 수만 폭증한 게 아니다. 처우는 더 열악해졌다. 정규직과 비정규직 간 임금 격차는 156만 7,000원이다. 이 또한 2003년 통계 작성 이후 가장 많이 벌어졌다.

청년들은 취업을 포기하는 수준에 이르렀다. 청년 니트(NEET)족이 180만 명에 육박할 전망이다. 20년 동안 발표된 정부 통계에서 볼 수 없던 최악의 수치. 일자리 정부라던 현 정부가 좋은 일자리는 고사하고, 나쁜 기록을 모조리 갈아치우며 역주행한 꼴이다.

산업안전도 눈에 띄는 진전을 보지 못했다. 취임 첫해 예방 드라이브 덕에 감소 추세를 보였다. 그러다 돌연 채찍을 들기 시작했다. 처벌을 대폭 강화하는 쪽으로 산업안전보건법을 전면 개정하고, 이어 중대재해처벌법도 만들었다. 안전 관련 법을 만들 때마다 산재 사고 사망자는 늘었다. 2020년 산업안전법을 개정하자 감소세이던 사고 사망자가 27명 증가세로 돌아섰다. 2021년 초 중대재해법을 만들며 채찍의 강도를 더 단단하고 예리하게 만들었다. 이 법은 2022년부터 적용되고 있다. 하지만 근로자가 가족 품으로 돌아가지 못하고 산업현장에서 숨지고 있다는 소식은 이어지고 있다.

최저임금의 급격한 인상은 노동시장의 혼란을 부채질했다. 현 정부는 최저임금을 소득주도성장의 첨병으로 삼았다. 그러나 멀쩡한 일자리조차 사라지는 부작용이 속출했다. 급기야 사기업이 지불해야 할 근로자 임금을 정부가 대신해서 주는(일자리 안정자금) 초유의 시장 교란 행위까지 하고 있다. 오죽하면 김동명 한국노총 위원장이 "취약계층의 삶을 보장하기 위한 최저임금을 경제성장과 연결한 것 자체가 포퓰리즘의 전형"이라고 혹평했다.

리셋코리아 고용노동분과 위원들은 이런 노동시장의 현실을 안타까워했다. "궤도를 탈선한 노동정책을 바로잡아야 한다"고 한목소리로 말했다. 이성희 한국노동연구원 선임연구위원은 "앞뒤가 안 맞는 노동개혁 정책으로 일자리는 늘지 않고 노동시장 이중구조는 더 심화했다"고 평가했다. 대담 형식으로 재구성한다.

1. 처벌 위주의 안전 정책, 자율 예방으로 방향 틀어야

김영기 분과 위원(전 LG그룹 부사장) | 제가 LG에서 CSR(기업의 사회적 책임)업무를 꽤 오랫동안 했고, 마지막 년을 LG그룹 CSR 총책임자로 활동했다. 이후 산업안전협회에서 3년, 승강기 안전공단 이사장으로 3년을 활동했다. 요즘은 CSR이 ESG로 바뀌었다. ESG와 노동이 연결되기가 현 상황에선 쉽지 않다. 노동이 너무 공고화되고 경직되고 혹자는 괴물 같은 형태로 변했다는 말을 할 정도다. 노동도 가진 자들이 너무 힘을 갖게 되고, 일각에서는 운동장이 기울어졌다는 표현도 한다. 이를 바로잡을 새로운 어프로치가 필요하다.

우선 기술의 발전이 엄청나게 빠른 속도로 변화하고 있고, 우리 삶 깊숙이 들어와 있다. 이런 상황에서 노동은 어떻게 변해야 할까 하는 논의가 아직은 초보 단계인 것 같다. 여기에 맞는 노사관계의 규칙을 만들어 가고 변화를 해야 한다.

1인당 국민소득이 3만 불을 넘을 때부터 안전과 보건에 대한 이슈, 환경에 대한 이슈가 폭발적으로 나온다. 그런데 진행되는 것을 보면 전향적이지 못하다. 예를 들어 지금 기업을 맡은 사람들 입장에서는 안전 문제 때문에 엄청나게 많은 고민을 하고 있다. 어쩌면 CEO를 맡지 않으려고 하는 부분도 있다. 저 또한 승강기 안전공단 이사장을 만약에 더 맡으라고 했다면, 사표를 낼 생각을 했을 정도다. 왜냐하면 CEO로서 안전을 온전하게 감당하는 것이 어렵기 때문이다. 이런 점을 고려하고, 변화하는 시대에 맞도록 법체계에 대해 고민을 많이 해야 한다. 무엇보다 실질적으로 현장이 변화해야 한다.

글로벌 차원에서 노동의 역할도 필요하다. 공정 이슈, 젠더 이슈, 기회 균등의 이슈, 소비자 이슈 등 여러 가지 이슈가 쏟아지는데, 그 이슈들 하나 하나에 노동의 역할이 들어 있어야 한다. 노동단체에 참여의 문호를 여는 것을 포함해서다. 제가 한국노총이나 민주노총과 이야기할 때면 "그럼 이제 여러분이 한 발 들어올 때가 되었다. 근로조건과 임금에 너무 매몰되어 있다 보면 더 경직화하기 때문에 이제 한 발짝 나아갈 필요가 있다. 어느 정도 근로조건과 임금 문제가 해결되었으면 이제는 여러분의 시야를 한국을 벗어난 글로벌 관점에서 봐야 하고, 과거와 현재에서 벗어나서 미래를 봐야 한다"고 이야기한다.

이런 점을 종합적으로 검토해서 미래지향적이고 새로운 시대에 걸맞은 논의가 있어야 할 것이다.

김기찬 간사(중앙일보 고용노동전문기자) | 산업안전을 말씀하셨는데 산업안전과 관련해서 CEO를 맡기에는 누구나 부담스러울 수밖에 없다. 무조건 CEO에게 책임을 물으니 누구도 안 맡으려고 한다. 실제로 일부 기업에선 소위 바지 사장을 내세우는 경우가 꽤 많이 목격된다. 경영진이나 기업주, 회사에만 책임을 지우는 쪽으로 산업안전의 패러다임이 흘러가고 있는지 의문을 품게 된다. 사실 안전이라는 것은, 현장을 지키는 근로자와 노조의 선도적 역할이 필요한데, 그 역할을 어떻게 진작을 시킬 수 있을까 하는 문제를 생각하게 된다.

예컨대 독일 같은 경우는 근로감독이라든지 산업안전을, 독립적인 안전 위원회를 꾸려서 전국을 돌아다니며 점검을 한다. 회사 입장에서는 제재나 옥죄는 것이 아니니까 오히려 환영을 한다. 우리 회사 좀 점검해 달라, 뭐가 잘못되었는지 컨설팅을 좀 해 달라고 한다. 국가가 산업현장의 전면에 나서 제재를 가하는 것이 아니라 안전을 자치의 영역으로 다루고, 진작시켜 나가는 것이다. 우리가 가장 문제가 되는 것이 모든 노동 분야에서 자치가 무너지고 툭하면 법원으로 가고, 정부의 행정으로, 그것도 안 되면 정치권으로 가서 압박을 요청하거나 법을 개정한다. 그런데 자치의 영역으로 가면 노사 간의 협력관계, 특히 노조의 권한, 때로는 권한 이양 같은 것에 대한 제도적인 수정이 필요하다고 생각하는데, 이 부분에 대해 어떻게 생각하시는지 궁금하다.

김영기 ┃ 지금 질문을 하시고 답을 다 하신 것 같다. 전적으로 동의한다. 규제나 법, 그리고 정부의 통제는 엄청난 한계가 있다. 모든 인간사를 다 그렇게 법과 규정으로 해결할 수는 없다. 조직이 성숙하고, 사회가 성숙하려면 자치의 영역이 확장되어야 하고, 정착되어야 한다. 그런 영역이 상당히 많다. 그것을 통해 스스로의 역량을 발전시키고, 그들 스스로의 판단에 따라 적절한 수준에서 제어가 가능해진다. 특히 기술이 발전하면 발전할수록, 기술이 함께 발전해야지만 거기에 걸맞은 제도가 만들어졌는지 의문이다. 기술은 자고 나면 달라질 정도로 발전하고 있는데, 제도나 법은 늘 저 뒤에서 따라오고 있다. 그러니까 옥죄는 쪽으로 눈을 돌릴 수밖에 없는 것이 아닌가 생각된다.

사정이 이러다 보니 CEO들은 피하려고 하는 노력을 더 한다. 왜냐하면 자기가 있는 동안 그런 변화를 도모하기 어렵기 때문이다. 안전이라는 것이 1~2년 천착한다고 했다고 해서 갑자기 좋아지는 것이 아니다. 끊임없이 교육과 훈련을 통해서 스킬을 향상시키고 안전이 몸에 체화되었을 때 비로소 안전효과를 볼 수 있는 것이지. 법으로 규정한다고 하면 그 법을 피하려고 하다가 풍선효과가 나타날 수밖에 없다.

특히 안전사고 가지고 과도한 형벌을 하게 되면 절대로 이 안전문제를 개선할 수 없다. 그걸 피하려고만 하게 되고 그럼 새로운 안전 기술을 개발하지도 못하고, 경영자나 근로자나 모든 사람이 체화된 안전을 가질 수 없게 된다.

그래서 김 기자님 말씀하신 대로 자치의 영역으로 갈 수 있도록 정부가 계속 서포트해주고 어떻게 하면 좋은 놀이터가 될 수 있을까 하는 측면에서 지원해야 한다고 생각한다. 시간이 좀 걸릴 것이다. 학교 교육부터, 어릴 때부터 안전교육이 이루어져야 한다. 그리고 사실은 생활 속에서 안전이 이루어져야 한다. 법으로는 절대 될 수 없다.

2. 70년 된 공장 노동법, 시대 변화에 맞게 확 바꿔야

이정 분과 위원(한국외대 법학전문대학원 교수) | 저는 수십 년간 노동법만 한 사람이다. 그래서 노사관계라든가 고용관계에 관심을 가지지만, 그래도 저는 메인이 법 제도에 관한 것이기 때문에, 특히 저는 일본에서 오래 생활하다 보니까 한·일 간의 노동법 제도를 많이 연구해왔다. 그런 측면에서 말씀 드리겠다. 잘 아시겠지만 고용환경의 변화라든가 저출산, 고령화, AI, 공유경제 등 엄청난 트렌드가 있는데, 이것을 과연 우리 고용환경이 잘 숙지하고 있는가에 대해 늘 문제의식을 가지고 있다.

좁게는 노동법을 이야기하면, 이런 변화된 상황을 다 수용하지 못하는, 겉도는 부분이 있다. 심플하게 말하자면 현재 우리나라 노동법은 공장 근로, 즉 단순 반복적인 근로자를 타깃으로 하고 있고, 어떤 면에서는 학력수준이나 정보력이 좀 부족한 근로자를 대상으로 하기 때문에 보호 규정 일변도이다.

지금은 지식인 근로자, 화이트칼라 근로자가 많이 늘어나고 있다. 오히려 사용자보다 근로자가 더 강하고 많은 정보를 가지고 지식 면에서도 우위에 서는, 그런 환경이다. 이런 점을 생각해 보면 수 세기 전에 만들어진 고용 환경이 과연 이 첨단 시대에 맞는가 하는 의문을 가질 수밖에 없다(노동법은 제정 70년이 지났다. 근로시간이나 임금 등이 모두 생산직 공장제 근로자에게 맞춰진 채 70년 동안 운용돼 왔다는 의미다. 그래서 '공장 노동법'이라 불리기도 한다. 다양한 고용형태가 나타나는 지금 상황에선 여러 고용형태의 노동 사정을 담아내기 어렵다).

그렇다면 패러다임을 바꿔야 하는데, 쉬운 문제가 아니다. 대표적인 것이 두 가지 문제가 아닌가 한다. 근로조건에서 제일 중요한 부분이 '뭐니뭐니 해도 머니'라는 말이 있는데 바로 임금 문제를 일컫는 말이다. 그리고 근로시간 문제다. 이 두 가지만 얘기하겠다.

임금 문제는 근로자에게 가장 중요한 것이다. 노동법에 있어서도 최저임금 문제도 있고, 통상임금 문제도 있고, 평균 임금 문제도 있고, 이게 다 사달이 나 있다. 최저임금은 얼마 전에 5.1% 인상되었지만, 그게 그렇게 타협으로 노사 간의 어떤 협상으로 정할 문제인지 저는 계속 의문이다. 그런 식으로 최저임금을 정하는 것, 우리나라 수천만 근로자들에게 적용되는 법인데 그건 좀 바꿔야겠다. 제가 일본에서 느낀 것은 그 사람들은 굉장히 조용하게 최저임금을 정한다. 업종별로, 지역별로 다 차등을 두고 있다. 노사가 카메라 앞에서 싸우는 것을 못 봤다. 통상 임금 문제도 일본에서는 이걸 두고 싸우는 모습을 볼 수가 없다. 그런데 우리는 몇 년째 투쟁과 대립, 갈등으로 이어져온다. 이래서는 곤란하다. 갈피를 잡지 못하고 있다.

평균 임금 문제만 봐도 같은 사안을 두고 법관에 따라서, 법원의 지역에 따라서 완전히 달라진다. 사내하도급 같은 경우도 어느 지역에 있는 법원인지에 따라 정반대 판결이 나온다. 이게 우리나라의 현실이다. 이런 부분을 현실에 맞게, 깔끔하게, 명쾌하게 규정해야 하는데 우리 노동법규는 그러지 못하고 있다.

근로시간을 따져보자. 근로시간을 단축하는 것은 세계적 트렌드이다. 누구나 공감하는 사안이다. 그런데 급격하게 근로시간을 단축하게 되면 노동 실무 현장에서는 적응하기가 어렵다. 그래서 적어도 선진국에서는 근로시간을 단축할 때 유연 근로를 세트로 작동하게 다룬다. 갑자기 노동시간이 감축되면 많은 혼란이 생기기 때문에 안착하기 위해서 유연 근로를 같이 적용한다. 그런데 우리나라는 두부 자르 듯 근로시간만 확 줄이고, 근로시간을 유연하게, 자율적으로 적용하는 방식에 대해서는 뒷전이다.

예를 들어보자. 이 어려운 코로나 시국에 일감이 있다가 없다가, 고용 시장의 부침이 심하다. 특히 수주산업은 수주가 많이 들어왔을 때, 물이 들어왔을 때 노를 저어야 한다. 그렇지 않으면 다 실업자로 내몰릴 위기에 처하게 된다. 그래서 특별 연장 근로라는 것이 있고, 탄력 근로라는 것이 있는데, 그것을 왜 안 해주려고 하는지 이해가 되지 않는다. 그 문제를 왜 권력기관이 붙들고 있는지, 절차는 왜 이렇게 어렵게 해놓은 것인지, 이런 게 현실에 안 맞는 부분이다.

임금 체계 문제도 그동안 많은 시도를 했지만 우리나라 정권에서는 하는 시늉만 하고 결국은 도돌이표였다.

3. 사용자 처벌에 방점 찍은 노동 형벌화는 후진적 체계

우리나라 노동법이 점점 노동 형벌화로 변하고 있는 것 같다. 일본이 전쟁 전에 이런 비슷한 경향을 보였었다. 예를 들어 부당노동행위에 대해서 우리는 1년 이하의 징역이나 2,000만 원 이하의 벌금인데, 이것이 전쟁 전에 일본의 노동법에 있던 것이다. 그런데 일본은 제2차 세계대전 이후 1950년대부터 곧바로 처벌주의를 버리고 원상회복주의로 바꿨다(부당하게 해고된 것으로 판정되면 사용자를 처벌하는 것이 아니라 근로자를 원직에 복직하고, 그동안 받지 못한 임금 등을 모두 지급하는 방식이 원상회복주의이다). 그런데 우리는 아직도 처벌주의에 매달려 있다. 노사가 협상의 장에서 서로 싸움도 할 수 있는 것이다. 파업하는 것이나 셧다운하는 것이나 다 싸움이다. 싸움을 하다 보면 말이 거칠어질 수 있는데 일방에 대해서는 부당노동행위라며 처벌을 하고, 일방에 대해서는 처벌 대상에서 아예 제외한다. 이는 말이 안 되는 법체계다.

부당노동행위라는 것이 미국에서 들어온 것이다. 그게 일본에 들어갈 때, 당시 일본은 군벌체계였기 때문에 사용자에 대해서만 처벌하는 그런 규정을 만들었고 노동조합에 있어서는 부당노동조합을 아예 인정하지 않았다. 이게 우리나라와 일본의 비슷한 점이고, 미국과의 차이점이다. 일본은 지금도 부당노동행위라는 항목 자체를 폐지하지는 않고 상징적으로만 남겨두고 있다. 한데 그 이면에 있는 정서는 노사관계가 심각하지 않다는 것도 있고, 전통적으로 일본은 협조적인 노사관계라고 해서 사용자를 처벌하는 경우도 없다. 기껏해야 권고 정도이다. 그런데 우리는 형사처벌이라는 규정을 엄격하게 적용한다. 열심히 일하는 사용자가 노조와 다투다가 감방에 들어가게 해 현실적으로 그 규정을 굉장히 두려워하게 만들었다. 노동법은 민법의 특별법적인 존재인데, 노사자치의 근간을 튼튼하게 하기 위해서라도 이런 형벌적인 규정은 좀 들어내야 한다고 본다.

제가 유학하고 와서 처음 느낀 것 중 하나가 부당 해고에 대해서 5년 이하의 징역이더라. 일을 잘못하면 자를 수 있다. 심한 얘기로 해고시킬 수 있다. 그게 부당 해고가 되면 5년 이하의 징역은 말도 안 된다고 엄청나게 비판했더니, 지금은 없어졌다. 그런데 아직도 집단적인 부분에 있어서는 그런 것들이 많이 남아 있다.

산업안전 관련해서도 많이 말씀해주셨는데 일본에서도 크고 작은 산업재해가 있다. 그런데 CEO를 형사처벌한다는 얘기는 들어본 적이 없다. 다만 원·하청 간의 경우에는 연대책임을 지게 하는 경우는 있다. 무엇보다 일본은 산업안전에 대해서는 정말 우리가 이해하지 못할 정도로 현장에서 철저히 교육을 시킨다는 점을 상기할 필요가 있다. 한때 우리나라도 그렇게 했다. 조선업같이 야드 작업을 하는 경우 추운 겨울에도 운동장에서 체조를 했다. 안전 구호 장비를 점검하고. 안전 다짐을 한 뒤에야 일터로 향했다. 그런데 지금 조선소 여러 군데를 다녀봤지만 그렇게 하는 것을 못 봤다. 1980년대쯤이었던가 부활했는데, 잠깐 형식적으로만 하고, 하는 척하다가 또 없어지더라. 그런데 일본에서는 늘 그런 것을 한다. 작업이 끝나고 나서도 반드시 꼭 점검하고, 장비 점검과 안전에 대한 마음가짐이랄까 그걸 반드시 점검한다. 자동차 공장을 비롯해 여러 공장을 방문할 때마다, 심지어는 전자기기를 만드는 그렇게 위험하지 않은 공장에서도 꼭 주의사항을 낭독하고 그런 점검을 하더라. 그리고 평상시에 안전교육을 얼마나 많이 하는지, 이게 국민교육이랄까, 준법정신이랄까 몸에 배어 있다. 반면 우리나라는 너무 쉽게 생각하고 너무 안일하게 생각하는 경향이 있다. CEO를 처벌한다고 절대 해결되지 않는다. 일본은 그렇게 CEO를 처벌하는 경우를 들어본 적 없다. 기껏해야 무슨 큰 사고가 나면 기업명을 공표하는 것이고, 그것을 굉장히 불명예스럽게 생각한다. 창피하게 생각한다. 물론 문화의 차이, 정서의 차이일 수는 있지만, 이런 것을 롱텀(long-term)으로 접근할 필요가 있다.

김기찬 | 최근 MZ노조가 등장했다. 어쩌면, 시간이 흘러 MZ노조가 40~50대가 주축인 현 노동단체를 대체하며 주도세력으로 성장하지 않을까 하는 생각도 든다. 그런데 MZ노조를 만나보면 성과 중심이거나 직무 중심이고 근로시간 보다는 근로의 질, 그 질에 따른 성과, 그에 합당한 보상, 투쟁보다는 합리성을 얘기한다. 따지고 보면 노동 개혁이나 노동 혁신을 주창하고 있는 셈인데, 주식으로 따지면 일종의 상장주가 아닌가. 이런

변화에 따른 노동 시장의 혁신도 필요한 것 같다.

이정 | MZ노조 말씀하셨는데 이게 역사가 오래된 것이 아니기 때문에 정확히는 모르겠다. 어떤 분들은 집단 이기주의라는 표현도 쓰더라. 그보다도 현재 우리나라의 조직화된 노조가 전체 임금 근로자의 10%(노조조직률)에 불과하다. 이 10%가 90%, 그냥 동질성을 가진 90%가 아니라 굉장히 다양한 90%를 대변하고 있느냐의 문제다. 젊은 화이트칼라 근로자가 급격하게 늘어나고 있고, 여러 플랫폼 근로자 등 다양한 근로자층이 있는데 이것을 10%가 제대로 수용을 못하고 있는 것 같다. 우리나라를 노조공화국이라고 지칭하곤 한다.

4. 노동개혁, 노사 이해보다 국민 삶의 질 측면에서 공감대 형성해야

이성희 분과 위원(한국노동연구원 연구위원) | 저는 좀 짧게 말씀드리겠다. 최근에 관심 있고 고민을 하고 있는 주제는 우리나라에서 '어떠한 노동개혁을 할 것인가'이다. '어떠한 노동개혁'이라고 말씀을 드리는 것은 노동개혁은 보통명사이고, 이 시대에 필요한 노동개혁은 고유명사가 되어야 한다고 생각한다. 그런데 문재인 정부에서 노동개혁이 길을 잃었다고 생각한다. 다시 말해서 노동개혁을 왜 하는가에 대한 국민 공감대가 많이 사라진 상태가 아닌가 여겨진다.

원래 노동개혁은 일자리 문제를 해결하고, 노동복지를 향상시키고, 국민 삶의 질을 높이기 위해서, 국민 모두를 위한 노동개혁을 지금까지 얘기하고 지향해 왔다. 그런데 최저임금 인상 이야기를 하면서도 노동개혁이라고 하고, 공공부문 비정규직 정규직 전환 이야기를 하면서도 노동개혁이라고 하고, 법 개정을 하면서도 노동개혁이라고 하고 있다. 그런 노동개혁이 국민들이 공감하는, 정말 일자리를 창출하고, 노동복지와 성장을 선순환 시키는 개혁이 되고, 국민 삶의 질을 높이는 노동개혁인가에 대해 국민 공감대가 별로 없다는 게 저의 진단이다.

그런 점에서 지금 필요한 노동개혁, 고유명사로서 노동개혁은 현재 우리나라 노동시장과 노사관계와 경제성장 환경, 그리고 아까 MZ노조도 말씀하셨지만 MZ세대라든가 최근에 많이 제기되는 젠더 이슈라든가 이런 사안을 고려하면서 일자리 창출과 국민 삶의 질을 향상시키기 위해서 어떠한 개혁이 필요한 지에 대한 공감대를 만들어가야 한다. 따라서 그 공감대를 어떻게 만들어 갈 것인가, 어떤 목표를 세울 것인가를 먼저 얘기할 필요가 있다. 그 공감대를 토대로 노동개혁을 추진할 수 있는 힘이 만들어질 수 있기 때문이다.

지금처럼 노동계가 이야기하는 노동개혁이 다르고, 경제계가 이야기하는 노동개혁이 다른 상태에서 어느 한쪽에 부합하는 노동개혁을 해서는 안 된다. 지금 시기에 필요한 노동개혁 어젠다는 먼저 국민 공감대를 토대로 해서 이 시대에 필요한 노동개혁의 목표를 분명히 하는 그런 어젠다를 설정할 필요가 있겠다.

노동개혁의 추진 방법론과 관련해서도, 지난 노동개혁을 되돌아보니 우리나라의 노동개혁은 어떻게 보면 너무 법·제도 개선 중심의 노동개혁을 해온 것이 아닌가 여겨진다. 그러다 보니 실제로 대립적인 노사관계는 전혀 해결이 안 되고 있다. 오히려 악화하고 있는 상황이다. 그래서 노동개혁의 방법론에서도 법·제도 개선 중심의 노동개혁이 아니라 노사관계를 개선하고, 관행을 개선하는, 그런 방법론이 필요하지 않은가 생각한다. 그 부분이 너무 취약했다는 생각이 들어서다.

5. 임금문제, 법원이 해석해선 안 돼… 자치·자율에 맡겨야

임금체계의 문제도 그렇다. 임금체계의 문제를 법원이 해석해서는 안 된다. 법에 기대는 것은 자치와 자율에 맞지 않다. 그건 관행으로 해결해야 한다. 그렇다면 노사가 서로 손을 잡고 합리적인 관행을 선순환시키는 성공 사례를 만드는 방식으로 노동개혁을 추진해야 하는데, 지금까지의 노동개혁은 대부분 법·개정을 중심으로, 노동기본권을 강화하고, 고용법 체계를 유연화하는 방식으로 접근을 하다 보니 관계는 더 악화되고, 개혁은 안 되는 악순환에 빠졌다. 이런 것은 좀 개선해야 하지 않을까 생각한다.

마지막으로 노동개혁은 현실의 문제이기 때문에 어떤 거버넌스를 가지고 할 것인지에 대한 논의가 필요하다. 과거 YS정부 때 노사관계위원회는 전문가 중심의 노사정 협의 기구였다. 그리고 합의를 추구한 게 아니라 협의를 토대로 한 노동개혁 거버넌스였다고 생각한다. 그 뒤 출범한 노사정위원회 같은 기구에서는 법을 개정하거나 장치를 바꾸는 제도화 수준을 높이는데 치우쳤다. 그러다 보니 실제로 노동개혁을 추진하기에는 더 어려워진 구조가 됐다. 노사정이 합의 구조로 가려고 하니, 합의를 거래하려고 하는, 노사정에 참여하는 것을 거래하려고 하는 문제가 또 발생했다. 따라서 노사정위원회(경제사회노동위원회)가 현재 대통령 직속 기구로 설치되어 있지만, 이게 과연 현실에서도 작동 가능한 거버넌스인가에 대해 냉정한 평가를 거쳐야 한다. 그것을 토대로 우리나라에서 작동 가능한 거버넌스를 어떻게 구축할 것인가에 대한 논의가 이어질 필요가 있다.

6. 법 해석 놓고 다투는 노사관계는 후진적

권혁 분과 위원(부산대 법학전문대학원 교수) | 말씀 너무 잘 들었다. 여러 가지 생각이 드는 복잡한 상황이다. 제가 생각하는 몇 가지를 말씀드리자면, 첫 번째는 디테일한 내용인데, 우리나라 노사관계를 둘러싼 법·제도만 들여다보면 진정한 의미의 노사관계에 관한 갈등 비용보다는 법적 리스크를 오히려 더 많이 짊어져야 하는 것이 아닌가 생각한다. 노사 간의 갈등 상당 부분이 법적 모호성 때문에 빚어진다. 법률상의 해석을 가지고 다투는 구조의 노사관계 갈등이라면 이건 정말 후진적인 것이다. 반드시 개선이 돼야 한다. 노사 간의 이해관계를 달리 하는 이유가 법 해석의 다툼 때문이라면, 이것은 생기지 않아야 하는 분쟁이 생기는 꼴이 되는 것이다. 노동개혁의 법·제도 개선이라고 하는 것을 놓고, 거창하게 미래노동법을 얘기하기 이전에 불필요한 분쟁을 없애는, 그런 명확성을 도모하는 방향이어야 한다. 그 명확성을 도모하는 가장 손쉬운 방법 중 하나가 노사 자치의 영역을 넓히는 것이다. 그럼에도 불구하고 우리가 아직은 노동법에 대한 도그마가 굉장히 강해서 당사자 간의, 노사 간의 합의랄까, 자율성을 상당히 옥죄고 있는 부분에 대해서 깊은 고민이 필요해 보인다.

두 번째는 기존의 우리 노동정책에서 아쉬운 부분은 고용과 노동을 굉장히 대비되는 정책 영역으로 따져왔다는 것이다. 오히려 고용과 노동을 밀접하게 연계해서 다뤄볼 필요가 있다. 예를 들어, 고령자 고용 문제, 청년 고용 문제, 장애인 고용 문제와 관련해서 노동과 전혀 연계시키지 않고 정부의 적극적인 일자리 창출로 가능한 것처럼 배려 차원으로 접근하는 것이나, 지원으로서만 접근하고 있다. 이는 시장을 움직이는 데 큰 어려움을 주게 된다. 오히려 노동이라는 정책의 유연성에 의해서 일부 필요한 대목에서 고용을 반사적으로 작동시키는, 고용의 의지를 작동시키는 영역이 필요하지 않느냐는 고민이 필요하다.

이를 테면 독일 같은 경우는 스타트업이나 고령자에 대해서는 노동법의 완화를 적용한다. 이것은 노동에 대한 규제 부담을 덜어주면서, 오히려 일할 수 있는 기회를 제공한다. 왜냐하면 이런 정책의 수혜자들은 노동법이 이야기하는 고용 안정과 같은 보호보다 일자리 자체가 가지는 의미가 사회적으로 훨씬 더 크기 때문이다. 저는 이 부분에 아주 공감한다. 기존의 고용정책이 왜 실패했느냐? 우리는 너무 노동에 대한 영역의 배타성이 강했기 때문이라고 생각한다.

그다음으로 우리가 한 번쯤 고민해야 되는 것이 산업의 대전환에 대한 것이다. 왜 이런 말씀을 드리냐면 산업전환기에 이르러서 두 가지 과제가 남아 있기 때문이다. 첫 번째는 더 이상 지속가능하지 않은 산업 영역에 속하는 근로인력들에 대해 다른 산업으로의 수용이다. 과거의 전통적인 의미의 직업 훈련, 정부 주도의 직업 훈련은 결코 해법이 될 수 없다. 그런 점에서 아주 본질적으로 기업이 인력을 양성할 수 있는, 직업훈련의 패러다임을 변화시킬 필요가 있겠다.

7. 일자리 위해선 노동법 적용 완화하는 정책의 유연성 필요

또 하나는 산업전환에도 불구하고 기존의 노동체계 산업구조하에서 형성된 기득권 문제다. 이 기득권을 어떻게 유지할 것이냐 하는 논쟁에 빠지게 되면 이건 매우 큰 갈등요소가 될 것이다. 결국은 산업전환기에 예상되는 인력의 이동 문제와 노동의 기득권화에 대한 갈등, 이 문제를 본질적으로 고민하지 않으면 안 되는 시점에 이른 것 같다.

그다음으로 지적하고 싶은 것은 미래 노동법의 주된 관심사는 아마도 '일자리' 문제가 아닐 것 같다는 점이다. 오히려 '일거리'를 중심으로 한 노동법과 제도로 변모해야 한다. 우리가 흔히 일하는 사람이라고 이야기하는데, 고용구조 내부에서의 노동문제는 기존의 노동법이 관심을 두고 있다. 하지만 조만간 이런 일자리, 소위 고용구조의 해체가 진행될 것이고, 이미 진행이 되고 있는 분야도 있다. 따라서 일거리를 통한 노동시장의 규제 메커니즘이 도입이 되어야 한다.

이때 우리가 몇 가지 고민해야 할 부분이 있다. 우리가 명확히 해야되는 것은 일을 함에 있어서 자율성에 대한 지향성. 그러니까 자율성을 요구하는 것은 적극적으로 수용해야 한다. 이것을 자꾸만 기존의 노동법 영역으로 포섭시키려고 하는 것은 시대적 변화를 역행하는 것이다. 오히려 중요한 것은 자율성을 지향하되, 이런 자율성을 보장하기 위해 어떤 사회적 보호가 필요한 것인지 발굴해 내는 것이다.

'일거리' 경제에서는 또 다른 노동법 체계의 고민거리가 등장하게 된다. 기존의 일자리 구조 또는 고용구조에서는 사용자라고 하는 사람이 존재한다. 그런데 그런 고용구조를 염두에 두고 노동법 체계가 만들어 지다 보니 노동법은 근로자를 보호하는 방법으로서 사용자에게 의무를 부과해서 반사적으로 근로자를 보호하는 법체계를 꾸려왔다. 그런데 이것이 '일거리' 경제하에서는 소위 고용구조라는 것이 해체되기 때문에 노동법이 그토록 견제해 왔던 의무 부과의 대상인 사용자가 존재하지 않는 상황이 생긴다. 결국은 기존의 노동법의 규제 방법론이 흔들리게 될 텐데 이때 어떻게 일하는 사람 또는 외부에 놓여져서 일하는 사람들을 보호할 것인가, 보호의 대원칙을 어떻게 삼을 것인가를 고민해야 한다. 뿐만 아니라 보호의 방법론에 대한 부분도 고민도 필요하다. 사용자가 사라진 이후의 노동법에 관한 논의가 굉장히 중요한 논쟁거리가 될 것이다.

8. 노동문제에서 정부, 힘 빼고, 자치·자율 지원하는 넛지효과 노려야

다음으로 여러 가지 정부 정책과 관련된 부분에 대해서 몇 가지 다른 관점에서 말씀 드리고 싶다. 문재인 정부에서 해 온 여러 가지 정책들을 보면 아쉬운 점이 많다. 첫 번째는 정부가 너무 주도적으로 시장에 개입한 것이 아닌가 하는 생각을 지울 수 없다. 결과적으로 노정(勞政)관계와 사정(使政)관계만 남게 됐다. 이게 과연 지속가능한 접근법인가.

노동문제와 관련해서는 정부는 힘을 뺄 필요가 있다. 넛지효과(주: 강압하지 않고 부드러운 개입으로 더 좋은 선택을 하도록 유도하는 것)를 생각해야 한다. 시장이 합리적이고 적극적으로 변화를 수용할 수 있도록 정부가 넛지 포인트를 잡아서 던져줘야 한다. 정부가 너무 주도적으로 시장을 변화시키려고 해, 시장이 움츠러들게 만드는 결과를 가져왔다. 그러다 보니 정부의 노동법·제도의 개혁 방향도 너무나 획일적이고 경직적일 수밖에 없었다. 대표적인 것이 근로시간의 문제다. 근로시간을 줄여야 된다는 당위성에도 불구하고 이렇게 사회적으로 혼란한 것은 구체성과 다양성과 자율성과 위헌성이라는 것을 간과했기 때문이다. 결과적으로 근로시간을 줄인다는 목표하에 구체성과 자율성을 좀 존중해주는 방향에서의 넛지 포인트를 잡았더라면 어땠을까 하는 생각이 든다.

이건 좀 예민하긴 한데 비정규직 문제도 짚어봐야 한다. 여러 가지 노동법의 약점들, 아픈 부분들을 해결하는 데 있어서 지나치게 단선적 구조는 곤란하다. 기존의 비정규직 문제, 예를 들어 비정규직 차별의 문제라고 하는 것이 이 정부만의 고민만은 아니었다. 오랫동안 이 부분에 대한 고민이 이어졌는데 손쉽게 접근할 수 없었던 것은 이 문제가 가지는 복잡성과 입체성 때문이다. 그런데 비정규직 문제를 해결한다고 하면서 '비정규직을 없앤다'고 덤벼들었다. 이런 식의 너무 단선적인 접근은 오히려 부작용을 키우게 된다. 향후 어떤 노동문제를 바라볼 때 전·후방의 여러 가지 관계성을 염두에 둔 깊이 있는 고민이 필요할 것이다.

여전히 노동문제를 이데올로기, 과거의 관점에서 보는 것도 지양해야한다. 예컨대 이데올로기적 관점에서 접근하다 보면 모든 노동문제를 선악의 관점으로 갈라쳐서 분별하게 된다. 이렇게 되면 논의가 적극적으로 이루어질 수 없는 한계가 있다. '시장이 악이고, 시장이 선이다'는 식의 관점으로 접근할 수는 없는 것인데, 마치 시장에서의 노동문제 해결 방식을 선악의 관점으로 보는 것은 잘못이다. '비정규직이 악이다' 이렇게 볼 것이 아니다. 이게 악이라면 없어져야 되는 것이지만 악으로 보는 것이 아니고, 비정규직의 문제는 사회적 보호 필요성을 높이며 유연성도 동시에 높여주는, 이런 관점에서 바라봐야 한다. 어떻게 이 문제를 양성화할 것인가에 대한 고민이 필요했던 게 아닌가 여겨진다. 노동문제의 과제는 여전히 많이 누적되고 있다. 하지만 역대 모든 정부가 이 문제를 해결하기보다는 회피해온 느낌을 지울 수 없다. 다음 정부에는 이런 문제를 좀 공격적으로, 회피하지 말고 정면 돌파해서 다뤄볼 수 있는 기회가 있었으면 좋겠다.

주완 분과 위원장(김앤장 변호사) | 일본 아베 정부에서 노동개혁을 하며 화이트칼라 이그젬션(white collar exemption, 일정 이상의 고액 임금을 받는 근로자에게는 연장근로수당과 최저임금 등을 적용하지 않는 제도)을 중요하게 다뤘다. 일본에서 이게 시행이 됐는지 궁금하다. 일본 노동법에 정통하신 이정 교수님이 잘 알려주면 좋겠다. 그리고 제가 관심 있게 본 것이 연장근로시간이 일본은 50시간인가? 우리나라는 주 52시간인데. 일본은 노사현장에서 노사 자치에 의해서 2/3인가 3/4 근로자 동의가 있으면 노사가 자치적으로 해결할 수 있는 제도가 있는 것으로 알

고 있다. 우리가 들여올 만한 내용이 없는지 알고 싶다.

두 번째는 부당노동행위 문제다. 원상회복주의로 가야된다는 것에 절대적으로 찬성을 하지만, 아직까지도 사용자의 노조 개입 경우가 많이 보인다. 선거 간섭 같은 것이다. 한꺼번에 안 되면 지배·개입은 좀 놔두고, 어느 정도만 원상회복으로 가는 식은 어떤지 궁금하다. 윤석열 후보가 검찰총장 시절에도 지배·개입은 대검공안부가 공안적 차원에서 막아야 하는 것 아니냐는 의견이 있었고, 그래서 지배·개입과 불이익을 좀 나눠서 봐야 하는 것 아니냐는 측면에서 질문을 드린다.

9. 근로시간, 주 단위보다 월(月)·연(年) 단위로 제한해 유연성 갖춰야

이정 | 첫 번째 질문에 대해서 먼저 답변을 드리자면, 일본에서는 미국식 화이트칼라 이그젬션 제도를 아베노믹스의 개혁 포인트로 도입했다. 지금 시행을 하고 있다. 제가 기억하기로는 그렇게 숫자가 많지는 않다. 연봉이 1,075만 엔 이상인 사람이 대상이다, 원화로 환산하면 연봉이 1억 2,000만원 이상이 되는 사람들은 근로시간의 규제를 받지 않는다. 미국하고 조금 다른 점은, 미국은 제가 알기로 월급이 450달러 이상인가, 그리고 직종에 따라서 행정업무라거나 이런 것도 제외된다. 일본은 월급이나 직종은 따지지 않고 연봉만 따진다. 1,075만 엔 이상인 근로자, 소위 전문직이 되겠는데 이 사람들은 근로시간의 규제를 받지 않는다.

두 번째 근로시간 문제와 관련해서, 우리는 주당 근로시간이 법에 의해 68시간에서 52시간으로 줄어들었다. 일본에서는 근로기준법에 사용자와 근로자 대표가 합의를 하게 되면 연장근로를 할 수 있다. 특이한 것이 우리는 주 단위로 규제(주 52시간)를 하고 있는데, 일본은 주 단위가 아닌 월 단위로 최대 100시간까지 가능하고, 연 단위로 해서 기본 360시간에서 최대 720시간까지 가능하다. 특별연장근로는 우리나라에도 소개된 적이 있는데 재난상황이거나 경영상의 어떤 특별한 사정이 생겼다거나 그런 경우에는 노사가 합의한 경우에 해당된다. 그런 경우에는 특별연장근로라고 해서 사실 거의 무제한으로 근로할 수 있는 제도를 쓰고 있다. 그런데 그런 경우는 그렇게 많지 않다. 우리나라와 달리 월 단위, 또는 연 단위로 연장근로를 제한하고 있기 때문에 웬만하면 이 범위 내에서 수용이 되고, 거의 다 소화가 되기 때문이다. 특별연장근로 같은 경우는 갑자기 발주가 늘어났다거나, 기계 고장이 생겼다거나, 천재지변이 발생했다거나 이런 경우에 도입하는 경우라고 알고 있다.

일본은 연장근로와 관련, 근로자 대표와 회사가 합의하게 되면, 그러니까 노사가 결정할 수 있게 해 놨다. 노사가 합의하면 사실상 거의 무제한 연장근로를 할 수 있다. 특별연장근로 같은 경우에도 물론 형식적으로 주무관청에서 심사를 하지만, 노사가 합의한 경우에는 사실상 다 허용한다. 전반적으로 노사가 자율적으로 결정하는 구조이고, 그것에 정부가 개입해 제어하거나 규제하지 않는다.

10. 부당노동행위, 사용자 처벌 대신 원상회복주의로 개편 필요

부당노동행위의 경우 원상 복구하는 쪽으로 정비가 되어야 한다. 그럼에도 지배·개입 과정에서 여러 가지 일이 일어날 수 있는데, 이런 것들은 형벌로 하기보다는 행정 감독이라거나 노동 감독이라거나 이런 것을 통해서 하는 게 좋지 않을까 한다. 과거 일본에서도 이런 사례가 많이 있었다. 전쟁 후다. 당시에는 일본에서 워낙 투쟁이 심하니까 '이제 파업 좀 그만합시다' 하는 파업까지 나왔었다. 눈만 뜨면 파업하는 시절이 있었다. 그러다 보니 일본사용자협회에서 제2노조를 만들었다. 굉장히 전투적인 노조가 있고, 그 다음에 회사 친화적인 친사용자랄까, 타협할 줄 아는 그런 노조를 회사가 은근히 조장했던 것이다. 제2노조가 생기면서 제1노조를 흡수·합병해 버리곤 했는데, 그때 일본 정부는 형사처벌을 한 것이 아니고 노동 감독을 통해 그런 것을 못하게 하고, 경고도 하고, 경우에 따라 범칙금을 매기고 하는 방식으로 대응했다. 따라서 형벌주의는 지양하고, 그런 소프트한 방식으로도 충분히 대응 가능하지 않을까 하는 생각이 든다.

주완 | 만약에 이 박사님이 제도를 결정할 수 있다면 예전의 노개위(YS정부 때인 1996년 만든 노사관계개혁위원회. 6개월간 노·사, 전문가, 정부가 참여해 운영했으나 합의안을 내지 못했다. 결국 1996년 12월 노동법 날치기 사태로 이어졌다)로 다시 돌아가면 어떨까?

이성희 | 돌아갈 수는 없다고 생각한다. 개념적으로는 전문가 중심의 논의구조가 되는 것이 바람직할 수 있지만 시대에 맞는지를 따져봐야 한다. 노사가 참여는 하되 전문가 중심의 논의구조로 가져가고, 합의를 중심으로 하기보다는 노동개혁 어젠다에 대해서 노사정이 토론하고, 공론화해서 국민들이 공감하는 수준만큼만 노동개혁을 추진하는 것이 맞을 수 있다. 그런 점에서 노사 협의와 국민 공론화를 병행하는 그런 구조로 가져가는 것이 현실적이지 않을까.

김기찬 | 저도 이 박사님이 제시한 방향에 동의한다. 독일 같은 경우도 협주행정이라고 해서 협의 기구를 만들었다가 10년 만에 노사가 모두 탈퇴해버린 경우가 있었다. 오히려 산업현장의 자치를 훼손하고 합의를 하는 게 어려웠기 때문이다. 한국이 외환위기를 겪을 당시 독일은 일자리 동맹을 꾸려서 직업훈련을 비롯해 경쟁력을 위한 12가지 분과를 만들며 재차

협주행정의 길을 열었다. 그런데 이마저도 노사정 대표가 합의를 하고 결정하는 구조로 운영된 탓에 잘 안 됐다. 결국 지금 이 박사님이 말씀하신 것처럼 전문가 중심의 개혁으로 갔다. 그게 지금의 독일의 경쟁력을 높인 것이 아닌가 여겨진다.

주완 ┃ 저도 노개위에 몸을 담은 입장에서 돌아봤을 때 뭐가 아쉬운가 하면 노개위가 노동의 사랑방 역할을 했다. 물론 지금도 각 학회별로 여러 모임이 있지만, 노개위 사무실에 그냥 놀러 가면 바둑 두고, 시간 나면 밥도 먹고 한다. 그때 형성한 프렌드십이 오랫동안 유지되었다고 생각한다. 꼭 법 체제 변경보다는 우리 전문가 그룹의 사랑방 문화를 통한, 전문가들이 서로 친해져야 더 의견을 나누기 쉬워진다고 생각한다.

　권혁 교수님에게 질문드리고 싶은 게 있다. 아까 말씀하신 비정규직 문제와 관련해서, 지금 민주노총 같은 경우에는 아주 극한 이데올로기적 성격을 가진 조직이라고 봐야하지 않겠는가? 그렇다고 하면 최근에 나타나는 MZ노조는 완전히 반대의 성격을 가진 노조라 저는 이번 모임에서 드리고 싶은 말씀이 절대 정부가 공안적 차원에서 이런 문제를 다루면 안된다. 좀 더 언론의 협조를 구해서 이 사람들이 얼마를 받고, 얼마나 대우를 받고, 특히 형식적인 노조하에서 자기네 조직에 속해 있는 사람들이 비슷한 일을 하면서도 월급의 반도 못 받는 조직원이 있는데, 자기들은 이기적으로 활동하는 모습이나, 이렇게 고소득을 취하는 모습들, 그러면서도 비협조적인 모습들은 바로 잡아야 한다. 그리고 독일 금속 노조와의 비교하는 식으로 계속 지적하면서 국민으로 하여금 견제를 하게 하는 구도로 가야 한다고 생각한다.

11. 노·사의 이익 중심 쟁취와 착취 프레임 털어내야

권혁 ǀ 우리 노동시장, 노동 법·제도에서 전통적인 의미의 근로자의 상이라고 하는 것이 많이 바뀌었다. 공장의 생산직 노동자로 대변되던 노동시장이 산업구조의 변화로 인해서 비중과 역할이 바뀌어가고 있다. 그 과도기에 지금처럼 MZ세대라고 해서 기존의 전통적인 노사관계에서 소외되었던 분들이 자신들의 목소리를 내기 시작했다고 본다. 이 점은 우리 산업구조의 변화를 굉장히 드라마틱하게 보여주는 대목이라고 생각한다.

그럼에도 불구하고 관리직이 MZ세대들의 요구에 대응하는 것이 미숙했던 것은 기존의 전통적인 생산직 노동조합과의 노사관계에 너무나 익숙했던, 기존의 노사관계에서 형성되어 왔던 나름의 기득권에 안주하고 있는 측면이 강하게 작동했다. 그렇기 때문에 새로운 노동법이나 노사관계의 법·제도적인 과제 중 하나가 노동의 탈이데올로기와 노동의 공정성이 아닌가 한다. 결국 공정성이라고 하는 것은 경쟁과 사회적 안전보호성이라고 하는 것에 대한 합리적 조화를 의미하는 것이다. 이런 것에 대한 인식의 변화도 우리가 새로운 노동법, 미래 노동법에 내포시키는 노력이 필요하다.

따지고 보면 노사 간의 이익을 중심으로 한 쟁취와 착취의 구조는 더이상 지속가능하지 않다는 것을 MZ세대들은 인식하고 있다고 생각한다. 일자리 유지라는 게 미래 노동법에서는 사회안전망인 것이다. 일자리라는 것이 탈피되고, 일거리에 들어가면 스스로 경영부담을 져야 한다. 그러니까 그런 일자리를 유지하는 데 정말 중요한 위험요인은 외부에 있다는 인식이 지금 노사관계 수준에서 설득력을 가져야 하는데, 기존의 전통적인 쟁취와 착취의 프레임, 이데올로기적 프레임이 이러한 변화를 더디게 만드는 것 같다.

여기서 굉장히 중요한 포인트가 과거의 전통적인 노사관계에서 기득권이라는 것이 형성되었고, 이 기득권을 놓기 어려운 구조라는 점이다. 그런 측면에서 상당히 많은 갈등이 예상되지만, 앞으로의 노사관계는 탈이데올로기를 지향하면서, 외부의 위험요인에 대해서 노사가 상생, 협력적으로 대응할 수 있는 프레임이 필요하다. 여기에 더해서 노동시장 내부에서 공정성이라고 하는 화두를 던져줄 수 있어야 한다.

김기찬 ┃ 말씀 잘 들었다. 기존에 고민했던 내용도 있고, 새로 알게 된 부분도 있었다. MZ세대도 그렇고, 직업훈련도 그렇고, 정부의 역할 중 가장 중요한 것이 시장의 개입보다는 자치 확립, 고용 서비스의 전문화, 일자리와 일거리 경제에 대한 고민, 촘촘한 사회안전망 구축, 특히 노사관계가 임금 문제라든지 노동시간이라든지 이런 것들을 둘러싼 싸움판이 되었다는 것, 갈등만 있으면 법원으로 달려가는, 노사자치가 허물어진 시대가 된 것에 대해 어떻게 바로잡을 것이냐에 대한 지적을 해주셨다. 다음 정부에서는 이런 문제에 대한 공론의 장이 마련되길 기대해본다.

주완 ┃ 제가 여태까지 경험했던 바에 의하면 유명 인사나 정치 인사들을 만났을 때 이분들이 대부분 노동에 대해 아는 척을 하는데 잘 모르거나, 무관심하다는 느낌을 받는다. 나타나는 현상에 대해서만 민감하고, 제일 낙후된 부분, 제일 처지는 자식에게 관심을 갖고 신경을 써야 하는데 노동을 그저 귀찮은 존재로만 느끼고, 거들떠보지 않는 것 같다. 그런 측면에서 오늘 지적된 것들이 노동에 대한 관심을 이끌어내는 촉매제가 되었으면 한다.

10
개헌분과

개헌분과 위원들의 제언

이상수
전 고용노동부 장관, 개헌분과 위원장
"10차 헌법개정절차법 제정해 차기 대통령이 반드시 이행하도록 해야"

전성철
변호사(글로벌스탠다드연구원 회장)
"한 사람에게 권력이 집중되는 제왕적 대통령제를 해체해 권력을 분산해야"

장영수
고려대 법학전문대학원 교수
"대통령이 여당 공천권에 개입하고 대법관, 헌법재판소장을 임명하는 권한을 제한해야"

이기우
인하대 법학전문대학원 교수
"엘리트 계층의 이익 독점을 국민이 견제할 수 있는 직접민주제 요소가 헌법에 추가돼야"

신필균
복지국가여성연대 대표
"새 헌법에는 생명권·정보접근권·환경권 등 새 시대에 맞는 기본권이 확대돼야"

은재호
한국행정연구원 선임연구위원
"개헌 통해 좋은 정치제도 만들어야 경제 성장률도 높아질 수 있다"

"개헌할 필요 있다" 67%
"대통령 권한 분산" 52%
〈제왕적〉

리셋 코리아　　　**여론조사**

"양성평등권 등 기본권 확대" 63%

유권자 세 명 중 두 명은 1987년 헌법을 바꾸는 데 찬성하는 것으로 나타났다. 리셋코리아 개헌분과(위원장 이상수 전 노동부 장관)가 한국리서치에 의뢰해 9월 30일~10월 6일 전국 만 18세 이상 성인 1000명을 대상으로 실시한 웹 여론조사(95% 신뢰 수준에 표집오차 ±3.1%포인트)에서 "개헌에 대해 어떻게 생각하냐"는 질문에 응답자의 66.5%가 '찬성한다'(매우 찬성 18.6%, 대체로 찬성 47.9%)는 입장을 밝혔다. 개헌에 '반대한다'는 답변은 9.9%(매우 반대 3.3%, 대체로 반대 6.6%)에 그쳤다. '찬성도 반대도 아니다'는 답변은 19.3%였다.

세부 주장별로 '생명권·안전권·환경권·양성평등권 등 국민 기본권 확대를 위해 개헌이 필요하다'는 문항엔 응답자의 63.0%가 공감을 표시했다. '현행 대의제의 한계를 보완하기 위한 직접민주제 도입을 위해 개헌이 필요하다'는 주장엔 53.0%가 찬성했다. '대통령의 제왕적 권한을 분산하거나 견제하기 위해 개헌이 필요하다'엔 51.8%가 찬성했다.

설문조사에 참여한 은재호 한국행정연구원 선임연구위원은 "답변에서 정치엘리트에 대한 불신이 강하게 드러난다"며 "보수·진보를 막론하고 기존 정치엘리트들의 지대추구 행위에 대한 분노가 임계점을 넘었다"고 진단했다.

이와 관련해 국회의원을 임기 중 강제 소환할 수 있는 국민소환제 도입에 대해선 79.9%가 찬성했다. 또 개헌을 국민참여형으로 해야 한다는 의견도 76.1%로 압도적이었다.

신당 창당을 선언한 김동연 전 경제부총리가 24일 서울 상암동 누리꿈 스퀘어에서 열린 '새로운물결' 창당 발기인 대회에서 참석자들과 기념촬영하고 있다. 왼쪽부터 송영길 더불어민주당 대표, 김종인 전 국민의힘 비대위원장, 김 전 부총리, 이준석 국민의힘 대표, 조정훈 시대전환 대표. 임현동 기자

의원내각제 선호 19%, 현행 대통령 중심제는 15%

"국회의원 강제소환제 도입" 80%

≫1면 '개헌'에서 계속

국민이 직접 헌법·법률 개정을 제안한 뒤, 국민투표로 결정할 수 있도록 하는 국민발안제에 대해 63.0%의 응답자가 찬성했다.

장영수 고려대 법학전문대학원 교수는 "이미 서구 선진국에선 정치엘리트에 대한 불신이 급진주의 정당의 약진으로 광범위하게 나타나고 있다. 현재의 개헌 요구에는 국민들의 목소리가 더 반영되길 원하는 부분이 분명히 있다"고 진단했다. 이어 "정치적 불안요소를

사전에 흡수할 수 있는 제도적 장치를 마련하는 차원에서 통일·대북지원 등 주요 정책에 국민투표를 도입하는 안 등은 충분히 검토해 볼 만하다"고 덧붙였다.

분권에 대한 요구도 높은 것으로 조사됐다. 선호하는 정부 형태로 분권형 대통령제를 꼽은 이가 53.2%로 압도적이었다. 의원내각제(19.2%)와 현행 대통령 중심제(14.7%)에 대한 선호도는 분권형 대통령제에 한참 못미쳤다. 은재호 선임연구위원은 분권형 대통령제의 선호도가 높은 데 대해 "국민들이 분권을 요구하면서도 오랫동안 이어져 온 대통령제가 익숙하기 때문에 그 타협점으

로 분권형 대통령제를 선호한다는 해석이 가능하다"고 말했다. 지방자치단체의 역할 확대를 위해 중앙정치권의 규제를 줄이자는 주장에도 55.3%가 찬성 의사를 밝혔다. 반면에 전국적 통일성을 보장하기 위해 중앙정부의 규제 권한을 강화하자는 의견은 30.7%에 그쳤다.

한편 기존 한 지역구에서 국회의원을 1명만 선출하는 기존 소선거구제를 중·대선거구제로 바꿔야 한다는 의견도 51.1%가 찬성해 반대(15.8%)를 압도했다. 다당제를 위한 비례대표제 강화에는 36.8%가 찬성해 반대(30.8%)와 상대적으로 팽팽하게 대립했다.

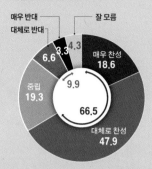

개헌에 대해 어떻게 생각하나

매우 반대 — 잘 모름
대체로 반대
3.3 4.3
매우 찬성
6.6
18.6
중립
9.9
19.3
66.5
대체로 찬성
47.9

개헌 찬성 사유에 대한 공감 비율

생명권·안전권·환경권·양성평등권 등 새시대 국민 기본권 확대	63
현행 대의제 한계 보완 위한 직접 민주제 도입	53
제왕적 대통령 권력 분산 및 견제	51.8
지방분권 강화	51.8
대의제 기관 비례성·대표성 강화	51.6

개헌 반대 사유에 대한 공감 비율

일부 정치 세력이 졸속으로 추진할 우려	38.3
헌법 문제가 아니라 운용하는 사람들의 문제	33.6
새로운 국민 기본권에 대한 공감대 불충분	23.2
개헌 논의로 국가역량 분산	21.9
현행 헌법도 필요한 요소 담고 있음	17.4

※중앙일보가 한국리서치에 의뢰해 9월 30일~10월 6일 전국 만 18세 이상 성인 1000명을 대상으로 실시한 웹여론조사.
무작위추출을 전제할 경우, 95% 신뢰수준에 표집오차 ±3.1%포인트, 응답률 6.7%

9차 헌법 개정으로 '1987년 체제'가 들어선 지 34년이 지났다. 6월 민주항쟁으로 분출한 대통령은 국민이 직접 뽑아야 한다는 열망을 담아 탄생한 현행 헌법은 한 세대 동안 민주주의 정착과 경제성장의 뼈대로 기능했지만 대한민국의 미래를 지탱하기에는 부족하다는 경고음이 곳곳에서 들리고 있다. 부작용이 커진 5년 단임 대통령제는 '제왕적 대통령제'라는 오명을 쓴 지 오래고 기본권 규정은 예상치 못한 영역에서 떠오른 새로운 권리를 품어 안기에는 역부족이라는 지적이 계속되고 있다. 그러나 20대 대통령 선출을 앞둔 시점에서 정치권의 개헌 논의는 수면 아래 깊이 가라앉아 있다.

리셋코리아 개헌분과 위원장인 이상수 전 고용노동부 장관은 24일 중앙일보 사옥에서 열린 좌담회에서 "개헌을 통해 대한민국에 새 시스템을 장착하지 않으면 정치뿐만 아니라 경제, 문화 발전도 이어나가지 못할 것"이라고 말했다. 헌법·행정·인권 전문가로 구성된 리셋코리아 개헌분과 위원 6인의 진단을 들어봤다.

여론조사에서 66%가 개헌 찬성

장영수 고려대 법학전문대학원 교수는 "1987년에 인공지능(AI)이나 가상현실 같은 개념은 상상조차 못 하던 것인데 이제는 현실이 됐다. 저출산 문제, 기후위기도 마찬가지다"며 "현실 문제를 반영 못 하는 시스템을 계속 유지하면 국가 경쟁력은 나빠지게 된다"고 말했다. 그는 "2차 세계대전 패전국 독일이 세계 최고 국가로 성장한 것은 패배 뒤 새로운 시스템을 도입한 덕분이고 승전국 영국은 현실에 안주해 쇠락했다"고 지적했다.

리셋코리아 개헌분과가 한국리서치에 의뢰해 9월 30일~10월 6일 전국 만 18세 이상 성인 1000명을 대상으로 실시한 웹 여론조사(95% 신뢰수준에 표집오차 ±3.1%포인트)에서 응답자의 66.5%가 '개헌에 찬성'하고, 63%는 '생명권·정보접근권·환경권 등 새로운 국민 기본권 확대를 위해서'라고 답했다. 신필균 복지국가여성연대 대표는 "정보접근권은 스위스·핀란드 헌법, 독일 기본법, 유럽연합 기본권 헌장에선 이미

지금은 헌법 업그레이드 할 시기
제왕적 대통령은 국민에게 불행
여론조사도 분권형 대통령 선호
국민의 통치권 견제 요소도 필요

보장하고 있다"며 "국민의 기본권 보장이란 헌법의 첫 번째 기능이 제대로 작동하길 많은 시민이 원하고 있다"고 말했다.

이기우 인하대 법학전문대학원 교수는 "헌법은 정치의 내비게이션인데 이제 업그레이드할 때가 됐다"며 "이대로 두면 국가가 엉뚱한 곳으로 가거나 제자리를 빙빙 돌게 된다"고 말했다. 은재호 한국행정연구원 공공리더십연구실장은 "개헌을 통해 국가가 좋은 정치 제도를 갖게 되면 경제 성장률도 높아진다는 주장은 실증적 연구로도 입증된 사실"이라고 말했다.

중·대선거구제 도입도 검토해야

6명의 위원들은 개헌이 가장 시급한 영역으로 '제왕적 대통령제'로 표상되는 권력구조 부분을 꼽았다.

이상수 전 장관은 "제왕적 대통령제 아래 권력을 뺏기면 죽는다는 생각 때문에 우리 사회에 승자독식, 적대와 분열이 지배하는 구도가 자리 잡게 됐다"고 주장했다. 그는 "개헌을 통해 대통령의 권한을 줄이고, 선거법을 동시에 바꿔 한 지역구에서 1등만 당선되는 소선거구제를 중·대선거구제로 개편해야 한다"고 말했다. 또 "비례대표 의원 수를 늘리고 정당 수뇌부가 공천권을 쥐고 이들의 독립적 정치 활동을 제한하는 시스템도 갖춰야 한다"고 덧붙였다.

전성철 변호사(글로벌스탠다드연구원 회장)는 세계사적 관점에서 대통령제의 한계를 지적했다. 전 변호사는 "전 세계를 통틀어 역사적으로 강력한 대통령제를 유지해 국민이 행복한 나라는 없었다"고 말했다. 전 변호사는 "예외로 꼽는 미국은 대통령제의 형식을 갖고 있지만 실질은 권력이 분산된 연방제 국가"라며 "한국은 국민이 5·18과 6·10 항쟁으로 두 번의 피를 흘리고도 제왕적 대통령제가 유지는 특이한 경우"라고 말했다.

개헌분과가 실시한 여론조사에서 응답자의 53.2%가 분권형 대통령제를 선호했다. 권한을 대통령에게 몰아주는 현행 대통령중심제에 대한 선호도는 14.7%에 그쳤지만 의원내각제에 대한 선호도 역시 19.8%에 불과했다.

전성철 변호사는 "한국엔 박정희 대통령 시대에 독재를 합리화하기 위 /

개헌은
천지개벽 아니야 …
합의된 것부터
단계적으로

ㄴ 해 전파한 '남북 대치 상황에선 강력한 지도자가 필요하다'는 믿음이 아직도 굳게 자리 잡고 있다"며 "내각제를 채택한 독일에선 앙겔라 메르켈 총리가 16년간 야당과 연정하면서도 강력한 국방력을 유지했다"고 설명했다.

헌법학자인 이기우·장영수 교수는 대통령 권력 분산의 핵심은 대통령의 입법부·사법부 등에 대한 인사권을 제한하는 것이라고 입을 모았다. 이 교수는 "우리 정치가 자꾸 고장 나는 이유는 대통령이 3권을 넘어서 헌법재판소·감사원 등 4, 5권까지 장악하고 있기 때문"이라고 지적했다. 장 교수는 "대통령의 여당 국회의원 후보 공천에 대한 영향력, 대법관·헌법재판소장 등에 대한 임명권을 해소하지 않으면 실질적인 견제와 균형 원리가 작동하기 어렵다"고 말했다.

정치 엘리트의 권한을 국민이 직접 견제할 수 없는 시스템도 현행 헌법의 문제로 지적됐다. 이 교수는 "엘리트 카르텔의 지대추구 행위를 견제하기 위해 국민소환·국민투표·국민발안 등 직접민주제의 요소를 헌법에서 확대해야 한다"고 주장했다. 개헌분과가 실시한 조사에서 응답자들은 국민발안제(63.0%), 중요 정책 결정에 대한 국민투표제(69.6%), 국민소환제(79.9%) 도입에 압도적인 찬성 여론을 보였다.

이 교수는 "대의제를 완전히 대체하고 고대 아테네식 직접민주제를 하자는 것이 아니라 현재 정치체제에 국민이 사용 가능한 통제 장치를 만들자는 것"이라며 "스위스는 1년에 10번 넘게 국민투표를 실시하지만 의회 역시 활발하게 작동하고 있다"고 말했다.

미국은 27차례 개헌하며 보완해가

전 변호사는 개헌을 성사시키기 위해선 "개헌이 천지개벽이라거나 '빅딜'이라고 여기는 국민 인식부터 개선해 나가야 한다"고 말했다. 그는 "국민이 헌법은 쉽게 자주 바꿀 수 없는 것이라는 생각 때문에 고칠 필요성을 느껴도 엄두를 못 낸다"며 "미국이 1788년 헌법을 제정한 뒤 27차례나 개헌하며 문제를 보완한 사실 등 선진국의 개헌사를 국민에게 충분히 알려야 한다"고 말했다.

장 교수도 "이번 개헌 때 원하는 것을 담지 못하면 언제 또 할 수 있을지 모른다는 불안감 때문에 매번 개헌 논의가

진보와 보수의 극단적 갈등으로 치닫는다"며 "민감하게 충돌하는 것은 젖혀두고 당장 합의할 수 있고 시급한 것부터 단계적으로 고치는 개헌의 연성화 작업이 필요하다"고 말했다.

위원들은 현행 헌법 체제에서 헌법개정안 발의권이 국회의원과 대통령에게만 있고 국민에겐 없는 것도 문제라고 지적했다.

은재호 박사는 "국민이 최종 단계에서 국민투표로 찬성 또는 반대에만 참여하는 개헌 방식은 한계가 있다"며 "일정 수 이상의 국민이 동의하면 개헌발의권을 부여하는 원포인트 개헌을 국회가 먼저 처리해 국민참여형 개헌을 할 수 있는 길을 열어줄 필요가 있다"고 주장했다. 또 "시민공론화위원회를 설치해 민의를 모아 만든 개헌안을 정치권에 전달해 발의하도록 권고하는 방식도 가능하다"는 의견도 냈다.

국회가 절차 만들고 다음 대통령이 이행

급진적 개헌론자들은 10차 개헌안에 대한 국민투표를 내년 3월 9일 20대 대통령 선거와 함께 치르자는 주장도 내놓고 있다. 하지만 개헌분과 위원들은 "개헌 절차와 내용에 대한 공감대가 확산되지 않은 상황에서 그때까지 개헌안을 마련하는 건 사실상 어렵다"고 진단했다.

위원들은 "차기 대통령이 개헌을 주도하는 것이 가장 현실적"이라고 의견을 모았다. 위원들은 '새 정부 출범 첫해 대통령의 개헌 제안→개헌안 초안 마련→2023년 공론화 거친 수정안 발의'를 10차 개헌 로드맵으로 제시했다. 여기에 이전 장관은 "여야가 다음 대선 전까지 10차 개헌의 절차·방식·시기 등을 합의해 법으로 먼저 정해놓고 차기 대통령이 당선된 뒤 이 절차법에 따라 개헌 이행을 강제할 필요가 있다"고 주장했다. 헌법개정절차법을 미리 만들자는 주장이다.

전 변호사도 "여야 대선 후보들이 확정되면 차기 정부에서 개헌을 추진할 의지가 있는지 물어 모두 동의한다면 개헌 절차법을 먼저 만들어 약속 이행을 강제하는 것도 방법"이라며 "그래야 과거처럼 개헌론이 대선 국면에서 잠시 떠올랐다 금세 가라앉는 일의 반복을 막을 수 있을 것"이라고 제안했다. 송승환 기자

song.seunghwan@joongang.co.kr

민주화와 지방화가 동시에 진행된 1990년대 이후 정부 주요 정책이 보수·진보가 대립하는 이념 갈등과 결합하며 다양한 유형의 사회갈등을 양산하고 있다. 탈원전, 소주성(소득 주도 성장), 비정규직의 정규직화, 주택 공공성 강화를 위한 부동산 정책 등, 문재인 정부가 추진한 주요 정책도 예외는 아니다. 국민 편익을 도모하는 국가 주요 정책이 오히려 격렬한 쟁점 의제로 부상하며 사회갈등의 진원지가 되고 있다. 그 이유가 무엇일까?

리셋코리아 개헌분과는 한국 사회의 지속 가능한 발전을 보장하는 가장 중요한 요인이 국가 공동체의 미래 전망과 주요 정책에 대한 사회적 합의(social consensus)임에 주목하며 사회적 합의형성의 구체적인 실천 전략 가운데 하나로 현행 헌법의 개정을 제안한다.

우선 개헌분과는 2021년 헌법 개정의 필요성 및 방향에 대한 국민의 인식을 살펴보기 위해 설문조사를 수행했다. 설문 문항은 6인의 리셋코리아 개헌분과 위원들이 진행한 여러 번의 대담을 기초로 작성했다. 헌법 개정의 필요성과 방향, 추진 방법과 절차에 대한 다양한 선택지를 검토한 다음, 이를 다시 설문 항목으로 전환하는 방식이다. 설문은 지역별, 성별, 연령별 기준 비례할당추출 방법을 통해 포집한 일반 시민 1,000명을 대상으로 웹조사 방식으로 진행했다.(오차 범위 ±3.1%p, 95% 신뢰수준)

1. 국민 68.7% "권력구조 바꿔야"

이번 조사에서는 우리 국민의 상당수(66.5%)는 개헌분과와 마찬가지로 개헌에 찬성하는 것으로 나타났다. 개헌에 찬성하는 이유로 '권력구조와 관련한 사항'에 대해서는 68.7%가, '정치개혁과 선거제도 개혁과 관련한 사항'에 대해서는 67.8%가 동의했는데, 이보다 더 높은 것은 국민의 기본권 강화와 관련한 사항'(73.0%)이었다. 우리 국민은 기본권 강화를 가장 중요한 개헌 사유로 인식한다는 것이다.

집단 간 차이분석을 통해 정치적 이념 성향에 따른 개헌 선호도를 살펴보니 스스로 진보 정체성을 가진 사람은 개헌을 원하는 편이고, 보수 정체성을 가진 사람은 원하지 않는 편임이 드러났다.

개헌을 원하는 사람 중 전면적 개헌과 점진적 개헌에 대한 선호는 개헌분과의 예상과 다르게 나타났다. 진보에 가까울수록, 학력이 높을수록, 정치적 지식이 많을수록 전면적인 개헌을 원하고 보수에 가까울수록, 학력이 낮을수록, 정치적 지식이 없을수록 점진적인 개헌을 원하는 것으로 나타났다.

① 조사 개요

구 분	내 용
모집단	· 전국의 만 18세 이상 남녀
표집틀	· 한국리서치 마스터샘플(2021년 8월 기준 전국 63만여 명)
표집방법	· 지역별, 성별, 연령별 기준 비례할당추출
표본크기	· 1,000명
표본오차	· 무작위추출을 전제할 경우, 95% 신뢰수준에서 최대허용 표집오차는 ± 3.1%p
조사방법	· 웹조사(휴대전화 문자와 이메일을 통해 url 발송)
가중치 부여방식	· 지역별, 성별, 연령별 가중치 부여(셀가중) (2021년 8월 행정안전부 발표 주민등록 인구 기준)

구 분	내 용
응답(협조)율	· 조사요청 14,830명, 조사참여 1,380명, 조사완료 1,000명 (요청대비 6.7%, 참여대비 72.5%)
조사일시	· 2021년 9월 30일~10월 6일
조사기관	(주)한국리서치(대표이사 노익상)

② 개헌에 대한 입장

개헌에 대한 국민인식조사에 따르면 응답자의 66.5%는 '개헌이 필요하다'고 생각하는 것으로 나타나, '필요하지 않다'라고 응답한 비율(반대 9.9%)에 비해 찬성 비율이 압도적이었다. '개헌이 필요하다'는 의견은 30~50대에서 75% 내외의 찬성 의견이 나타나고 있으며, 진보(83.9%)가 보수(48.6%)보다 개헌의 필요성을 높게 인식하고 있다.

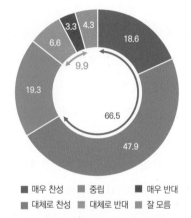

■ 매우 찬성 ■ 중립 ■ 매우 반대
■ 대체로 찬성 ■ 대체로 반대 ■ 잘 모름

③ 개헌이 국민의 일상적인 삶에
도움이 될 것이라는 인식

응답자의 66.3%는 '개헌이 국민의 삶에 도움이 된다'고 생각하며, '도움이 되지 않는다'라고 응답한 비율(19.2%)을 월등히 상회했다. '도움이 된다'는 의견은 60대를 제외한 모든 세대에서 65% 이상의 응답을 보이고 있으며, 진보(82.7%)가 보수

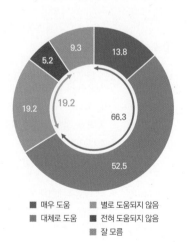

■ 매우 도움 ■ 별로 도움되지 않음
■ 대체로 도움 ■ 전혀 도움되지 않음
■ 잘 모름

(48.1%)보다 긍정적으로 인식하고 있다.

④ 개헌에 대한 공감대 형성 정도

개헌 찬성 사유를 확인한 결과 '생명권·안전권·양성평등권 등 새시대 국민 기본권 확대' 차원에서 공감한다는 응답이 63%, '헌법 대의제 한계 보완 위한 직접 민주제 도입' 차원에서 공감한다는 응답이 53.0% 순으로 나타났다.

개헌 반대 사유를 확인한 결과 '일부 정치 세력이 졸속으로 추진할 우려'가 38.3%, '헌법 문제가 아니라 운용하는 사람들이 문제이기 때문에'라는 의견에 공감한다는 응답이 33.6% 순이었다.

⑤ 개헌 시기와 방식

적절한 개헌 시기에 대해 확인한 결과 '다음 정부에서 논의 후 진행'이 32.9%, '내년 3월 대통령 선거 후 진행'이 23.4% 순이었고, 개헌 방식에 대해서는 '개헌 관련 논의사항 모두 추진'이 36.7%, '원포인트 개헌'이 25.8% 순으로 나타났다.

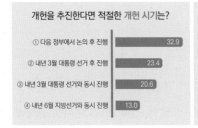

개헌을 추진한다면 적절한 개헌 시기는?

① 다음 정부에서 논의 후 진행　32.9
② 내년 3월 대통령 선거 후 진행　23.4
③ 내년 3월 대통령 선거와 동시 진행　20.6
④ 내년 6월 지방선거와 동시 진행　13.0

개헌을 추진한다면 개헌 방식은?

① 개헌 관련 사항 모두 추진　38.3
② 원 포인트 개헌　33.6
③ 기본권 조항 우선 개정　23.2
④ 권력구조 조항 우선 개정　21.9

⑥ 개헌 시 중요 사항

개헌 시 중요하게 고려되어야 할 사항을 검토한 결과 '권력구조와 관련한 사항'은 68.7%가 필요하다고 인식했으며, '정치개혁과 선거제도 개혁과 관련한 사항'은 67.8%가 필요하다고 인식했다. 또 '국민의 기본권 강화와 관련한 사항'은 73.0%가 필요하다고 인식했다. 이는 기본권 강화를 중요한 개헌 사유로 인식하고 있다는 뜻이다.

1. 권력구조와 관련한 사항

■ 매우 필요하다　■ 대체로 필요하다　■ 보통이다　■ 별로 필요하지 않다　■ 전혀 필요하지 않다　■ 잘 모르겠다

| 24.0 | 44.7 | 19.0 | 5.9 | 3.0 | 3.4 |

필요하다(68.7%)　　　　　　　　　　　　　　　필요하지 않다(8.9%)

2. 정치개혁과 선거제도 개혁과 관련한 사항

■ 매우 필요하다　■ 대체로 필요하다　■ 보통이다　■ 별로 필요하지 않다　■ 전혀 필요하지 않다　■ 잘 모르겠다

| 22.9 | 44.9 | 22.4 | 5.3 | 1.8 | 2.7 |

필요하다(67.8%)　　　　　　　　　　　　　　　필요하지 않다(7.1%)

3. 국민의 기본권 강화와 관련한 사항

■ 매우 필요하다　■ 대체로 필요하다　■ 보통이다　■ 별로 필요하지 않다　■ 전혀 필요하지 않다　■ 잘 모르겠다

| 33.8 | 39.2 | 19.3 | 4.5 | 1.6 | 1.6 |

필요하다(73.0%)　　　　　　　　　　　　　　　필요하지 않다(6.1%)

⑦ 권력구조 변화 공감 정도

승자독식의 정치문화를 바꾸기 위해 특정 정당이 모든 의석을 독점하는 지역주의를 극복해야 하고, 이를 위해 소선거구제에서 중대선거구제로 바꾸자는 의견에 대해 응답자의 51.1%가 '공감한다'고 응답했다. '공감하지 않는다'는 의견 15.8%를 고려하면 중대선거구제에 대한 긍정적 인식이 압도적이다.

취약정당도 후보를 내 다당제가 형성될 수 있도록 비례대표제를 강화해야 한다는 의견에 대해 응답자의 36.8%가 '공감한다', 16.7%가 '공감하지 않는다'고 응답했다.

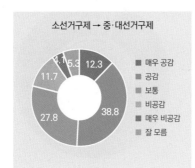

소선거구제 → 중·대선거구제

- 매우 공감 12.3
- 공감 38.8
- 보통 27.8
- 비공감 11.7
- 매우 비공감 5.3
- 잘 모름 4.1

다당제를 위한 비례대표제 강화

- 매우 공감 8.7
- 공감되지 않음 28.1
- 보통 28.0
- 비공감 18.5
- 매우 비공감 12.3
- 잘 모름 4.4

⑧ 선호하는 정부 형태

선호하는 정부 형태에 대한 응답은 '대통령 권한을 총리와 나누는 분권형 대통령제' 53.2%, '다수당에서 선출된 총리가 국정을 책임지는 의원내각제' 19.8%, '대통령 한 사람에게 권한이 집중되는 대통령 중심제' 14.7% 순으로

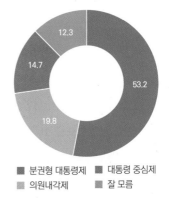

- 분권형 대통령제 53.2
- 의원내각제 19.8
- 대통령 중심제 14.7
- 잘 모름 12.3

나타났다.

⑨ 지방자치단체의 역할

지방자치단체의 역할을 지금보다 더 확대할 필요성에 대해서는 '지방자치단체의 자율성을 확대해야 한다'가 55.3%, '지방자치단체의 자율성을 축소해야 한다'가 30.7%를 기록했다.

■ 지방자치단체 자율성 확대
■ 지방자치단체 자율성 축소
■ 잘 모름

⑩ 국민참여형 개헌에 대한 인식과 직접민주주의

'국민이 개헌 논의에 직접 참여하는 국민참여형 개헌'에 대해서는 응답자의 76.1%가 공감하는 것으로 나타나, 공감하지 않는다(4.0%)에 비해 매우 높은 응답률을 기록했다.

국가가 국민이 요구하는 법률이나 헌법을 제정·개정하지 않는 경우 국민이 직접 법률이나 헌법 개정을

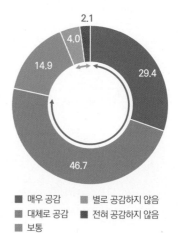

■ 매우 공감   ■ 별로 공감하지 않음
■ 대체로 공감 ■ 전혀 공감하지 않음
■ 보통

제안하고 국민투표로 결정하도록 하는 국민발안제에 대한 인식을 확인한 결과 응답자의 63.0%가 긍정적으로 인식하고 있었다.

또한 국회가 국민이 바라지 않는 법률을 제정하는 경우, 일정 수 이상의 국민이 국민투표를 요구하여 이를 최종적으로 결정할 수 있도록 하는 국민투표제도에 대해 응답자의 69.6%가 국민이 원하지 않는 법률 제정 시 국민투표로 반대하겠다는 인식을 보유하고 있었다.

국민이 직접 헙법 개정 제안하는 '국민발안제'

- 매우 찬성 18.1
- 대체로 찬성 44.9
- 보통 22.5
- 대체로 반대 8.7
- 매우 반대 2.6
- 3.2

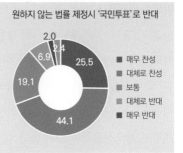

원하지 않는 법률 제정시 '국민투표'로 반대

- 매우 찬성 25.5
- 대체로 찬성 44.1
- 보통 19.1
- 대체로 반대 6.9
- 매우 반대 2.4
- 2.0

대북지원, 통일 등 중요 사항의 경우 반드시 국민투표를 거치는 방안에 대해 응답자의 60.6%가 긍정적인 인식을 가진 것으로 나타났으며, 국회의원을 국민 다수 의사로 파면할 수 있는 국민소환제의 경우는 응답자의 79.9%가 찬성했다.

대북지원, 통일 등 중요사항
반드시 국민투표 거치는 방안

- 매우 찬성 29.3
- 대체로 찬성 31.3
- 보통 22.4
- 대체로 반대 10.7
- 매우 반대 2.9
- 3.4

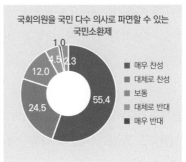

국회의원을 국민 다수 의사로 파면할 수 있는
국민소환제

- 매우 찬성 55.4
- 대체로 찬성 24.5
- 보통 12.0
- 대체로 반대 4.5
- 매우 반대 2.3
- 1.0

2. 제왕적 대통령제 부작용, 국가 발전 걸림돌

은재호 연구위원 | 설문 결과에선 나이가 많을수록, 학력 수준이 높을수록 전면적 개헌을 원하는 것으로 나타났다. 이념 성향에선 진보 성향은 전면 개헌을, 보수 성향은 점진적 개헌을 원하고 있다.

이상수 위원장 | 개헌 후 35년이 됐는데 옷이 낡아서 전면적으로 갈아입을 때가 됐다. 정치개혁을 위해 판을 바꿀 필요가 있다. 우리 정치판은 승자독식 구조가 지배하는 제왕적 대통령제다. 선거에 의해 죽고 사는 싸움을 해야 하고 적대와 분열이 지배하는 구조다. 국회 활동은 민생 토론장이 아니고 다음 선거에 이기기 위한 레이스가 됐다. 협치를 위해선 헌법 개정으로 국면을 전환해야 한다.

전성철 이사장 | 한마디로 권력 집중형 대통령제를 택한 어느 나라도 제대로 성장한 곳이 없다. 미국과 한국이 예외다. 미국은 대통령제에 앞서 연방제다. 여러 주의 의사 조정을 위해 대통령제를 할 수밖에 없지만 그 권한은 사실 내각제의 수상보다도 못하다. 미국 대통령 어마어마 강한 것 같지만 온갖 견제를 받기 때문에 권한은 수상보다 못하다. 대통령 한국은 국민들이 5.18과 6.10 항쟁으로 두 번이나 피를 흘리는 경험, 정권이 함부로 까불지 못하게 하는 경험을 치렀기에 지금까지 왔다. 대통령이 있는 다른 선진국들은 이원집정부제 사례다.

은재호 연구위원 | 52.8%의 국민이 대통령의 권력 분산을 위해 개헌에 찬성한다고 말했다. 제왕적 대통령제 폐해는 누구도 부정 못 하는 상황이다. 시대변화에 맞는 기본권 규정의 변화가 필요하다는 응답도 63%였다.

신필균 이사장 | 권력구조를 바꾸는 것에 동의한다. 두 가지, 민주주의 가치를 어떻게 전개할 것이냐와 어떻게 하면 국민이 삶의 현장에서 민주주의를 더 제대로 누릴 수 있게 할 수 있느냐는 관점에서 그렇다. 아울러 그동안 기본권 규정은 국민에 대한 국가의 의무이지만 제대로 작동하지 않았다. 그중에서도 10조, 11조에서 정한 일반적인 평등 원칙이 적극적인

사회권으로 이어지지 못했다. 유럽 국가들과 다른 점이다. 외국에선 한국을 계층구조가 고착되고 시스템이 불공정한 국가라고 보고 있다. 국민들이 개헌에 앞장서야 하는 이유다.

이기우 교수 | 국민 의사와 실제 개헌에 나서야 하는 정치인들의 인식은 상당히 괴리가 있어 보인다. 헌법은 정치의 내비게이션이다. 내비게이션 없으면 요즘 운전 못 한다. 내비게이션이 틀리면 엉뚱한 곳으로 간다. 정치인들은 내비게이션이 고장났는데 '내가 운전을 잘하니까 괜찮다'라고 생각하는 것 같다. 정치의 실패가 경제의 실패를 부르는데 정치 실패의 큰 원인이 헌법의 실패다. 중진국 때 만든 헌법인데 선진국으로 들어가고 있는 문턱에서 내비게이션을 고치지 않으면 길을 잃는다.

장영수 교수 | 시대에 맞지 않는 헌법이라는 말에 공감한다. 국가 시스템이 그만큼 낡았다는 것이다. 새 시대에 옛날 헌법을 유지하면 국가 경쟁력은 저하될 수밖에 없다. 2차 대전 패전국 독일은 헌법 시스템을 갖추며 다시 부흥했고 한때 세계 최강국이던 영국은 낡은 시스템 때문에 추락했다. 대통령 중심, 청와대 중심 체계는 개발독재의 유산이다. 권력구조의 문제와 기본권의 문제는 나누어져 있는 게 아니다. 정치가 제대로 작동 안 하면 기본권 보장도 안 되는 것이다.

은재호 연구위원 | 결국 좋은 헌법이 있어야 국가 발전도 기본권 확대도 가능하다. 과거에서 빠져나와야 하고 새 시대에 맞는 기본권 보장이 실질적으로 작동되려면 권력구조가 바로 서야 한다.

전성철 이사장 | 잘못된 신화가 분단국가에선 강력한 정치 권력이 필요하

다는 오해다. 강력한 정권이 외부 위협 방어에 효율적이라는 건 박정희 전 대통령이 활용한 독재의 논리다. 독일의 나치도 비슷한 논리를 들고나 왔지만 강력한 대통령제를 택한 나라는 다 망했다. 우리나라에서 제왕적 대통령제에 대한 거부감 강하지 않은 것도 그런 오해가 작동하고 있어서다. 그런 오해를 깨는 캠페인이 먼저 진행돼야 한다.

장영수 교수 ㅣ 대통령에 대한 국민 의식이 달라져야 제왕적 대통령제 폐지가 가능하다. 대통령을 우상화하는 인식이 바뀌어야 한다. 대통령을 우상화하고, 대통령에 대한 팬덤이 지나친 분위기에서는 합리적인 대화가 불가능하다.

이상수 위원장 ㅣ 분권과 협치라는 지향에는 다 동의해도 그걸 위해 무엇을 해야 하느냐고 물으면 생각이 다 다르다. 정부의 권한도 대통령과 내각에 분산되어야 하고 사법부도 헌재와 대법원의 상호 견제가 강화되어야 하는 등 견제와 균형의 원리가 곳곳에 스며들어야 한다.

3. 직접 민주제 확대 필요

이기우 교수 ㅣ 국민과 지배자의 의사가 서로 상반되어 서로를 불신한다. 국가 신뢰가 높은 나라, 예를 들어 독일이나 스위스는 권력자에 대한 불신을 철저히 제도화했다. 그랬더니 역설적으로 신뢰가 늘어났다. 우리는 권력자에게 다 맡겨놓으니까 결국 권력자가 문제이기 때문에 불신하게 된다. 한 기관, 한 사람에게 권력을 집중시키지 않는 게 첫 번째다. 지금 우리나라에선 대통령이 3권을 넘어서 4권, 5권까지 장악한다. 자꾸 정치가 고장이 나는 이유다. 대통령 권력 분산이 가장 시급한 과제다. 정치인들끼리 카르텔을 맺어서 자신들에게 유리한 쪽으로 이끌어 가는 상황을 국민이 통제할 수 있게 만들어야 하는데 국민은 현재 완전 무장이 해제돼 있다. 국민소환, 국민투표, 국민발안 등으로 국민이 무장해야 한다.

이상수 위원장 ㅣ 개헌 발안권은 유신 때 빼앗긴 국민의 권리다. 국민 법안 제출권도 도입할 때가 됐다.

장영수 교수 ㅣ 직접민주제 도입은 그 범위와 정도에서 조금 신중할 필요가 있다. 영국에서 브렉시트에 찬성한 국민들이 나중에 '왜 그랬지' 후회했다. 대의제가 위기에 봉착한 것은 맞지만 직접 민주제 확대는 적절한 선을 찾아야 한다. 직접민주주의적 요소가 발달한 스위스에서도 대의제를 통제하는 장치로 활용하고 뽑힌 사람이 이상한 행동 하는 걸 막자는 취지지, 국민이 모든 걸 다하는 아테네식 직접민주제를 지향하는 것은 아니다.

전성철 이사장 ㅣ 직접민주주의 강화도 건건이 나와서 투표하자는 게 아니다. 미국은 2년에 한 번씩 국회의원 선거를 해서 대통령이 그때 평가를 받는다. 거기서 낙제를 받으면 재선이 어려워진다. 직접민주주의에 의한 견제 효과를 얻는 거다.

신필균 이사장 ㅣ 보통 선거권이 도입된 지 100년 되는 유럽 국가들이 많다. 이를 계기로 민주주의가 강화되고 기본권이 확대되는 흐름이다. 거기에 앞장선 국가가 스웨덴이다. 유치원과 초등교사 설문조사를 해서 민주주의의 가치에 대해 물어봤더니 답이 제각각이었다고 한다. 이 결과를 가지고 다시 의회에서 논의하는 등의 방법으로 헌법개정의 포커스를 어디에 둘지 방향을 잡아갔다.

은재호 연구위원 ㅣ 엄청난 시간과 노력이 필요할 것 같다. 무엇을 어떻게 바꾸자 얘기했다. 공통된 게 엘리트카르텔 지대추구 행위를 어떻게 통제할 것인지 장 교수님은 대의제 한계를 어떻게 보완할 것인지 직접민주주의를 잠깐 언급했다. 이상수 장관이 분권형 국가의 필요에 대해, 대의제 한계의 보완을 위한 기본권 보장에 대해 말했다. 그런데 비례대표제에 대해서는 말을 안 했다.

4. 정치개혁 핵심은 선거제 개편

이상수 위원장 ㅣ 적대적인 공생관계에 놓여 있는 기득권 양당구도를 바꿔야 한다. 그러려면 선거법도 고쳐야 하고 대통령제도 손을 봐야 한다. 국회의원 선거에서 비례대표제를 활성화해야 한다. 다당제가 가능한 환경에서 연정이 자연스럽게 이뤄지고 소외 정당 의사결정에 참여하는 구조가 되어야 정책 어젠다도 다양화된다. 헌법 개정과정에서 반드시 선거법을 같이 손봐야 하는 이유다.

이기우 교수 ㅣ 정치개혁의 핵심이 선거제 개혁이라는 데 공감한다. 비례대표제가 확대되고 국민발안제까지 도입되면 1당이 60% 이상 독식하는 의석 점유율이 30%대로 떨어지면서 협치하지 않으면 아무것도 못 하는 환경이 된다.

전성철 이사장 ㅣ 비례대표제에선 조심해야 하는 게 대통령 중심제와 비례대표제는 본질적으로 맞는 짝이 아니라는 점이다. 비례대표제는 정당의 역할을 강화하는 것인데, 우리나라 당론을 만들어서 국회의원의 자유를 제한한다. 의원은 자기 지역구 이익을 대표해야 민주주의인데 당론은 보스의 의견을 더 우위에 두는 것이다. 비례대표 중심주의는 내각제에선 가능한 짝이다.

이상수 위원장 | 비례대표제를 강화하면 정당 지도부로부터 자율성이 생긴다. 하지만 공천을 당 지도부가 하면 머리를 숙이게 된다. 내각제로 고치면서 하면 전혀 문제가 없다.

전성철 이사장 | 정당 공천은 우리 정치의 고질적 문제다. 공천을 보스가 정하는 것은 민주주의 기본 원칙에 위배되는 것이다. 지역 당원이 결정하게 해야 한다.

장영수 교수 | 비례대표제는 대통령제냐 내각제냐 문제는 아니라고 본다. 대통령제냐 내각제냐와 무관하게 애초에 비례대표 후보를 정당 수뇌부가 결정한다는 게 잘못인 거다. 국민 불신은 거기서 나온다. 비례대표 후보 공천의 시스템부터 바꿔놓고 이러니까 비례대표 제대로 해보자 해야 한다.

이기우 교수 | 대의제가 제대로 작동하기 위한 보장 장치가 직접민주제다. 스위스에선 국민투표를 1년에 10~20번 한다. 하지만 여전히 의회가 굉장히 활발히 작동한다. 그리고 국회에 대한 국민의 신뢰는 65%를 넘는다. 국민 스스로 통제하니까 신뢰도 높아지게 된 것이다. 내각제에 대한 불신이 있지만 국민이 스스로 통제할 수 있게 하면 상당히 극복할 수 있다.

5. 법관 독립 강화해야

전성철 이사장 | 사법부의 우위 또는 권한 강화가 권력 분산의 핵심이다. 미국은 법관 임기를 종신제로 한 게 그 열쇠였다. 완전히 안정된 신분에서 나라의 미래만 걱정하도록 할 수 있게 한 것이다.

이기우 교수 | 2차 대전 당시 프랑스가 망한 게 권력 집중 때문이다. 독일에 3주 만에 함락됐다. 마음 떠난 국민들이 다 도망쳤다. 그 뒤로 행정법원을 사법부로, 행정국가에서 사법국가화하는 과정을 통해 국가를 재건했다. 우리나라에서도 사법부 독립이 시급하다.

전성철 이사장 | 대통령이 지금 상황처럼 군림하거나 정치권의 영향을 받는 사법부가 있다면 절대 정의는 구현될 수 없다. 법관의 독립이 곧 사법부의 강화다.

은재호 연구위원 | 한국 사회에선 사법의 정치화, 정치의 사법화 모두 중요한 문제다. 지금 우리 사법부 판사들은 엘리트 카르텔의 일부라고 봐야 한다.

장영수 교수 | 미국식 사법부를 가장 신중하게 고려했던 게 독일이다. 연방헌법재판관 임기를 종신으로 할 것이냐 고민했다가 도저히 그렇게는 못 한다고 결론 냈다. 이 사람들이 무슨 짓을 할지 어떻게 아느냐는 의심 때문이었다. 결국 12년 단임으로 했다. 길게 하되 단임으로 해 연임 눈치를 보지 말라는 신호를 제도에 포함시켰다.

전성철 이사장 | 대법관 6년 임기는 헌법 국가의 백년대계 차원에서 보면 조크다. 6년 뒤에 자기 자식 학비를 걱정해야 하는 사람에게 양심껏 하라고 하는 것 말이 안 된다. 종신제가 바람직하다.

6. 개헌 절차법부터 만들자

장영수 교수 | 그동안 개헌 논의는 대선에 휩쓸렸다. 박근혜 전 대통령이 개헌의 블랙홀이라고 했지만 사실 대선이 블랙홀이었다. 한 번에 30년 치 요구가 쏟아지니까 결국 합의 도달에 실패하는 것의 반복이었다. 국회 개헌특위는 이번에도 아무런 문서도 못 남겼다. 실제로 이념적인 문제든 현실적인 문제든 어떻게 보면 합의될 수 있는 거 다 제쳐두고서 민감한 동성애, 5.18, 고려연방제 등 걸림돌에 걸렸다. 가능하고 급한 거 먼저 해야 한다. 그렇게 안 하면 다음 개헌 논의도 2017년 재판이 될 것이다. 국민들은 이참에 다 해야지 이번에 못 하면 언제 또 할까 걱정할 수 있지만, 개헌이 연성화되면 이번에 하고 또 할 수 있다.

전성철 이사장 | 개헌을 너무 빅딜로 생각하면 안 된다. 국민들이 천지개벽처럼 생각하게 하지 말고, 선거 때마다 개헌을 함께해도 된다.

장영수 교수 | 지금 독일은 2/3 연방의회 동의 얻으면 국회에서 국민투표 없이 개헌이 된다. 그런데 무조건 국민투표를 거쳐야 개헌할 수 있다는 것도 걸림돌이다. 그러나 우리는 정치 불신이 심해서 국회 마음대로는 안 된다. 국민이 주도적으로 할 수 있도록 열어줘야 한다.

이기우 교수 | 핵심가치에 대한 것, 의혹에 대한 것, 국민투표에 필요한 것

등 제도적인 것은 국회가 결정할 수 있도록 열어주면서 가장 절실한 사람들이 개헌 발의해서 국민이 부결하면 끝내고 아니면 개헌하는 흐름이 되어야 한다.

이상수 교수 ㅣ 정치권에 맡기면 안 되겠더라. 정치권에선 잠깐 관심 갖다가 금방 다른 이슈에 덮인다. 국민이 먼저 나서 압박하도록 해야 한다. 지금처럼 진영논리로 갈라진 상황에선 더 어렵다. 현실적으로 다음 총선 때 개헌하는 것을 목표로 하고 그때까지 전면적 개헌으로 이행하도록 먼저 헌법개정 절차법을 만들어야 한다. 개헌에 꼭 필요한 절차와 국민 합의를 얻어내는 방법론 등도 그 안에 넣을 수 있다. 탈원전 문제를 놓고 국민공론화위원회 만들어 합의를 유도했던 것처럼 국민들이 대화와 타협 과정에 직접 참여할 수 있는 플랫폼을 법으로 정하는 게 필요하다. 시민이 주도하는 공론화안을 만들어서 국회에 보내서 논의하도록 하는 것이다. 국민 이름으로 입법 청원을 해 이런 법을 만들자고 하는 것이다. 문재인 대통령도 선거 때 개헌을 공약했지만 결국 안 됐다. 법으로 강제해야 한다.

전성철 이사장 ㅣ 굉장히 공감한다. 절차법으로 경로가 강제되면 좋을 거 같다. 그 절차법이 통과됐다는 것 자체가 개헌에 동의하는 국민의 의사가 반영됐다는 의미가 된다.

신필균 이사장 ㅣ 기본권 규정의 경우 그동안 많은 시민단체가 개헌운동을 하면서 만든 모든 안을 모아놓고 네거티브 방식으로 선택할 수 있다. 다 모아놓고 갈등이 첨예한 조항만 빼는 식이다. 권력구조 문제가 가장 첨예하게 대립할 거다. 국민 이해도 부족해 장단점을 많이 알려야 한다.

이상수 위원장 ┃ 헌법 개정 절차법에 정한 시민공론화위원회에서 오래 숙의해서 옳고 그름을 판단하게 해 결정하면 인식 부족도 극복할 수 있다. 필요하면 이 법에 국민 교육 강제 조항도 넣을 수 있겠다.

이기우 교수 ┃ 현실적인 이야기를 좀 하고 싶다. 개헌안의 발의권자가 현재 대통령이나 국회의원으로 한정돼 있다. 국회의원 발의안으로 절대 개헌을 할 수 없다. 대통령 개헌안만이 성사 가능성이 있다. 국회에서 표결해서 2/3 찬성이 안 되면 국민투표까지 가지도 못한다. 대통령의 개헌 의지가 중요하다.

은재호 연구위원 ┃ 유럽에선 지방의회 옆에 시민의회를 제도화해 버렸다. 시민의회가 던지면 지방의회가 반드시 의결을 해야 하는 구조다. 독일은 그래서 연방의회 옆에 시민의회 병존 추진을 고민하고 있다.

공론화 기법과 특징

	시민배심원	플래닝 셀	합의회의	공론조사	시민의회	시나리오 워크숍
창시자 (첫 사례)	Ned Crosby, 미국, 1971	Peter Dienel, 독일, 1970s	Danish Board of Technology 1987	James Fishkin, 미국, 1994	Gordon Gibson, 캐나다, 2002	Danish Board of Technology 1991–1993
참여자	12–26명	100–500명	10–25명	100–500명	100–160명	
시간	2–5일	4–5일	7–8일	2–3일	20–30일	1–2일
예산	US$ 13,900 – 41,700	US$ 125,000 – 166,700	US$ 41,700 – 138,900	US$ 280,000	–	–
방법	무작위추출	무작위추출	무작위추출, 지원	무작위추출	무작위추출, 지원	이해관계자 집단별 대표자 선발
내용	정보수집, 숙의, 합의/표결	정보수집, 숙의, 합의/표결	정보수집, 숙의, 합의	정보수집, 숙의, 표결	정보수집, 숙의, 합의/표결	시나리오 작성, 숙의, 합의
결과	결과 보고서	인식조사, 결과 보고서	결과 보고서	인식조사	세부 정책제언	세부 정책제언

출처: Andersen & Jæger(1997 : 331–340), Fournier(2011 : 11), Escobar & Elstub(2017 : 4)의 종합, 은재호(2022 : 210)에서 재인용

은재호 한국행정연구원 선임연구위원

1. 왜 개헌인가? 개헌의 정치·사회적 효능

1948년 8월 15일, 대한민국 정부가 수립된 지 70여 년이 지난 지금, 대한민국은 후발 근대화 국가 가운데 산업화와 민주화를 동시에 이룬, 세계사에서 유례를 찾기 힘든 선진 국가로 도약했다. 1950년대에 국민총생산(GNP)의 약 12%, 정부 재정수입의 약 73%가 미국의 원조 자금이었던 한국이 경제 규모 세계 10위에 일곱 번째 '30-50 클럽' 회원국이 되었다.

그러나 세계 10위권 경제 규모에 조응하지 못하는 정치·경제·사회 등 부문별 발전 지체와 불균등 발전은 심각한 수준이다. 먼저, 한국 경제와 사회가 저성장 양극화로 기로에 섰음을 보여주는 지표들을 일별해 보자. 청년실업률 9.0%(통계청 경제활동인구조사, 2020), 은퇴연령층(66세 이상)의 노인빈곤율 43.2%(통계청 고령자통계, 2019), OECD 주요국 중 자살률 1위(OECD Health Status data, 2020), 합계출산율 0.84명으로 OECD 회원국 중 최하위(통계청 출생통계, 2020), 행복지수 OECD 37개국 중 35위(SDSN 세계행복보고서, 2020) 등 한국사회의 민낯은 겉모습만큼 화려하지 않다.

한국의 민주주의 수준은 또 어떤가? EIU(2020) 지수에 따라 민주주의 성숙도를 살펴보면 168개국 중 23위를 차지해 '완전한 민주국가' 대열에 합류한 것으로 판단되지만, 정부신뢰도는 OECD 37개국 중 20위(OECD Government at a Glance, 2020)에 불과하고 정치인 신뢰도는 22개국 중 14위(영국 시장조사기업 Ipsos, 2019)에 불과하다. 통계청 사회통합실태조사(2020)에 따르면 국회 신뢰도 역시 평균 1.9점으로 길거리에서 만나는 '낯선 사람'(1.9점)에게 가질 법한 신뢰도를 벗어나지 못한다.

그 원인과 뿌리야 다양하고 다기하지만 우리가 외면하면 안 되는 진짜 이유 가운데 하나는 제왕적 대통령제의 승자독식 구조에 따른 적대적 양극화라고 할 수 있다. 5년 단임을 규정한 1987년 헌법체제는 안정적인 정권교체라는 시대적 요청에 따른 것이지만 대통령 1인에게 정치·행정 권한이 과도하게 집중됨은 물론 제왕적 대통령의 권력을 효과적으로 견제하는 제도적 장치마저 미흡해 결과적으로 삼권 분립 등 민주주의 원칙을 형해화하며 승자독식 구조를 고착시킨 게 사실이다. 또, 소선거구제 단순 다수결에 따른 양당제도의 정착은 권력순환에 따른 양대 정당의 적대적 공생관계를 정착시키며 일반 시민과 유리된 정치엘리트 카르텔을 공고화하는 데 기여하고, 이는 결국 '조국사태'가 웅변하듯이 엘리트 지대추구 행위의 항구화로 귀결했다. 2000년대에 들어 하위정치영역(sub-politics arena)의 확대와 함께 국민발안제, 국민소환제 등 직접민주주의에 대한 요구가 분출하는 것도 엘리트 카르텔로 고착된 양대 정당의 적대적 공생관계에서 소외된 시민들이 주인된 자신의 자리를 되찾고자 하는 집단적 욕망일지도 모른다.

시대는 변하고 있고 그에 따라 국가에 대한 우리 국민의 요구 역시 빠르게 변하고 있다. 4차 산업혁명과 인공지능 시대에 분출하는 환경권, 정보기본권, 건강권, 성적 자기 결정권 등 새로운 기본권 요구 증대는 물론 '세월호'와 함께 드러난 현대 국가의 책무, 코로나19와 같은 신종 감염병 시대의 공동체 윤리 등, 시대와 함께 우리 국민의 기본권 요구도 숨가쁘게 변하고 있다. 그러나 1987년 9차 개헌 이후 34년간 유지된 현행 헌법은 한국의 정치·경제·사회·문화적 환경에 조응하지 못해 확대해석과 적용이 불가피한 상황에 진입해 새로운 변화에 조응하는 법적 안정성을 확보하기 위해서라도 개헌이 절실해지고 있다. 물론 시대 변화에 발맞춰 헌법에 내재하는 일반성과 추상성을 유연하게 확대·해석할 수도 있지만, 헌법의 지나친 확대해석은 법적 안정성과 일관성을 훼손할 수 있음을 경계해야 한다.

2. 개헌의 경제적 효능

개헌의 필요성은 규범과 당위의 차원에서만 제기되는 게 아니다. 좋은 정치제도와 경제 성장률 사이에 양(+)의 상관관계가 있다는 것은 이미 정설로 확립되어 있다. 일찍이 신제도주의의 창시자인 미국의 경제사학자 더글러스 노스(North 1992 : 3)는 제도(制度, institution)를 일컬어 '사회의 게임 규칙으로 작동하며 인간의 상호작용 양태를 규정하고 구조화하는 기제'라고 정의했다. 즉, 제도는 자신의 영향권 안에 있는 모든 행위자의 공식적·비공식적 정치·경제·사회적 관계와 상호작용을 구조화하는 사회적 규칙과 절차로써 제도가 창설되거나 폐지되는 과정에서 항상 승자(이익 보는 자)와 패자(손해 보는 자)를 산출하기 마련임을 지적한 것이다. 그와 함께 제도가 경제성과에 영향을 미치는데, 시간이 가며 점차 드러나는 국가별 경제 발전의 차이도 근본적으로는 제도가 진화하는 방식의 영향이라는 사실을 경험적으로 증명하는 한편, 점진적 제도변화가 현재의 선택에 영향을 미치는 방식을 '경로의존성'으로 개념화한 제도변화 이론을 구축했다. 제도변화는 긴 시간을 두고 사회가 진화하는 방식을 규정하므로 역사적 변화를 이해하는 열쇠가 될 수 있는데, 이는 곧 제도의 변화를 통해서 사회적 진화를 추동할 수 있음을 의미하며 그것이 비록 경로의존성이 강한 온건한 변화라 할지라도 궁극적으로 역사의 물줄기를 바꾸는 전기를 마련할 수 있다는 게 노스 주장의 핵심이다.

2022년 한국 사회에서 노스의 주장이 갖는 의미는 자명하다. 헌법적 차원에서 규정된 민주주의 제도야말로 우리가 사는 현실을 구성하며 우리 사회가 진화하는 방식을 규정하는 메타 요인이라는 것이다. 그리고 민주주의 제도변화를 통해 국정운영의 제 방법을 바꿈으로써 앞서 살펴본 한국 사회의 부문별 발전 지체와 불균등 발전, 즉 현대 한국 사회의 문제들 상당수를 해결하고 예방할 수 있기에 개헌이 필요하다는 것이다. 앞서 언급했듯이 공식적이든, 비공식적이든 모든 제도는 정적이지 않고 동적이며, 중립적이지 않고 편파적이기 때문이다. 즉, 제도는 다양한 행위자들에게 다양한 방식으로 이익과 손해를 분배하거니와 모든 제도의 최상위 제도로서 부의 불균등 배분 기제도, 균등 배분 기제도 모두 헌법이 만들 수 있다.

어찌 됐든 높은 품질의 제도를 보유하고 좋은 거버넌스 체계를 가진 나라일수록 높은 소득을 보전하며 안정적인 경제성장을 구가하는 것이 사실이다. 스칸디나비아 3국과 서유럽 복지국가 등을 보라. 시민참여와 책임성, 정부 효과성, 정치적 안정, 사회구성원 간의 신뢰 등 거버넌스 요소가 잘 갖추어진 나라일수록 고소득 복지국가를 구현하고 있다. 전반적인 거버넌스 개선은 저소득 국가일수록 소득에 긍정적인 영향을 주지만, 규제의 품질과 법치 수준, 부패 억제 등 거버넌스의 특정 요소들은 오히려 고소득 국가일수록 경제성장에 중요한 요인으로 작용한다.

결론적으로 에스모글로와 로빈슨(Acemoglu & Robinson 2019)의 주장을 원용하면 개헌을 통한 국가 거버넌스 개혁으로 승자독식 구조를 타파하고 포용적 제도를 정착시키면 더 높은 수준의 국가발전이 가능하다고 하겠다. 포용적 정치제도가 정착된 나라에는 포용적 경제제도가 자리 잡아 장기적 경제성장에 도움이 되며, 이는 다시 정치제도를 더 포용적으로 만드는 선순환이 발생하기 때문이다. 개헌을 통한 거버넌스 개혁은 정치권력과 정치참여 기회의 집중을 해소함으로써 포용적 성장을 견인할 수 있다. 특히 한국은 정치적 포용이 OECD 국가 중 낮은 편에 속해, 정치적 포용성을 개선하면 그에 따른 잠재적 경제성장 효과가 더 클 것으로 예상된다(한국행정연구원, 2021).

3. 개헌을 통한 민주주의 혁신의 필요성

개헌은 또한 21세기에 들어 대의민주주의의 한계를 보정하기 위해 서구 주요국을 중심으로 가속화되는 민주주의 혁신(democratic innovations)을 우리 법제 안에 포괄할 기회를 제공할 수 있다. 민주주의 혁신이란 '민주적 실천의 혁신(innovations of democratic practices)'을 의미하는 것으로 주민의 직접 참여에 기초하는 지방정부 수준의 혁신을 넘어 국가적, 초국가적 거버넌스 혁신을 포함한다(Newton, K., & Geißel 2020). 어느 수준의 혁신이든 일반 시민의 참여와 '정보에 기반을 두는 견해(informed views)'를 강조하며 참여(직접)민주주의는 물론 숙의민주주의와도 강한 친화력을 과시하는 것이 민주주의 혁신이다. 한국에서도 이를 통해 일반 시민의 생활정치와 유리된 제도권 정치를 다시 결합하며 주권재민이라는 민주주의의 기본 원칙을 정치·행정 시스템 안에서 활성화함으로써 빈사 상태에 빠진 한국의 대의민주주의에 활력을 불어넣을 수 있다.

리셋코리아

리셋코리아 연혁

- 2017년 1월 촛불 시위와 대통령 탄핵 등으로 혼란스러운 정국에서 한국의 나아갈 방향 제시를 위한 전문가 싱크탱크로 홍석현 중앙홀딩스 회장 제안으로 중앙일보와 JTBC가 리셋 코리아 발족.

- 2017년 대선 정국에서 100번 이상의 회의. 77회에 걸쳐 기획기사로 중앙일보에 게재. 이후 리셋 코리아 전문가들은 퍼스펙티브, 한반도평화워치, 칼럼 등 중앙일보 지면 통해 국가 어젠다 제시

- 2017년 7월 대통령 직속 국정기획자문위원회 이례적 요청으로 연석 회의. '문재인 정부 국정과제 5개년 계획'의 100대 과제 중 70개가 리셋 코리아 어젠다와 유사.

- 2017년 11월 그 동안 보도된 기사를 '다시 한 번 대한민국!' 책으로 발간. 정부 부처와 연구소, 전문가들에게 배포

- 2018년 4월 한국신문협회의 한국신문상(기획보도 부문) 수상

- 2021년 5월 리셋 코리아 대선 정책제안팀 발족. 연금 개혁, 부동산 안정, 감염병 대응, 인구, 교육 개혁, 혁신 창업, 기후변화 대응, 불평등 해소, 고용 노동, 개헌 등 10개 분과 구성. 분과별로 3~4회 전문가들의 논의를 거쳐 한국 사회가 한 단계 도약하기 위해 필요한 36개 어젠다 도출

- 2021년 10월 1일 리셋 코리아 어젠다에 대한 더불어민주당, 국민의힘 대선 주자들 의견 묻는 설문 조사 실시해 지면에 게재

- 2021년 10월 6일~11월 12월 8일 매주 2개면씩 10개 분과별 전문가가 제시한 어젠다 지면에 게재.

리셋코리아 운영위원

강대인	대화문화아카데미 원장	송호근	서울대 교수
고 은	시인/세계한민족작가연합회장	신각수	법무법인 세종 고문
김문조	고려대 명예교수	심지연	경남대 명예교수
김민환	고려대 명예교수	오종남	새만금위원회 민간위원장
김석동	지평인문사회연구소 대표	은재호	한국행정연구원 선임연구위원
김종민	전 문화관광부 장관	이광재	전 강원도지사
김진명	작가	이광형	KAIST 총장
김진호	단국대 정치외교학과 교수	이해선	코웨이 대표이사·사장
김춘석	한국리서치 상무	이헌재	여시재 이사장
김태유	서울대 공학대학 산업공학과 교수	이희옥	성균관대 성균중국연구소장
노익상	한국리서치 회장	임혁백	고려대 정치학 명예교수
박명림	연세대 교수	장덕진	서울대 교수
박병원	한국경영자총협회 회장	전순옥	더불어민주당 소상공인특별위원장
백영철	한반도포럼 이사장	정성헌	한국DMZ평화생명동산 이사장
백충현	태양철관 회장	정의화	새한국의비전이사장/전 국회의장
서상목	한국사회복지협의회장	정창영	연세대 명예교수
성낙인	서울대 총장	최병일	이화여대 교수
송길영	다음소프트 부사장	한상호	김&장 법률사무소 변호사
송민순	북한대학원대학교 총장		

리셋코리아 분과위원

정치분과

분과장	장 훈	중앙대 정치국제학과 교수		
위원	구본상	연세대 통일연구원 전문연구원	이재묵	한국외대 정치외교학과 교수
	김선택	고려대 법학전문대학원 교수	임성학	서울시립대 국제관계학과 교수
	서정건	경희대 정치외교학과 교수	정회옥	명지대 정치외교학과 교수
	윤석만	법무법인 여명 변호사	한정훈	서울대 국제대학원 교수
간사	강찬호	중앙일보 논설위원		

외교안보분과

분과장	위성락	서울대 정치외교학부 객원교수 (前 駐러시아 대사)
위원	신각수	법무법인 세종 고문 (前 駐일본 대사, 前외교통상부 차관)

윤덕민　국립외교원장

이희옥　성균관대 정치외교학과 교수, 성균중국연구소장

천영우　한반도미래포럼 이사장 (前 청와대 외교안보수석)

간사　차세현　중앙일보 콘텐트제작에디터

국방분과

분과장　정승조　전 합참의장

위원　구본학　한림대학원대학 총장　　　　손영동　한양대 초빙교수

김병기　전 국방비서관　　　　　　신원식　전 합참차장

김진형　전 청와대 위기관리비서관　이용대　전 국방부 전력자원실장

김형철　전 공군사관학교장　　　　임태훈　군인권센터 소장

노 훈　한국국방연구원 책임연구위원　홍규덕　숙명여대 정치외교학 교수

간사　김민석　중앙일보 군사안보전문기자

통일분과

분과장　김병연　서울대 경제학과 교수

위원　김근식　경남대 정치외교학과 교수　이종석　애드건축 대표 (한국건설관리학회

김혜영　민주평통 서울 사회복지분과 간사　　　　　한반도통일 건설산업위원장)

박영호　강원대 정치외교학과 교수　전 성　변호사 (법률사무소 창신)

양문수　북한대학원대학교 교수　정태용　연세대 국제대학원 교수

양창석　한국기술교육대 교수　조건식　통일연구원 석좌연구위원

유 욱　변호사 (법무법인 태평양)　　　　　(전 통일부 차관)

지방자치분과

분과장　권경석　지방자치발전위원회 정책자문위원장

위원　권영주　서울시립대 행정학과 교수　이성근　영남대 지역 및 복지행정학과 교수

김호균　전남대 행정학과 교수　임승빈　명지대 행정학과 교수

신윤창　강원대 공공행정학과 교수　정준현　단국대 법학과 교수

육동일　충남대 자치행정학과 교수

간사　염태정　중앙일보 내셔널 데스크

시민정치분과

분과장 김의영 서울대 정치외교학부 교수

위원 류석진 서강대 정치외교학과 교수 이원재 여시재 기획이사
  마용철 공공제안연구소 소장 이지문 연세대 연구교수
  안병진 경희대 미래문명원장 조희정 서강대 책임연구원

간사 최상연 중앙일보 논설위원

경제분과

분과장 이종화 고려대 경제학과 교수

위원 강영재 KSP 공동 대표 조성욱 서울대 경영학과 교수
  김우철 서울시립대 세무학과 교수 홍기석 이화여대 경제학과 교수
  김윤이 뉴로어소시에이츠 대표 김태섭 주택산업연구원 선임연구위원
  김진영 고려대 경제학과 교수 신용상 한국금융연구원 선임연구위원

간사 김동호 중앙일보 논설위원

고용노동분과

분과장 주 완 김&장 변호사

위원 권순원 숙명여대 경영학 교수 박호환 한국인사관리학회장 (아주대 경영대학장)
  권 혁 부산대 법학과 교수 안희탁 규슈산업대 경제학부 교수
  김영기 대한산업안전협회 회장 오학수 일본 노동연구연수기구 주임연구위원
  김유선 한국노동사회연구소 선임연구위원 이상학 전 민주노총 정책실장
  박가열 한국고용정보원 연구위원 조준모 성균관대 경제학과 교수
  박지순 고려대 법학전문대학원 교수 황용석 롯데그룹 경영혁신실 기업문화파트장

간사 김기찬 중앙일보 고용노동전문기자

4차산업혁명분과

분과장 김태유 서울대 공과대학 산업공학과 교수

위원 서용석 행정연구원 연구위원·박사 민경찬 교수
  신승남 이대 법학전문대학원 교수 안승준 부회장
  이명호 여시재 선임연구위원 윤종록 원장

이석봉　대덕넷 대표　　　　　　　　　　이근면　처장
정희선　세종대 경영학과 교수　　　　　김택동　교수 민간인사전문가, 정부인사
최슬기　KDI 대학원 교수　　　　　　　　　　　　혁신 추진위원
홍성주　과학기술정책연구원 연구위원·과학기술학박사

특별　노환진　과학기술연합대학원(UST) 교수, 교학처장

간사　최준호　중앙일보 논설위원

통상분과

분과장　최병일　이화여대 교수

위원　김범수　KL파트너스 변호사　　　　최석영　법무법인 광장 고문
　　　김종범　연대 국제대학원 교수　　　정　철　대외경제정책연구원 본부장
　　　김흥종　KIEP 선임연구위원　　　　이재민　서울대 교수
　　　송영관　KDI 연구위원

간사　남정호　중앙일보 칼럼니스트

기업지배구조분과

분과장　박경서　고려대 경영대 교수/한국지배구조원 전 원장

위원　권종호　건국대 법학전문대학원장　　이상승　서울대 경제학부 교수
　　　김우진　서울대 경영대학 교수　　　조명현　고려대 경영대 교수
　　　김우찬　고려대 경영대 교수　　　　　　　　/한국지배구조원 현 원장
　　　　　　　/경제개혁연구소장

보건복지분과

분과장　송인한　연세대 사회복지학과 교수

위원　권용진　서울대병원 공공의료사업단　조상미　이화여대 사회복지학과 교수
　　　　　　　정책담당 교수　　　　　　　조영태　서울대 보건대학원 교수
　　　김　윤　서울대의대 의료관리학교실 교수　진미정　서울대 소비자아동학과 교수
　　　양재진　연세대 행정학과 교수　　　하정화　서울대 사회복지학과 교수
　　　오건호　'내가만드는 복지국가' 공동운영위원장

간사　신성식　중앙일보 복지전문기자

교육분과

분과장	이주호	KDI국제정책대학원 교수/한반도 선진화재단 이사장		
위원	김경근	고려대 교육학과 교수	안상진	사교육걱정없는세상 정책대안연구소장
	김이경	중앙대 교육학과 교수		
	김태완	미래교육연구원 원장	이화성	창덕여중 교장
	김희삼	광주과학기술원 기초교육학부 교수	정제영	이화여대 교육학과 교수
	마동훈	고려대 미디어학부 / 언론대학원 교수 (미래전략실장)	주석훈	미림여고 교장
			박남기	공주교대 교수
	박주형	경인교대 교육학과 교수		
간사	윤석만	중앙일보 논설위원		

환경분과

분과장	김정인	중앙대 경제학부 교수		
위원	박태현	강원대 법학전문대학원 부교수	하은희	이화여대 직업환경의학교실 주임교수
	윤제용	서울대 공대 화학생물공학부 교수	현진오	동북아생물다양성연구소 소장
간사	강찬수	중앙일보 환경전문기자		

문화분과

분과장	김종민	한국콘텐츠공제조합 이사장/전 문화관광부 장관		
위원	김대관	경희대 호텔관광대학장	심상민	성신여대 문화커뮤니케이션학부 교수
	박삼철	서울디자인재단 디자인연구소장	안호상	국립중앙극장장
	박신의	경희대 경영대학원 문화예술경영학과 교수	장은수	편집문화실험실 대표
	성기완	계원여대 융합예술과 교수	정상진	엣나인필름 대표
	손철주	미술평론가	주일우	이음 대표
간사	양성희	중앙일보 칼럼니스트		

개헌특별분과

분과장	박명림	연세대 교수		
위원	장 훈	중앙대 정치국제학과 교수	이상수	전 노동부 장관
	김선택	고려대 법학전문대학원 교수	신필균	헌법개정국민연대 공동대표
	한정훈	서울대 국제대학원 교수	강대인	대화문화아카데미 원장
	김의영	서울대 정치학 교수	이기우	지방분권개헌국민행동 공동의장
	이지문	연세대 교수	문석진	서대문구청장
	정준현	단국대 법학과 교수	하승수	정치개혁국민연대 대표
간사	강찬호	논설위원	채병건	국제외교안보 디렉터

리셋코리아 대선제안팀 분과위원

인구분과

분과장	조영태	서울대 보건대학원 교수

위원	이성용	강남대 교수	이상림	한국보건사회연구원 연구위원
	김영선	경희대 교수	차승은	수원대 교수

간사	손해용	중앙일보 경제팀장

감염병분과

분과장	전병율	차의과대 교수

위원	김 윤	서울대 의대 교수	이혁민	세브란스병원 교수
	정두련	삼성서울병원 교수	정재훈	가천대길병원 교수
	최재욱	고려대 의대 교수		

간사	이에스더	중앙일보 보건복지팀장

연금개혁분과

분과장	윤석명	한국보건사회연구원 연구위원

위원	이근면	전 인사혁신처장	박종원	서울시립대 교수
	김태일	고려대 교수	양재진	연세대 교수
	오건호	내가만드는복지국가 정책위원장	남재우	자본시장연구원 펀드연금실장

간사	신성식	중앙일보 보건복지전문기자

교육개혁분과

분과장	이주호	전 교육과학기술부 장관

위원	김성열	경남대 교수	김진형	중앙대 교수
	박상욱	서울대 교수	정제영	이화여대 교수
	조 훈	서정대 교수	천세영	충남대 교수

간사	윤석만	중앙일보 논설위원

부동산안정분과

분과장	권대중	명지대 교수

위원	김규정	한국투자증권 자산승계연구소장	김덕례	주택산업연구원 주택정책연구실장
	김종필	세무사	두성규	한국건설산업연구원 선임연구위원

간사	안장원	중앙일보 부동산전문기자

혁신창업분과

분과장	정유신	서강대 교수		
위원	최병희	한국청년기업가정신재단 그룹장	김영태	카이스트 창업원장
	금창섭	빅픽처랩 대표	배현민	카이스트 교수
	송명수	플러그앤플레이 한국 총괄이사		
간사	최준호	중앙일보 과학전문기자		

기후변화대응분과

분과장	유연철	전 외교부 기후변화대사		
위원	유승직	숙명여대 교수	김승래	한림대 교수
	김용건	한국환경정책·평가연구원 선임연구위원		
	안지환	한국지질자원연구원 탄소광물화사업단 단장		
	김소희	기후변화센터 사무총장		
간사	강찬수	중앙일보 환경전문기자		

불평등해소분과

분과장	송인한	연세대 사회복지학 교수		
위원	정혜주	고려대 공공보건정책 교수	김안나	대구가톨릭대 사회복지학 교수
	임소연	숙명여대 인문학연구소 연구교수	송아영	가천대 사회복지학 교수
	홍영표	시카고 로욜라대 사회복지학 교수		
간사	김성탁	중앙일보 논설위원		

고용노동분과

분과장	주 완	김앤장 변호사		
위원	권 혁	부산대 법학전문대학원 교수	김영기	전 LG그룹 부사장
	이성희	한국노동연구원 연구위원	이 정	외대 법학전문대학원 교수
간사	김기찬	중앙일보 고용노동전문기자		

개헌분과

분과장	이상수	전 노동부 장관		
위원	이기우	인하대 법학전문대학원 교수	장영수	고려대 법학전문대학원 교수
	은재호	한국행정연구원 박사	신필균	복지국가여성연대 대표
	김의영	서울대 정치외교학부 교수		
간사	임장혁	중앙일보 사회2팀장